DOCUMENTOS DA CNBB – 105

CONFERÊNCIA NACIONAL DOS BISPOS DO BRASIL

CRISTÃOS LEIGOS E LEIGAS NA IGREJA E NA SOCIEDADE

SAL DA TERRA E LUZ DO MUNDO
(Mt 5,13-14)

54ª ASSEMBLEIA GERAL
APARECIDA-SP, DE 6 A 15 DE ABRIL DE 2016

TEXTO APROVADO
14 DE ABRIL DE 2016

Direção-geral: *Bernadete Boff*
Editora responsável: *Vera Ivanise Bombonatto*

1ª edição – 2016
8ª reimpressão – 2018

Nenhuma parte desta obra poderá ser reproduzida ou transmitida por qualquer forma e/ou quaisquer meios (eletrônico ou mecânico, incluindo fotocópia e gravação) ou arquivada em qualquer sistema ou banco de dados sem permissão escrita da Editora. Direitos reservados.

Paulinas

Rua Dona Inácia Uchoa, 62
04110-020 – São Paulo – SP (Brasil)
Tel.: (11) 2125-3500
http://www.paulinas.com.br – editora@paulinas.com.br
Telemarketing e SAC: 0800-7010081

© Pia Sociedade Filhas de São Paulo – São Paulo, 2016

SIGLAS

AA	*Apostolicam Actuositatem*, Decreto sobre o apostolado dos leigos, Concílio Vaticano II
AAS	*Acta Apostolicae Sedis* (publicação oficial da Santa Sé)
AG	*Ad Gentes*, Decreto sobre a atividade missionária da Igreja, Concílio Vaticano II
AL	*Amoris Laetitia*, Exortação Apostólica pós-sinodal sobre o amor na família, Papa Francisco
AM	*Africae Munus*, Exortação Apostólica pós-sinodal sobre a Igreja na África a serviço da reconciliação, da justiça e da paz, Bento XVI
CDC	Código de Direito Canônico
CIgC	Catecismo da Igreja Católica
CfL	*Christifideles Laici*, Exortação Apostólica pós-sinodal sobre a vocação e missão dos leigos na Igreja e no mundo, João Paulo II
CV	*Caritas in Veritate*, Carta Encíclica sobre o desenvolvimento humano integral na caridade e na verdade, Bento XVI
DAp	Documento de Aparecida, V Conferência do Episcopado Latino-Americano e do Caribe
DCE	*Deus Caritas Est*, Carta Encíclica sobre o amor cristão, Bento XVI
DGAE	Diretrizes Gerais da Ação Evangelizadora da Igreja no Brasil
DMd	Documento de Medellín, II Conferência do Episcopado Latino-Americano

DPb	Documento de Puebla, III Conferência do Episcopado Latino-Americano
DSD	Documento de Santo Domingo, IV Conferência do Episcopado Latino-Americano
EAm	*Ecclesia in America*, Exortação Apostólica pós-sinodal sobre o encontro com Jesus Cristo vivo caminho para a conversão, a comunhão e a solidariedade na América, João Paulo II
EE	*Ecclesia in Europa*, Exortação Apostólica pós-sinodal sobre Jesus Cristo, vivo na sua Igreja, fonte de esperança para a Europa, João Paulo II
EG	*Evangelii Gaudium*, Exortação Apostólica sobre o anúncio do Evangelho no mundo atual, Papa Francisco
EMO	*Ecclesia in Medio Oriente*, Exortação Apostólica pós-sinodal sobre a Igreja no Oriente Médio, comunhão e testemunho, Bento XVI
EN	*Evangelii Nuntiandi*, Exortação Apostólica sobre a evangelização, Paulo VI
GS	*Gaudium et Spes*, Constituição Pastoral sobre a Igreja no mundo atual, Concílio Vaticano II
LE	*Laborem Exercens*, Carta Encíclica sobre o trabalho humano, João Paulo II
LG	*Lumen Gentium*, Constituição Dogmática sobre a Igreja, do Concílio Vaticano II
LS	*Laudato Si'*, Carta Encíclica sobre o cuidado da Casa Comum, Papa Francisco
MD	*Mulieris Dignitatem*, Carta Apostólica sobre a dignidade e vocação da mulher, por ocasião do ano mariano, João Paulo II

MM	*Mater et Magistra*, Carta Encíclica sobre a recente evolução da questão social à luz da doutrina cristã, João XXIII
MV	*Misericordiae Vultus*, Bula de proclamação do Jubileu Extraordinário da Misericórdia, Papa Francisco
NMI	*Novo Millenio Ineunte*, Carta Apostólica no término do grande Jubileu do Ano 2000, João Paulo II
PT	*Pacem in Terris*, Carta Encíclica sobre a paz de todos os povos na base da verdade, justiça, caridade e liberdade, João XXIII
PO	*Presbyterorum Ordinis*, Decreto sobre o ministério e a vida dos sacerdotes, Concílio Vaticano II
RH	*Redemptor Hominis*, Carta Encíclica no início do ministério pontifical, João Paulo II
RICA	Ritual de Iniciação Cristã de Adultos
SCa	*Sacramentum Caritatis*, Exortação Apostólica pós-sinodal sobre a Eucaristia fonte a ápice da vida e da missão da Igreja, Bento XVI
SC	*Sacrosanctum Concilium*, Constituição Conciliar sobre a Sagrada Liturgia, Concílio Vaticano II
UR	*Unitatis Redintegratio*, Decreto sobre o ecumenismo, Concílio Vaticano II
UUS	*Ut Unum Sint*, Carta Encíclica sobre o empenho ecumênico, João Paulo II
VC	*Vita Consecrata*, Exortação Apostólica pós-sinodal sobre a vida consagrada e a sua missão na Igreja e no mundo, João Paulo II

APRESENTAÇÃO

"E começaram a pregar também aos gregos,
anunciando-lhes a Boa-Nova do Senhor Jesus.
E a mão do Senhor estava com eles.
Muitas pessoas acreditaram na Boa-Nova
e se converteram ao Senhor".
(At 11,20-21)

Sal da terra e luz do mundo, na Igreja e na sociedade! Os cristãos leigos e leigas receberam, pelo Batismo e pela Crisma, a graça de serem Igreja e, por isso, a graça de serem sal da terra e luz do mundo (Mt 5,13-14).

A beleza e o sentido da Igreja vêm expressos na realidade fundada em um só Senhor, em uma só fé, em um só Batismo (Ef 4,5). Na Igreja, a dignidade de todos está na regeneração em Cristo, na graça comum de filhos e filhas, na vocação comum à perfeição. Todos vivem de uma só salvação, uma só esperança e uma caridade misericordiosa. "Nenhuma desigualdade, portanto, em Cristo e na Igreja, por motivo de raça ou de nação, de condição social ou de sexo, porque não há mais judeu ou grego, escravo ou livre, homem ou mulher, pois todos vós sois um só, em Cristo Jesus" (LG, n. 32). A Igreja é uma realidade formada por um todo, não segundo a carne, mas no Espírito Santo.

No dom do Espírito Santo, nasceram as primeiras comunidades. Elas nasceram pela pregação dos apóstolos e outros discípulos de Jesus. Os Atos dos Apóstolos lembram a pregação realizada em Antioquia, pelos seguidores de Jesus: "E começaram a pregar também aos gregos, anunciando--lhes a Boa-Nova do Senhor Jesus. E a mão do Senhor estava com eles. Muitas pessoas acreditaram na Boa-Nova e se converteram ao Senhor" (At 11,20-21). Os que receberam a graça do seguimento tornaram-se missionários; uma Igreja discípula missionária.

No dom de ser cristão, todos se tornam discípulos missionários. O discípulo, tocado pelo chamado, aprende, no seguimento, o modo de Jesus. Na descoberta do viver como Ele, torna-se anunciador, testemunha. Na dinâmica amorosa e suave do Espírito que anima e dinamiza a Igreja, os discípulos missionários recebem uma variedade de ministérios, carismas, vocações e serviços. Não são funções; não é organização! São expressões do modo de os batizados viverem em Cristo, fecundados pelo Espírito. Como lembra São Paulo: "Todos nós (…) fomos batizados num só Espírito, para formarmos um só corpo" (1Cor 12,13).

Um só corpo, na riqueza da diversidade dos dons, serviços e ministérios. "A unidade da Igreja se realiza na diversidade de rostos, carismas, funções e ministérios. É importante dar-nos conta deste grande dom da diversidade, que potencializa a missão da Igreja realizada por todos os seus membros, em liberdade, responsabilidade e criatividade. O dom do Espírito se efetiva na ação concreta de cada membro da comunidade, como explica o apóstolo Paulo. O critério da ação é a edificação da comunidade (1Cor 14,12). Em função do bem comum, a comunidade organiza-se no compromisso de cada membro e busca os meios de tornar mais operantes os dons recebidos do Espírito. Os modelos de organização eclesial podem mudar ao longo da história; permanece, no entanto, a regra mais fundamental: a primazia do amor (1Cor 13), donde advém a possibilidade de integrar organicamente a diversidade e o serviço de todos os que exercem alguma função dentro da comunidade" (CNBB, Doc. 105, n. 93).

Nos bens recebidos do Espírito e colocados a serviço da edificação da comunidade eclesial e da sociedade, os cristãos leigos, homens e mulheres, são chamados à santidade. Santidade, como sujeito eclesial, vivendo fielmente sua condição de filho e filha de Deus, na fé, "aberto ao diálogo, à colaboração e a corresponsabilidade com os pastores. Como sujeito eclesial, assume seus direitos e deveres na Igreja (...). Ser sujeito eclesial significa ser maduro na fé, testemunhar amor à Igreja, servir os irmãos e irmãs, permanecer no seguimento de Jesus, na escuta obediente à inspiração do Espírito Santo e ter coragem, criatividade e ousadia, para dar testemunho de Cristo" (CNBB, Doc. 105, n. 119).

Os "ministérios confiados aos leigos e outros serviços pastorais, como ministros da Palavra, animadores de assembleia e de pequenas comunidades, entre elas as comunidades eclesiais de base, os movimentos eclesiais e um grande número de pastorais específicas" (DAp, n. 99c) indicam a criatividade do Espírito e a vida da Igreja.

A participação eclesial dos leigos e leigas estende-se à participação, com as pessoas de boa vontade, na vida social. São interpelados a assumir ativamente a vocação de serem sal da terra e luz do mundo (Mt 5,13-14), ajudando na transformação da sociedade. Esta participação "brota do coração mesmo da missão da Igreja, inspirada no núcleo do Evangelho, o mistério da Encarnação: 'a Palavra se fez carne e veio morar entre nós' (Jo 1,14)". Para encontrar e servir a Deus na sociedade os leigos são iluminados pelo modo de Deus: "Ele 'desce' e 'entra' em nosso mundo e em nossa história para assumir em tudo a nossa existência. Desta forma, também os cristãos, para seguir e servir a Deus, devem 'descer' e 'entrar' em tudo o que é humano, que constrói um mundo mais humano e que nos humaniza (EG, n. 24)" (CNBB, Doc. 105, n. 163).

No exercício da vocação e missão, os leigos "são interpelados a viver a santidade no mundo. Para isso, são instados pelo Espírito Santo a cultivar com solicitude a vida interior e a relação pessoal com Cristo, de modo que, iluminados pelo Espírito Santo, em todas as circunstâncias, tudo façam para a glória de Deus, a salvação do mundo e bem de todos. A santidade de vida torna a Igreja atraente e convincente, pois os santos movem e abalam o mundo" (CNBB, Doc. 105, n. 116). São, assim, chamados e enviados, para darem testemunho de Cristo. E, aos que pedirem, deem as razões da sua esperança da vida eterna (1Pd 3,15; cf. LG, n. 10).

O Documento *Cristãos leigos e leigas na Igreja e na sociedade, sal da terra e luz do mundo*, aprovado na 54ª Assembleia Geral Ordinária da Conferência dos Bispos do Brasil (CNBB), e que ora apresentamos, retoma e aprofunda a participação dos leigos e leigas na Igreja e na sociedade. Chamados pelo Batismo e pela Crisma ao seguimento de

Jesus Cristo, os leigos e leigas assumem a responsabilidade de serem sujeitos na Igreja e na sociedade: sal e luz!

Temos uma participação extraordinária dos leigos na Igreja. Mulheres e homens que constroem o Reino da verdade e da graça, do amor e da paz; que assumem serviços e ministérios que tornam a Igreja consoladora, samaritana, profética, serviçal, maternal. Com a bênção de Deus, este documento despertará e animará a todos os cristãos leigos e leigas, na nossa Igreja, para que sejam anúncio e testemunho da vida nova que receberam em Cristo.

Maria, que nos deu Jesus, nos ajude a ser "sal da terra e luz do mundo".

Brasília, 25 de abril de 2016.
Festa de São Marcos Evangelista

† *Dom Leonardo Ulrich Steiner*
Bispo Auxiliar de Brasília
Secretário-Geral da CNBB

INTRODUÇÃO

1. É com alegria e admiração que, mais uma vez, nós, bispos, pastores da Igreja de Cristo, expressamos o nosso agradecimento aos cristãos leigos e leigas, pelo testemunho de sua fé, pelo amor e dedicação à Igreja e pelo entusiasmo com que se doam ao nosso povo, às nossas comunidades, às suas famílias, às suas atividades profissionais, até ao sacrifício de si. O laicato como um todo é um "verdadeiro sujeito eclesial".[1] Cada cristão leigo e leiga é chamado a ser sujeito eclesial para atuar na Igreja e no mundo. A Francisco de Assis o Cristo Crucificado ordenou: "Vai e reconstrói a minha Igreja". Temos firme esperança de que continuarão dando grande contribuição à renovação da Igreja de Cristo e sua atuação no mundo.

2. A 54ª Assembleia da Conferência Nacional dos Bispos do Brasil (CNBB), de 2016, teve como tema central: "Cristãos leigos e leigas na Igreja e na sociedade". Tratou da vocação dos cristãos leigos e leigas, verdadeiros sujeitos eclesiais e corresponsáveis pela nova evangelização, tanto na Igreja como no mundo. A caminhada da Igreja na América Latina e no Brasil, a celebração do cinquentenário da conclusão do Concílio Ecumênico Vaticano II, a atualidade da Conferência de Aparecida e a eclesiologia missionária e renovadora

---

[1] DAp, n. 497a.

do Papa Francisco nos motivam a dar atenção especial à ação evangelizadora que os cristãos leigos e leigas desempenham na Igreja e na sociedade em nosso país, neste tempo marcado por uma "mudança de época".

3. A realidade eclesial, pastoral e social dos tempos atuais torna-se também um forte apelo a uma avaliação, aprofundamento e abertura ao tema do laicato. Urge abrir espaços de participação, estimular a missão, refletir sobre avanços e retrocessos, para fazer crescer a participação e o protagonismo dos leigos na corresponsabilidade e na comunhão de todo o povo de Deus.

4. É nossa intenção refletir sobre a dimensão pastoral, evangelizadora e missionária que cristãos leigos e leigas, por meio do testemunho, da santidade e da ação transformadora, exercem no mundo e na Igreja. Nós, bispos, com toda a Igreja de Cristo, somos devedores a estes e estas, que carregam a Igreja no coração e nos ombros e fazem acontecer o Reino com suas mãos e seus pés.

5. Queremos enfatizar a índole secular que caracteriza seu ser e agir, como propõe o Concílio Vaticano II: "O caráter secular caracteriza os leigos. (…) A vocação própria dos leigos é administrar e ordenar as coisas temporais, em busca do Reino de Deus. Vivem, pois, no mundo, isto é, em todas as profissões e trabalhos, nas condições comuns da vida familiar e social, que constituem a trama da existência. São aí chamados

por Deus, como leigos, a viver segundo o espírito do Evangelho, como fermento de santificação no seio do mundo, brilhando em sua própria vida pelo testemunho da fé, da esperança e do amor, de maneira a manifestar Cristo a todos os homens. Compete-lhes, pois, de modo especial, iluminar e organizar as coisas temporais a que estão vinculados, para que elas se orientem por Cristo e se desenvolvam em louvor do Criador e do Redentor".[2]

6. Fiel à orientação conciliar sobre os leigos, o Beato Paulo VI lembra: "A sua primeira e imediata tarefa não é a instituição e o desenvolvimento da comunidade eclesial – esse é o papel específico dos pastores – mas sim (...) o vasto e complicado mundo da política, da realidade social e da economia, como também o da cultura, das ciências e das artes, da vida internacional, dos *mass media* e, ainda, outras realidades abertas à evangelização, como sejam o amor, a família, a educação das crianças e dos adolescentes, o trabalho profissional e o sofrimento".[3]

7. Além da índole secular, queremos enfatizar, em consonância com o Documento de Aparecida, que "os leigos também são chamados a participar na ação pastoral da Igreja".[4] Sobre isso manifestou-se o Papa Francisco: "A imensa maioria do povo de Deus é constituída por

---

[2] LG, n. 31.

[3] EN, n. 70.

[4] DAp, n. 211.

leigos. A seu serviço está uma minoria: os ministros ordenados. Cresceu a consciência da identidade e da missão dos leigos na Igreja. Embora não suficiente, pode-se contar com um numeroso laicato, dotado de um arreigado sentido de comunidade e uma grande fidelidade ao compromisso da caridade, da catequese, da celebração e da fé".[5]

8. Assim como o leigo não pode substituir o pastor, o pastor não pode substituir os leigos e leigas no que lhes compete por vocação e missão. Além disso, a ação dos cristãos leigos e leigas não se limita à suplência em situação de emergência e de necessidades crônicas da pastoral e da vida da Igreja. É uma ação específica da "responsabilidade laical que nasce do Batismo e da Confirmação".[6]

9. Apesar dos avanços na caminhada da Igreja nas últimas décadas, temos ainda, no campo da identidade, da vocação, da espiritualidade e da missão dos leigos na Igreja e no mundo, um longo caminho a percorrer. Nisso, estamos motivados pela proposta da "Igreja em saída", em chave missionária, como vive, ensina e propõe o Papa Francisco.

10. O presente documento tem como perspectiva a afirmação dos cristãos leigos e leigas como verdadeiros sujeitos eclesiais. Esta expressão – sujeitos eclesiais

---

[5] EG, n. 102.
[6] Idem.

– é recorrente em todo o texto e se fundamenta nos ensinamentos do Concílio Vaticano II e do Magistério subsequente. Pretende-se animar a todos os cristãos leigos e leigas a compreenderem a sua própria vocação e missão e atuarem como verdadeiros sujeitos eclesiais nas diversas realidades em que se encontram inseridos, reconhecendo o valor de seus trabalhos na Igreja e no mundo. Como sujeitos eclesiais não são uma realidade pronta, mas um dom que se faz compromisso permanente para toda a Igreja, em sua missão evangelizadora, sempre em comunhão com os demais membros.

11. Como cristãos, somos chamados a viver como discípulos de Jesus Cristo em nosso dia a dia. A partir da sua vocação específica os cristãos leigos e leigas vivem o seguimento de Jesus na família, na comunidade eclesial, no trabalho profissional, na multiforme participação na sociedade civil, colaborando assim na construção de uma sociedade justa, solidária e pacífica, que seja sinal do Reino de Deus inaugurado por Jesus de Nazaré.

12. Este documento segue a metodologia ver-julgar-agir e divide-se em três capítulos. O primeiro apresenta inicialmente o marco histórico-eclesial da caminhada da vida dos cristãos leigos e leigas, com seus avanços e recuos e, de modo sucinto, os rostos do laicato. Em seguida, expõe uma visão panorâmica, em ótica sociopastoral, do mundo globalizado em que vivemos.

Por fim, desenvolve alguns discernimentos necessários para analisar este mundo, algumas tentações que ele nos apresenta, propondo necessária mudança de mentalidade e de estruturas. O segundo capítulo, em perspectiva eclesiológica, trata da eclesiologia conciliar da comunhão na diversidade, como base para a compreensão da identidade e da dignidade laical como sujeito eclesial. Identifica os âmbitos eclesiais da atuação dos leigos como sujeitos, considerando a diversidade de carismas, serviços e ministérios na Igreja. O terceiro capítulo trata da ação transformadora dos cristãos leigos e leigas na Igreja e, sobretudo, no mundo. Trata da dimensão missionária da Igreja, desenvolve aspectos da espiritualidade encarnada, recorda aspectos da história da organização do laicato no Brasil, e indica aspectos, princípios e critérios da formação do laicato. Em seguida, aponta lugares específicos da ação dos cristãos leigos e leigas no mundo de hoje, e conclui enunciando indicativos, encaminhamentos e compromissos para a caminhada do laicato no país.

CAPÍTULO I

O CRISTÃO LEIGO, SUJEITO NA IGREJA E NO MUNDO: ESPERANÇAS E ANGÚSTIAS

> "Se o sal perde seu sabor, com que se salgará?"
> (Mt 5,13)

13. "Sal da terra e luz do mundo" (Mt 5,13-14), assim Jesus definiu seus discípulos e a missão que a eles conferiu. As imagens evangélicas do sal e da luz, embora se refiram indistintamente a todos os discípulos de Jesus, são particularmente significativas se aplicadas aos cristãos leigos e leigas. Expressam sua inserção profunda e participação plena nas atividades e situações da comunidade humana e, sobretudo, falam da novidade e originalidade de uma inserção e de uma participação destinadas à difusão do Evangelho que salva.[7] Sal e luz, símbolos milenares de conservação e de iluminação do que deve permanecer, continuar e durar, possuem significados densos, precisos e preciosos para a vida, a identidade, a espiritualidade e a missão dos cristãos leigos e leigas. Nem o sal, nem a luz, nem a Igreja e nenhum cristão vive para si mesmo.

---

[7] CfL, n. 15.

Sua missão é sair de si, iluminar, se doar, dar sabor e se dissolver. Os cristãos leigos e leigas, na Igreja e na sociedade, devem ter olhares luminosos e corações sábios, para gerar luz, sabedoria e sabor, como Jesus Cristo e seu Evangelho.

14. É importante lembrar que o mesmo Jesus que diz: "Vós sois o sal da terra... Vós sois a luz do mundo", também ensina: "Eu sou a videira verdadeira (...) e vós, os ramos" (Jo 15,1-8). "A vitalidade dos ramos depende de sua ligação à videira, que é Jesus Cristo: 'quem permanece em mim e eu nele, dá muito fruto, porque sem mim não podeis fazer nada' (Jo 15,5)".[8] Daí a necessidade de pertença a uma comunidade de fé, na qual se alimenta da Palavra de Deus, dos sacramentos e da vida comunitária.

15. O mundo e a história da humanidade são o grande campo da ação do amor de Deus. Para o Concílio Vaticano II, a Igreja está dentro do mundo, não fora, nem ao lado, nem acima, nem contraposta a ele. Vista em seu próprio mistério, a realidade da Igreja é grandiosa, é a obra de Deus-Trindade em sua manifestação salvadora da inteira humanidade. No entanto, quando vista em sua relação com o mundo, ela adquire pequenas dimensões. Aí, é o mundo que é visto em grandes dimensões. Dentro dele situa-se a Igreja. Na relação com o mundo, a Igreja se vê pequena. Ela readquire as conotações bíblicas de pequeno rebanho, sal na comida, fermento na massa, semente lançada na terra,

---

[8] Ibidem, n. 57.

luz sobre o candeeiro. O mundo lhe dá, agora, uma dimensão à qual ela não estava acostumada.

16. Enquanto sujeito, todo cristão é convidado a apreciar a beleza e a bondade radicais do mundo, obra criada por Deus Pai e assumida pelo Filho na encarnação. "Nele [em Jesus Cristo], a natureza humana foi assumida sem ser afetada e, por isso mesmo, tornou-se ainda mais digna e preciosa. Pela sua encarnação, o Filho de Deus, de certo modo, uniu-se a todos os seres humanos. Trabalhou com mãos humanas, pensou e agiu como qualquer ser humano, amando com um coração humano. Nascido da Virgem Maria, foi realmente um dos nossos em tudo, exceto no pecado".[9] Neste campo que é o mundo convivem, até o momento da colheita, o mistério da graça de Deus e o mistério do mal (Mt 13,24-30: a parábola do trigo e do joio). "Onde, porém, se multiplicou o pecado, a graça transbordou" (Rm 5,20). Por isso, na complexa tarefa de olhar a realidade em que vivemos – o chão da nossa história – confiamos no Espírito Santo que, segundo a promessa de Jesus, nos lembrará tudo o que ele ensinou e nos conduzirá "em toda a verdade" (Jo 16,13).

1. Marco histórico-eclesial

17. Acabamos de celebrar os 50 anos de encerramento do Concílio Vaticano II. Esse "novo Pentecostes"

---

[9] GS, n. 22.

da Igreja continua vivo e impulsiona os discípulos e discípulas de Jesus Cristo na busca de seus lugares no serviço ao próximo, sobretudo aos pobres e excluídos, onde se revela a face e a carne de Cristo. A renovação eclesiológica conciliar compreendeu o cristão leigo plenamente como membro efetivo da Igreja e não como um fiel de pertença menor ou inferior, a quem faltasse algo da comum dignidade cristã.[10] O Concílio "dedicou páginas maravilhosas à natureza, espiritualidade, missão e responsabilidade dos fiéis leigos",[11] consideradas por São João Paulo II como uma "maravilhosa 'teoria' sobre o laicato".[12] Como frutos da "flor de inesperada primavera",[13] o Concílio nos ofereceu diretrizes teóricas e práticas sobre o significado positivo do cristão leigo, superando interpretações que o considerem como cristão de segunda categoria dentro e fora da Igreja. Trata-se, agora, de continuar buscando as condições e os meios para que essas diretrizes sejam praticadas em toda a sua profundidade e extensão.

18. A Exortação Pós-sinodal *Christifideles Laici* (1988) sobre a vocação e a missão dos leigos na Igreja e no mundo, além de oferecer uma leitura dos ensinamentos do Vaticano II a respeito do laicato, retoma e afirma

---

[10] LG, cap. 4.

[11] CfL, n. 2.

[12] Idem.

[13] JOÃO XXIII, *Discurso aos Assistentes da Ação Católica Italiana*, 09/08/1959.

o significado positivo dos fiéis leigos como membros do povo de Deus: sujeitos ativos na Igreja e no mundo, membros da Igreja e cidadãos da sociedade humana.[14]

19. Nessa retomada histórica convém recordar os ensinamentos do Magistério do episcopado latino-americano. As conclusões de Medellín (1968) consideram que "os leigos cumprirão mais cabalmente sua missão de fazer com que a Igreja 'aconteça' no mundo, na tarefa humana e na história".[15] Puebla (1979) identifica os leigos como homens e mulheres da Igreja no coração do mundo e homens e mulheres do mundo no coração da Igreja.[16] Santo Domingo (1992) os chama de "protagonistas da transformação da sociedade".[17] Aparecida (2007) pede "maior abertura de mentalidade para que entendam e acolham o 'ser' e o 'fazer' do leigo na Igreja, que por seu Batismo e sua Confirmação é discípulo e missionário de Jesus Cristo".[18]

20. O episcopado brasileiro publicou, em 1999, o documento *Missão e Ministérios dos Cristãos Leigos e Leigas* (CNBB, Doc. 62), que oferece à Igreja no Brasil discernimentos e orientações sobre o laicato na perspectiva da teologia e da organização dos ministérios na comunidade.

---

[14] CfL, n. 59.

[15] DMd, n. 10,2.6.

[16] DPb, n. 786; DAp, n. 209.

[17] DSD, n. 98.

[18] DAp, n. 213.

21. Na Exortação Apostólica *Evangelii Gaudium* (n. 20-24), o Papa Francisco lança um vigoroso chamado para que todo o povo de Deus saia para evangelizar. Toda a Igreja é convidada a sair agora para o encontro com Cristo vivo e com os irmãos em um mundo que clama por melhores condições de vida.

22. O Ano Santo da Misericórdia (08/12/2015 a 20/11/2016) convida a abrir as portas do coração à prática das obras da misericórdia corporais e espirituais, à renovação da opção preferencial pelos pobres, às missões populares, ao ecumenismo e ao diálogo inter-religioso, ao sacramento da Penitência e Reconciliação, ao perdão aos que pertencem a um grupo criminoso e aos que são cúmplices da corrupção para que se convertam. Estes desafios tocam de perto a todos nós, especialmente os cristãos leigos e leigas. Segundo a Carta a Diogneto, os cristãos são a alma do mundo. "Assim como a alma está no corpo, assim os cristãos estão no mundo. A alma está espalhada por todas as partes do corpo; os cristãos, por todas as partes do mundo. A alma habita no corpo, mas não procede do corpo; os cristãos habitam no mundo, mas não pertencem ao mundo" (n. 6).

2. Avanços e recuos

23. A partir do Concílio Vaticano II, iniciou-se uma caminhada histórica de maior consciência da identidade e da missão dos cristãos leigos e leigas. Houve muitos avanços e também recuos. Destacamos alguns que nos parecem importantes.

2.1. Avanços

24. A teologia do laicato alcançou grandes avanços e despertou a atenção e o interesse da maioria dos setores da Igreja e das pessoas de boa vontade no mundo inteiro. A ação evangelizadora dos cristãos leigos e leigas tem se fortalecido e aumentado no âmbito eclesial.

25. A criação do Conselho Nacional do Laicato do Brasil (CNLB), bem como de Conselhos de Leigos nos regionais e dioceses do país, marca um grande avanço. Muitas lideranças leigas participam, também, de Conselhos de Pastorais em suas dioceses, paróquias ou comunidades. Há cristãos leigos e leigas que participam em conselhos diocesanos de economia, de formadores, de animação missionária e outros.

26. Aumenta o número de cristãos leigos e leigas que exercem o ministério de teólogos, de leigos formados em teologia, pregadores da Palavra, especializados em espiritualidade, em conhecimentos bíblicos, litúrgicos, pastorais e em retiros espirituais. Oxalá estes avanços cheguem a todos os cristãos.

27. As Comunidades Eclesiais de Base (CEBs), os setores paroquiais, os grupos bíblicos de reflexão, as pequenas comunidades, a catequese, as celebrações da Palavra, as escolas de teologia, as pastorais, os movimentos, as novas comunidades, as associações de leigos têm oportunizado espaços de participação e de missão evangelizadora e exercício dos mais diversificados ministérios leigos.

28. Constatamos com alegria o crescimento da consciência missionária. Crianças, adolescentes, jovens, adultos e idosos missionários estão surgindo em muitos lugares. Por meio deles a dimensão missionária chega a todo o povo, a todos os batizados.

29. Percebemos com esperança e gratidão a presença e ação de cristãos leigos e leigas santos e santas entre nós. São inabaláveis na fé, solidários e fraternos, fortes na oração, humildes no perdão, silenciosos na ação, experientes na vida mística e na espiritualidade da cruz. Com alegria e perseverança, visitam as casas, os hospitais, os presídios, as periferias, e atuam em movimentos eclesiais, sociais e políticos, colaborando na santificação das estruturas e realidades do mundo.

30. A atenção e o cuidado com o nascituro, com as crianças, os jovens, a mulher, o idoso e a família têm dado passos significativos, concretos e positivos entre nós. Temos progredido no atendimento aos migrantes, na oferta de comunidades terapêuticas, na atenção à saúde, no cuidado pioneiro aos portadores de hanseníase e do vírus HIV, como também na pastoral do acolhimento e no atendimento às pessoas necessitadas.

31. Muitas dioceses contam com leigos e leigas qualificados para a administração de seus bens. Dinamizaram a Pastoral do Dízimo, exigem publicação transparente da contabilidade das paróquias e comunidades, também aboliram a venda de bebida alcoólica nas festas de Igreja promovidas como meio de obter recursos financeiros.

32. Os movimentos, as novas comunidades, as associações de leigos que estão em comunhão com seus pastores, que se integram nas comunidades, que seguem os planos de pastoral da diocese e das paróquias, que abraçam a dimensão social do Evangelho e da fé, têm contribuído para a evangelização dentro e fora da Igreja.

33. Inúmeros leigos e leigas competentes nos diversos setores da sociedade – professores, políticos, juristas, médicos, cientistas, sociólogos, psicólogos, comunicadores, profissionais em diferentes áreas e artistas de todas as artes – brilham com sua competência, sua fé e seu humanismo. Contribuem com o desenvolvimento integral da humanidade, com a missão evangelizadora da Igreja e servem ao crescimento do Reino de Deus no mundo.

34. Muitos cristãos leigos e leigas, comprometidos com os movimentos sociais, movimentos populares, sindicais e conselhos paritários de políticas públicas e outros, nas periferias urbanas e rurais, lutam "por uma afirmação, por um destino, por viver com dignidade, por viver bem".[19] Na defesa do trabalho digno, na eliminação do trabalho escravo, do tráfico humano, da violência contra as mulheres e da exploração infantil, na defesa da demarcação das terras indígenas e dos territórios quilombolas, e em tantas outras lutas, a Igreja anuncia a Boa-Nova do Evangelho.

---

[19] FRANCISCO, *II Encontro Mundial de Movimentos Populares*, 09/07/2015, in *Discurso do Papa Francisco no II Encontro Mundial dos Movimentos Populares*, Coleção Sendas, volume 4. Brasília: Edições CNBB, 2015, n. 2, p. 10.

35. Os cristãos leigos e leigas que vivem sua fé no cotidiano, nos trabalhos de cada dia, nas tarefas mais humildes, no voluntariado, cuja vida está escondida em Deus, são o perfume de Cristo, o fermento do Reino, a glória do Evangelho. Eles se santificam nos altares do seu trabalho: a vassoura, o martelo, o volante, o bisturi, a enxada, o fogão, o computador, o trator.[20] Constroem oficinas de trabalho e oficinas de oração.

36. Significativo avanço em relação ao laicato foi dado pelo Papa Francisco com seus ensinamentos: a mística da proximidade; a pedagogia do diálogo; a revolução da ternura; o prazer de ser povo; a superação de estruturas ultrapassadas; a reforma dos Tribunais Eclesiásticos; a consciência de que a vida de cada pessoa é uma missão; a participação na política e nos movimentos populares; a certeza de que quem toca no pobre toca na carne de Jesus; a afirmação de que em cada irmão está o prolongamento permanente da Encarnação do Filho de Deus; a promoção da mulher; a primazia do perfil mariano da Igreja; a cura das feridas e o aquecimento dos corações e outros. Em tudo isso ele demonstra que a ação pastoral revela-se como exercício da maternidade da Igreja, que não tem medo de entrar na noite do povo. Nesses ensinamentos pastorais e espirituais vemos claros sinais da esperança que o Papa deposita nos cristãos leigos e leigas como protagonistas da nova evangelização.

---

[20] CNBB, Doc. 62, n. 182.

37. Podemos afirmar, com alegria e renovada esperança, que os cristãos leigos e leigas são os grandes protagonistas desses avanços em unidade com seus pastores.

2.2. Recuos

38. A consciência e a gratidão pelos avanços não impedem que vejamos também alguns recuos, seja na forma de retrocessos, seja na forma de indiferenças. Embora digam respeito à caminhada de toda a Igreja, esses recuos incidem fortemente na prática dos cristãos leigos e leigas. Salientamos alguns que nos parecem mais significativos, conscientes de que eles ainda representam desafios para a ação evangelizadora.

39. Lembrando que o mundo é o primeiro lugar da presença, atuação e missão dos cristãos leigos e leigas, vê-se que é ainda insuficiente e até omissa a sua ação nas estruturas e realidades do mundo, nos areópagos da universidade, da comunicação, da empresa, do trabalho, da política, da cultura, da medicina, do judiciário e outros.

40. Apesar da insistência dos documentos eclesiais[21] de que o primeiro âmbito de ação do leigo é o mundo, percebe-se a tendência a valorizar, exclusivamente ou quase, o serviço no interior da Igreja, o que prejudica a tomada de consciência da importância dos cristãos leigos e leigas nas realidades do mundo.

---

[21] LG, n. 31; EN, n. 70; DAp, n. 210; EAm, n. 44; CNBB, Doc. 62, n. 61, 62, 99.

41. Também o Papa Francisco, em diversas oportunidades, tem denunciado alguns retrocessos: atrasos em relação à participação de leigos nos Conselhos Pastorais, a proliferação de grupos de elite, de "católicos iluminados", o regresso ao tradicionalismo, a mundanidade espiritual, a pretensão de dominar os espaços da Igreja, a obsessão por doutrinas, as propostas místicas desprovidas de compromisso social, os comodismos, a fofoca, a bisbilhotice, a tendência de criticar, classificar, analisar e controlar tudo.

42. Percebemos que o profetismo e a dimensão social do Evangelho estão enfraquecidos e são, às vezes, até rejeitados por alguns setores da Igreja. O Papa Francisco, autoridades e lideranças na Igreja têm sido alvo de preconceitos e até de desrespeito, por causa de sua visão de Igreja e de seu testemunho.

43. Perduram ainda a sacramentalização, o devocionismo e o clericalismo. Neste contexto, a conversão pastoral fica prejudicada e enfraquecida. É preciso muito discernimento a respeito da prática de determinados exorcismos, de promessas de cura e de certo estilo de celebrações litúrgicas, especialmente na mídia. Constata-se a volta de um exagerado ritualismo.

44. O ecumenismo e o diálogo inter-religioso avançam muito devagar. A mentalidade antiecumênica é ainda muito forte, apesar de o ecumenismo ter sido um dos objetivos principais do Concílio Vaticano II.

45. Em muitos casos há desconhecimento, desinformação e oposição às comunidades eclesiais de base, às questões agrárias, indígenas e afrodescendentes, à teologia da libertação. Há também rejeição da política, "uma sublime vocação", "uma das formas mais preciosas da caridade, porque busca o bem comum".[22]

46. Há resistências quanto à opção pelos pobres. Esquece-se que a opção preferencial pelos pobres, o clamor dos pobres por vida, justiça, dignidade e inclusão social não são apenas questões teológicas, sociais, políticas, mas uma questão de fé e de fidelidade ao Evangelho. "A opção preferencial pelos pobres está implícita na fé cristológica naquele Deus que se fez pobre por nós, para nos enriquecer com a sua pobreza".[23] É lamentável que "alguns comprazem-se simplesmente em culpar, dos próprios males, os pobres e os países pobres, com generalizações indevidas".[24] Temos silenciado a respeito da "Igreja dos pobres", tema que o Papa Francisco retomou desde o início do seu pontificado, visto que se havia enfraquecido e até incompreendido na Igreja e no mundo.

47. Persiste ainda o amadorismo em relação à preparação e formação das lideranças. Isso gera graves conflitos,

---

[22] EG, n. 205.

[23] BENTO XVI, *Discurso Inaugural da V Conferência Geral do Episcopado Latino-Americano e do Caribe*, 13/05/2007, in DAp, n. 392.

[24] EG, n. 60.

discórdias, divisões, apegos aos cargos, servilismo, acúmulo de responsabilidade etc.

48. O Papa Francisco elencou quinze "doenças curiais", que podem estar presentes em qualquer instituição eclesiástica, inclusive em nossos conselhos pastorais: o sentir-se "imortal", "imune" ou até mesmo "indispensável"; o "martalismo" (que vem de Marta); o "empedernimento" mental e espiritual; a planificação excessiva e o funcionalismo; a má coordenação; o *alzheimer* espiritual"; a rivalidade e a vanglória; a esquizofrenia existencial; as bisbilhotices, murmurações e mexericos; a divinização dos chefes; a indiferença para com os outros; a cara fúnebre; o acúmulo; os círculos fechados; o proveito mundano, os exibicionismos.[25]

49. Alguns desafios ainda nos provocam: a corrupção, verdadeiro "câncer social"; a necessidade de conversão ecológica e de cuidado com nossa casa comum; a superação do analfabetismo bíblico; a preocupação com os afastados; a saída da zona de conforto; a qualidade de nossas reuniões; a necessidade de mais transparência na administração das finanças. "Não tenhamos medo de revê-los!".[26]

50. É recorrente no ensinamento do Papa Francisco a crítica ao neopelagianismo presente na Igreja.[27] Ele

---

[25] FRANCISCO, *Discurso à Cúria Romana*, 23/12/2014.

[26] EG, n. 43.

[27] Ibidem, n. 94.

dá exemplos concretos: carreirismo, clericalismo, gnosticismo, elitismo, tradicionalismo e outros. Critica também o pelagianismo no mundo, referindo-se com frequência à idolatria do mercado, à centralidade do dinheiro, ao apego ao poder.[28] É um mal atual, que afeta não só as relações e práticas do mundo, que, cada vez mais, recusa a ação gratuita e graciosa de Deus, mas que também se faz presente na Igreja. Muitas vezes se age como simples funcionários e burocratas da instituição eclesial, confia-se demais nas forças e cálculos, atua-se como agentes de uma empresa, uma Organização Não Governamental (ONG), uma agência de serviços.

3. Rostos do laicato

51. "Minha alegria e minha coroa" (Fl 4,1). Como São Paulo, nós também queremos reconhecer os diferentes rostos dos cristãos leigos e leigas, irmãos e corresponsáveis na evangelização. São para nós motivo de alegria e de ânimo na vivência do ministério ordenado. Nesse sentido, vale recordar a frase de Santo Agostinho, que, reconhecendo o peso do ministério pastoral, alegra-se com a companhia dos seus fiéis. "Atemoriza-me o que sou para vós; consola-me o que sou convosco. Pois para vós sou bispo; convosco, sou

---

[28] O pelagianismo, proveniente da doutrina de Pelágio, no final do século IV, ensina que o ser humano tudo pode, tudo faz, tudo consegue, sem precisar da graça de Deus.

cristão. Aquele é nome do ofício recebido; este, da graça; aquele, do perigo; este, da salvação".[29]

52. Os casais cristãos que escolhem a vida matrimonial constituem a Igreja doméstica. Por meio da convivência familiar e do exemplo de vida eles se educam e crescem na santidade familiar. "A alegria do amor que se vive nas famílias é também o júbilo da Igreja".[30] A paternidade e a maternidade são dons de Deus e participação ativa na obra criadora. Os pais geram e acolhem a vida humana, que começa na concepção. "O amor sempre dá vida".[31] Quando assumem com amor os filhos com deficiência dão especial testemunho do Evangelho da vida.

53. Todas as crianças da catequese e as que participam da Infância Missionária e do serviço dos coroinhas, que animam nossas comunidades, tornam a Igreja ainda mais bela e atraente e evangelizam seus familiares, seus amigos e as crianças em geral. São o germe de um laicato maduro. Também os menores abandonados, os órfãos, as crianças com deficiência, as adotadas, as vítimas de abuso por parte de adultos, as que são traficadas, as migrantes e as que são exploradas pelo trabalho escravo.

---

[29] SANTO AGOSTINHO, *Serm*. 340, 1: PL 38, 1483; citado em LG, n. 32.

[30] AL, n. 1.

[31] Ibidem, n. 165.

54. As mulheres contribuem de forma indispensável na sociedade e nas responsabilidades pastorais. Todavia, a Igreja reconhece que "ainda é preciso ampliar os espaços para uma presença feminina mais incisiva na Igreja. Porque o gênio feminino é necessário em todas as expressões da vida social (...) e nos vários lugares onde se tomam as decisões importantes, tanto na Igreja como nas estruturas sociais".[32]

55. Mais uma vez reafirmamos a opção preferencial pelos *jovens*, proclamada em Puebla, e o zelo pela pastoral juvenil. Pedimos aos presbíteros, aos consagrados e às consagradas, aos diáconos e a todos os agentes de pastoral que se aproximem, apoiem e incentivem os jovens no seu protagonismo na Igreja e no mundo. Cabe a todos nós incentivar e acompanhar a vocação sacerdotal e religiosa, leiga e missionária, e a vocação ao matrimônio.

56. Os idosos, especialmente os avós, têm merecido atenção do Papa Francisco e dos recentes Sínodos da Família. Quanto respeito, admiração, gratidão e atenção devemos a eles por sua fé, sabedoria e colaboração no desenvolvimento da sociedade, na evangelização e na santificação da Igreja!

57. Um número significativo de cristãos leigos e leigas vive como *solteiros*. Ser solteiro pode ser também uma opção de vida e um sinal de que a felicidade não está

---

[32] EG, n. 103.

só no casamento e na vocação sacerdotal e religiosa. Constatamos com alegria que cresce em quantidade e qualidade a consagração de leigos e leigas, para o bem da Igreja e da sociedade.

58. Aos *viúvos* e *viúvas* recordamos que desde o Antigo Testamento Deus se colocou ao seu lado como pai, amigo e defensor. O Apóstolo Paulo dedicou especial cuidado aos que vivem nesta singular condição (1Tm 5,16).

59. A Igreja se alegra com os cristãos leigos e leigas que são ministros de coordenação e líderes nas dioceses, paróquias, comunidades, pastorais e movimentos. O ministério de coordenação e de liderança é um verdadeiro lava-pés, cuja função é animar, organizar e coordenar a vida das comunidades, seguindo Cristo Bom Pastor e agindo em nome da Igreja e em favor do povo. O bom exemplo das lideranças cativa, convence e anima toda a comunidade. Liderar é um ato de amor à Igreja.

60. Os vocacionados e vocacionadas à vida consagrada e os vocacionados ao ministério ordenado são filhos e filhas de Deus pelo Batismo, cristãos leigos e leigas, membros do povo de Deus. São chamados, por uma graça especial do Pai misericordioso, em vista do serviço à Igreja e ao mundo. Sua vocação requer também o discernimento da Igreja e não deve ser compreendida como honra, *status* ou vantagem pessoal. A mentalidade de privilégio não corresponde ao Evangelho de Cristo nem à espiritualidade da cruz.

61. Cristãos leigos e leigas missionários nas suas Igrejas particulares, nas Igrejas irmãs e além-fronteiras, oferecem suas vidas para o crescimento do Reino de Deus e dão exemplo de partilha.

62. Enfim, entre tantos outros, há os que atuam nas pastorais e movimentos sociais, ONGs, partidos políticos, sindicatos, Conselhos de Políticas Públicas, como homens e mulheres da Igreja no coração do mundo.[33]

4. Campo específico de ação: o mundo

63. Queremos recordar e insistir que o primeiro campo e âmbito da missão do cristão leigo é o mundo. A realidade temporal é o campo próprio da ação evangelizadora e transformadora que compete aos leigos. "O caráter secular caracteriza os leigos".[34] Outros documentos do magistério retomam esta determinação conciliar, como a Exortação Apostólica *Evangelii Nuntiandi*, do Beato Paulo VI: "A sua [dos leigos] primeira e imediata tarefa não é a instituição e o desenvolvimento da comunidade eclesial (...), mas sim, o pôr em prática todas as possibilidades cristãs e evangélicas escondidas, mas já presentes e operantes nas coisas do mundo".[35] A vocação específica do leigo,

---

[33] DPb, n. 786; DAp, n. 209.

[34] LG, n. 31.

[35] EN, n. 70.

impregnado do Evangelho, é estar no meio do mundo à frente de tarefas variadas da ordem temporal.

64. Pela Encarnação, o Filho de Deus assumiu a condição humana neste mundo e, pela Redenção, a libertou do pecado. Dessa maneira, convidou todo ser humano, sobretudo o cristão, a ser um agente de sua missão redentora. Nesse sentido, São João Paulo II, na Encíclica *Redemptor Hominis*, afirmou: "O homem é o primeiro caminho que a Igreja deve percorrer no desempenho de sua missão. Ele é o caminho primeiro e fundamental da Igreja, caminho traçado pelo próprio Cristo, caminho que imutavelmente passa através do mistério da Encarnação e da Redenção".[36] Precisamos retomar este ensino que muito contribuirá para a volta às fontes conciliares que indicam o mundo como primeiro lugar da missão evangelizadora do laicato.

65. Encontramos esta mesma linha de pensamento na Exortação Apostólica Pós-Sinodal *Ecclesia in America*: "Com seu peculiar modo de agir, [os cristãos leigos] levam o Evangelho para dentro das estruturas do mundo e agindo em toda parte santamente, consagram a Deus o próprio mundo. A secularidade é a nota característica e própria do leigo e da sua espiritualidade nos vários âmbitos da vida em vista da evangelização. Deles se espera uma grande força criadora em gestos e obras em coerência com o Evangelho. A Igreja necessita de cristãos leigos que assumam cargos de

---

[36] RH, n. 14.

dirigentes formados e fundamentados nos princípios e valores da Doutrina Social da Igreja e na teologia do laicato".[37]

5. O mundo globalizado

66. Vivemos no mundo definitivamente globalizado. A postura dos cristãos nesse mundo tem por base o ensino do Concílio Vaticano II sobre as relações entre a Igreja e o mundo. Esse Concílio enfatizou a necessidade de abertura e de diálogo, a partir do olhar da razão e da fé. É necessário descobrir e discernir os sinais dos tempos, para responder de maneira lúcida e coerente às interrogações de cada geração, às suas angústias e esperanças, alegrias e tristezas. O cristão leigo, como sujeito no mundo, é chamado a agir de forma consciente, responsável, autônoma e livre. Age como sujeito histórico e discípulo missionário, sempre em diálogo e abertura com as culturas e as religiões, com filosofias do tempo e da história humana e com o Magistério da Igreja.

67. O mundo e a história são movidos pelo amor criador e providencial de Deus. "Por condição própria, as criaturas são dotadas de consistência, verdade e bondade, e possuem suas leis, numa ordem que lhes é intrínseca. O ser humano deve respeitá-las. (…) A investigação metódica em todas as disciplinas, feita cientificamente

---

[37] EAm, n. 44.

e levando em conta as exigências morais intrínsecas ao próprio agir do ser humano, jamais entrará em conflito com a fé".[38] Além de ser reconhecido em sua bondade radical, como obra de Deus Criador, o mundo tornou-se, pela encarnação, lugar da ação redentora do próprio Deus feito homem.[39] Cada cristão participa da história humana como sinal de salvação pelo testemunho e ação, como sujeito que colabora na transformação da sociedade.

5.1. Bases fundamentais do mundo globalizado

68. O mundo globalizado tem por base um sistema social, tecnológico, jurídico, econômico e financeiro que dá suporte, em escala mundial, à produção, comércio e consumo de bens.

a. *Sistema tecnológico.* As tecnologias fornecem o suporte permanente para garantir a eficiência da produção, da circulação e da oferta dos produtos. As tecnologias de comunicação permitem a operação das aplicações financeiras em escala mundial e, ao mesmo tempo, a oferta de produtos de modo ágil e convincente a cada consumidor.

b. *Sistema jurídico e financeiro.* A organização jurídica, econômica e financeira do mercado rege em escala mundial a geração real ou fictícia de rique-

---

[38] GS, n. 36.

[39] Ibidem, n. 22.

zas por parte das empresas e dos empresários que comandam a produção e o comércio. No Brasil, os fenômenos de aquisições e fusões de empresas dos mais diferentes setores acompanham a tendência mundial e revelam uma ordem econômica cada vez mais concentrada, impessoal e distante dos interesses das comunidades locais.

c. *Sistema social.* O sistema social é organizado a partir de tecnologias, produtos e serviços que funcionam, por sua vez, de modo eficiente e dispensam a pergunta pelos sujeitos e processos que estão por detrás de seus efeitos diariamente utilizados pelos indivíduos e povos e pressupõe a confiança de seus usuários.

d. *Sistema socioespacial.* A cidade se afirma como organização socioespacial predominante em todos os cantos do planeta e constitui a base a partir da qual são formadas as redes de produção, distribuição e consumo de produtos de todas as naturezas, as redes de tecnologias de informação, assim como as redes de comunicação. Partindo das grandes cidades mundiais, passando pelas metrópoles nacionais e regionais, até atingir os centros médios e pequenos, essas grandes redes formam um sistema que, regido pelo capital financeiro e alimentado pelo consumo, possibilita a circulação instantânea das informações. O modo de vida que se produz nesses espaços e a partir deles se expande, se sobrepõe ou suprime as sociedades e culturas locais.

e. *Sistema cultural*. A cultura urbana, em sua essência uma cultura de consumo, centrada na oferta de produtos sempre mais individualizados, inclui de modo desigual todos os indivíduos nas ofertas do mercado de produtos, os mais diversos, e faz do ato de consumir um valor almejado por todos.

f. *Sistema informacional*. A sociedade da informação disponibiliza volumes de uma extensa gama de todos os tipos de conteúdos informacionais e opera por meio de fluxos ágeis que permitem a conexão entre as pessoas em tempo real e sem limite de distância, em detrimento, muitas vezes, da veracidade do dado comunicado e da autenticidade dos sujeitos.

69. A globalização trouxe inegáveis facilidades e possibilidades de melhoria nas condições de vida e nas relações humanas. As tecnologias avançadas oferecem novos domínios sobre os aspectos macro e micro da vida, e revelam a grandeza criadora do ser humano e as possibilidades reais de uma sociedade de vida mais plena para todos. O mundo globalizado traz facilidades e satisfações, tanto em bem-estar real, que permite mais do que nunca maior acesso às necessidades básicas, quanto em bem-estar ilusório, que excita as satisfações humanas e faz com que as pessoas se iludam com as felicidades momentâneas.

70. No entanto, se observada do ponto de vista da igualdade social e da liberdade humana, tanto na perspectiva das ciências humanas, quanto na perspectiva da fé, a

globalização configura-se como um sistema de vida ambíguo. A visão cristã integral do ser humano detecta, em meio à grande eficiência da sociedade atual, déficits em relação aos direitos comuns das pessoas e dos povos, bem como em relação ao que permite a cada um viver a verdadeira felicidade. Por isso, é chamada de "globalização da indiferença".[40]

5.2. Lógica individualista do mundo globalizado

71. Vivendo neste mundo, o cristão que não tem a consciência de ser sujeito corre o risco da alienação, da acomodação e da indiferença. A Mensagem do Papa Francisco para a celebração do Dia Mundial da Paz, de 1º de janeiro de 2016, enfocou a temática da indiferença. Precisamos vencer a indiferença com as obras de misericórdia para conquistar a paz: "Vence a indiferença e conquista a paz". Não podemos nos resignar à indiferença, nem fechar os olhos e o coração aos desafios que nos envolvem, nem nos esquivar dos problemas da humanidade. Caim se mostrou indiferente em relação ao irmão. O bom samaritano, pelo contrário, deixou-se comover, aproximou-se, cuidou do próximo. Venceu a indiferença pela misericórdia. A globalização da indiferença, diz o Papa, nos tornou insensíveis. Corremos o risco de perder a capacidade de chorar com quem chora, mas também de nos alegrar com quem se alegra (Rm 12,15). A indiferença será

---

[40] FRANCISCO, *Homilia em Lampedusa*, 08/07/2013.

vencida pelo poder da misericórdia e a revolução da ternura. O cristão, sujeito na Igreja e no mundo, vence a indiferença à luz do Evangelho, do Reino de Deus e da Doutrina Social da Igreja.

72. Até bem pouco tempo, o mundo globalizado era entendido como uma questão macroeconômica, um sistema anônimo que regia as riquezas do planeta a partir das grandes corporações e das potências econômicas. Hoje, é preciso dizer que esse regime incluiu em sua lógica o indivíduo, com seu desejo humano que busca satisfação nas práticas de consumo. A "alma do mercado" entra na alma humana, criando um círculo vicioso que inclui de maneira perversa as mais diferentes condições de vida coletiva e individual. Esse é o ápice do processo da globalização econômica: o consumo se torna o modo de vida comum cada vez mais universalizado.

73. Trata-se de um modo de produzir e consumir que se torna costume e norma e que opera a partir de uma lógica individualista: a busca de maior bem-estar com o menor esforço. Essa lógica individualista se caracteriza por:

a. *Satisfação individual e indiferença pelo outro*: a oferta de satisfação individual dispensa a relação com o outro como imperativo ético, e naturaliza a indiferença em relação às necessidades e direitos do outro.

b. *Supremacia do desejo em relação às necessidades*: o desejo satisfeito se identifica com necessidade e dispensa o discernimento do que é necessidade básica e o que é complementar ou supérfluo.

c. *Predomínio da aparência em relação à realidade*: a linguagem estética, que oferece felicidade pela via da beleza nos diferentes produtos, dispensa a pergunta ética pela veracidade e pela bondade real das coisas que são adquiridas.

d. *Inclusão perversa*: todos os indivíduos são incluídos no mercado dos produtos "novos" e "bons" que oferecem, com suas marcas, não somente a felicidade, mas também *status* social, na medida em que tornam todos "iguais" e escondem sob essa falsa igualdade as diferentes posições sociais, que na prática excluem grande número deles.

e. *Falsa satisfação*: os produtos que oferecem bem-estar e felicidade são por si mesmos efêmeros, como são os desejos humanos jamais satisfeitos plenamente. Nesse sentido, trata-se de uma oferta que não realiza o que promete ao sustentar a última promessa como plena e definitiva, até que se dissolva e ceda lugar a outra, com um novo produto e um novo desejo.

74. Este sistema, que se expande por todo o mundo, se torna um modo de vida e tende a ser assimilado como algo normal e bom e a penetrar as ações, os valores humanos de um modo geral e as vivências religiosas. Cada nação e cada indivíduo o reproduzem de certa

maneira, buscando formas de "inclusão" em sua dinâmica, ainda que vivendo de suas migalhas ou de pequena parte de seus benefícios.

5.3. Contradições do mundo globalizado

75. Com esses parâmetros, podemos olhar para o global e para o local e perceber a lógica mais interna que conduz os processos históricos em nossa realidade mais imediata. Os grandes problemas humanos estão presentes em nível mundial e local e expõem por si mesmos as contradições desse sistema:

a. *Desenvolvimento x pobreza*. A promessa neoliberal do mundo desenvolvido globalmente tem mostrado seus limites. Persistem as conhecidas geografias da pobreza, sobretudo no hemisfério sul do planeta, enquanto a pobreza e os problemas sociais se espalham também por regiões consideradas socialmente equilibradas e prósperas. O desemprego, a falta de moradia, a fome e a violência são hoje fatos mundiais.

b. *Confiança no mercado x crises constantes*. A busca pelo lucro a todo custo sustenta as corporações econômico-financeiras, rege a produção e o comércio mundial, seduz as nações e os indivíduos. A promessa de bem-estar e a defesa de um mercado livre sem intervenções, por parte do Estado, permanecem como base do capitalismo mundial, a despeito das crises que afetam nações e comunidades locais e das múltiplas formas de exclusão que persistem, sobretudo nos países pobres.[41]

c. *Enriquecimento de uns x degradação ambiental.* As consequências ecológicas desse modelo são cada vez mais graves. A poluição atmosférica e o esgotamento de recursos naturais, a devastação das florestas e o uso indiscriminado de agrotóxicos, a diminuição dos recursos hídricos e a contaminação dos mananciais, os resíduos sólidos jogados na natureza e os impactos ambientais das grandes concentrações urbanas revelam a lógica interna de um sistema que gerencia a produção, a distribuição e o consumo com as mais diversas tecnologias, mas se mostra incapaz de gerenciar as suas próprias consequências na perspectiva de um desenvolvimento e futuro sustentáveis.[42]

d. *Bem-estar de uns x exclusão da maioria.* A humanidade permanece dividida entre alguns que têm muito e muitíssimos que não têm o mínimo para subsistir. Nos países emergentes, a possibilidade de ascensão social, necessária e bem-vinda, pode resultar na corrida individualista pelo bem-estar e pela felicidade plena no consumismo desenfreado, assim como em estratégias de desenvolvimento que focam em critérios eminentemente econômicos. Os que ficam excluídos desse processo muitas vezes se alienam na ilusão consumista.

---

[41] CV, cap. 3.

[42] LS, cap. 1.

e. *Busca de riqueza x corrupção e tráfico*. A busca desenfreada da riqueza, fruto do sistema capitalista, sustenta a corrupção em todos os níveis sociais, de modo escandaloso nas elites políticas e econômicas. Criam-se redes mundiais de tráfico de drogas e de pessoas, impulsionando as mais diversas formas de violência e a moral da permissividade. Nestes processos, a pessoa humana não passa de mercadoria, pois atravessa diferentes fases de esvaziamento da sua dignidade.[43]

f. *Segregação dos grupos sociais privilegiados x segregação em bolsões de pobreza e miséria*. As concentrações urbanas configuram ocupações territoriais profundamente desiguais, sobretudo nos países pobres e emergentes. A segregação social se institucionaliza como algo legítimo e necessário para a sobrevivência dos grupos sociais. Nas grandes cidades, as áreas nobres se isolam como fortificações, utilizando-se de esquemas de segurança cada vez mais sofisticados, enquanto as áreas pobres constituem redutos carentes de serviços básicos de infraestrutura, de saúde e educação, e terminam por construir seus próprios mecanismos de sobrevivência, entregues, em muitos casos, aos desmandos do crime organizado e do tráfico. A violência é o grande flagelo que também decorre dessa segregação e atinge todos os cidadãos.[44]

---

[43] EG, n. 53.
[44] LS, n. 44-45.

g. *Redes sociais virtuais x indiferença real*. As redes virtuais, quando usadas indevidamente, põem em risco as relações interpessoais, as posturas sociais, éticas e cristãs fundamentais, como a autenticidade das pessoas, o compromisso comunitário, o respeito e a reputação pessoal, a solidariedade com os mais necessitados, o encontro entre pessoas reais, a privacidade e a liberdade de pensamento.

76. É preciso dizer "não" a tudo isso, como exorta o Papa Francisco.[45] O mundo rico e o mundo pobre desejam cada vez mais a felicidade mediante a aquisição de bens e se lançam nessa busca desigual, porém ilusória para ambos. O mesmo se repete no comportamento individual na busca de satisfação, de *status* social e de cidadania, mediante a aquisição das marcas que embalam no mesmo pacote cada personalidade.

5.4. Características socioculturais do mundo globalizado

77. Neste mundo globalizado, a sociedade se organiza a partir de um aspecto global que inclui as diferenças econômicas, sociais, políticas, culturais e religiosas, acentuando o indivíduo. Trata-se de uma sociedade individualista. Desse modo, o mundo globalizado apresenta as seguintes características socioculturais:

---

[45] EG, n. 53-60.

a. *Inserção individual no mercado das ofertas.* Cada um, como centro de escolhas e práticas, se inclui no mercado das ofertas de produtos materiais e simbólicos mundialmente disponíveis. Do ponto de vista das interações sociais, é possível manter--se na mais reservada intimidade e, sem deslocar--se de seu espaço físico, conectar-se pelas redes virtuais com o outro distante que, por sua vez, se mantém em seu anonimato.

b. *Enfraquecimento das relações de mutualidade.* Esse modo de socialização enfraquece as relações de mutualidade, de reconhecimento dos direitos alheios e comuns, assim como de comprometimento recíproco. Esse isolamento acontece no espaço doméstico das relações familiares, no espaço público, nas relações anônimas dos pequenos e grandes aglomerados e nas concentrações de massa.

c. *Afirmação de identidades grupais.* De outra parte, no bojo do mesmo processo podem-se verificar formas de reação social na afirmação de identidades grupais, não tanto pela via da organização sociopolítica, mas pela via da etnia, da religião, do gênero ou de outras causas que agregam adeptos de modo duradouro ou momentâneo. Essas tendências de afirmação de identidade buscam reagir à fragmentação individual ou à massificação anônima. Em muitos casos, negam os modos de vida da cultura dominante e se afirmam em valores e padrões resgatados do passado. Situam-se aí grupos variados: os fundamentalistas, as tribos urbanas, as comunidades alternativas, alguns grupos religiosos.

d. *Comportamento uniformizador, autoritário e, em muitos casos, sectário.* É o que acontece com comunidades isoladas e com formas de comunitarismo sectário. Nessa direção, crescem também formas mais dispersas de agregação que se manifestam publicamente para protestar contra causas específicas ou contra a ordem instituída, a elas aderem pessoas sem a devida reflexão, discernimento ou consciência de quais valores estão em jogo.

e. *A reinstitucionalização como caminho de afirmação de padrões e valores.* É uma forma usada por diversos grupos, sobretudo os de caráter tradicional, como garantia de segurança e ordem na sociedade plural e desordenada. A retomada da autoridade como fonte de verdade, de organização e de disciplina, a afirmação da lei como único meio de controle social e, muitas vezes, a opção por regimes autoritários constituem estratégias difusas presentes em instituições e grupos na sociedade atual.

f. *A pluralidade ética, cultural e religiosa.* A pluralidade é cada vez mais vivenciada em todas as esferas das relações humanas e presente nos valores, nas convicções e práticas. De um lado, há o colapso das ideologias tradicionais com o agudo relativismo de valores culturais e religiosos; de outro, o retorno a práticas religiosas tanto na perspectiva novidadeira da cultura atual, quanto na recuperação de um passado que já caducou. A sociedade atual se torna, muitas vezes, campo de uma verdadeira batalha espiritual, misturando o sagrado com ideologias culturais, políticas e econômicas, o que reduz as Igrejas e as religiões a mera parte do sistema maior, regido, em última instância, pelas escolhas individuais.

6. Discernimentos necessários

78. A Igreja vive dentro deste mundo globalizado, interpelada a um permanente discernimento. O desafio do cristão será, sempre, viver no mundo sem ser do mundo (Jo 17,15-16), examinar tudo e ficar com o que é bom (1Ts 5,21). Sua missão é construir o tempo presente, na perspectiva do Reino que já está entre nós, mas que sempre há de vir como graça que não se esgota em nenhuma das conjunturas históricas.

79. Discernir significa aprender a separar as coisas positivas das negativas que fazem parte do mesmo modo de vida atual, que se apresenta sempre como integralmente bom para todos e em tudo o que oferece. "É preciso esclarecer o que pode ser um fruto do Reino e também o que atenta contra o projeto de Deus. Isto implica não só reconhecer e interpretar as moções do espírito bom e do espírito mau, mas também – e aqui está o ponto decisivo – escolher as do espírito bom e rejeitar as do espírito mau".[46]

---

[46] Ibidem, n. 51.

80. Viver na Igreja significa aprender permanentemente a seguir o caminho e a verdade do Evangelho dentro das condições concretas do mundo. Para viver a sua missão no mundo de hoje, a Igreja como um todo e o cristão leigo em particular são desafiados à aprendizagem permanente de distinguir:

a. a *pluralidade*, que respeita as diferenças e promove a convivência pacífica, do *relativismo* que se pauta pela indiferença aos valores e aos outros;

b. a *secularidade*, que valoriza positivamente as conquistas humanas, a autonomia das consciências e a liberdade religiosa, do *secularismo* que considera Deus como intruso ou desnecessário para a vida humana;

c. os *benefícios da tecnologia* presentes nas diversas dimensões da vida atual e das relações humanas, da *dependência* de aparelhos eletrônicos;

d. o *uso das redes sociais* como expressão de relações humanas prévias e como caminho de novas formas de relações sociais mais amplas, da *comunicação virtual isolada* que dispensa a relação pessoal;

e. o *consumo dos bens necessários* à subsistência e à satisfação equilibrada dos desejos, da *busca desordenada* de satisfação;

f. o *uso do dinheiro para a justa aquisição de bens* que garantam a vida digna para cada pessoa, da *idolatria do dinheiro* como valor absoluto que tudo direciona;

g. a *autonomia, a liberdade e a responsabilidade pessoal*, do *isolamento individualista* que nega o dever para com a vida comum;

h. os *valores e as instituições tradicionais*, do *tradicionalismo* que se nega a dialogar com o mundo e se fecha na segurança das ideias puras e imutáveis;

i. a *vivência comunitária*, que possibilita a justa relação do eu individual com o outro, do *comunitarismo sectário* que isola o grupo do mundo.

7. As tentações na missão

81. O mundo influencia a Igreja, oferece-lhe tentações, inspira desvios, impõe modelos de vida, a ponto de mundanizá-la. Daí a contínua necessidade de renovação e conversão. As tentações na missão constituem uma parte do Discurso do Papa Francisco aos dirigentes do Conselho Episcopal Latino-Americano (CELAM), no Rio de Janeiro, e estão presentes em nosso dia a dia, também na missão de muitos cristãos leigos e leigas. Além das tentações apontadas pelo Papa, indicamos outras, presentes entre nós.

a. *Ideologização da mensagem evangélica*. Significa interpretar o Evangelho fora da Bíblia e da Igreja, para defender interesses pessoais ou grupais. Usa-se o Evangelho, a Igreja e a religião em favor de si mesmo, do partido político, das vantagens e dos interesses próprios. A fé se torna meio e instrumento de exclusão, manipulação e exploração do povo.

b. *Reducionismo socializante.* Consiste em reduzir a Palavra de Deus a partir da ótica puramente social, dependente das ciências sociais. Tanto o liberalismo de mercado como o marxismo são reducionistas. A fé carrega em si mesma a dimensão social, a promoção humana.

c. *Ideologização psicológica.* Entende o encontro com Jesus Cristo como uma dinâmica psicológica do autoconhecimento. Verifica-se isso em cursos de espiritualidade, retiros espirituais em que se fala de um psicologismo autorreferencial sem transcendência e sem missionariedade. O psicologismo afasta da missão.

d. *Proposta gnóstica.* Costuma ocorrer quando grupos de elite, "católicos iluminados", julgam ter uma espiritualidade superior à dos outros. A partir da razão, do conhecimento racional, confiam mais nos raciocínios que na graça. Adotam posição de privilégio, prestígio e superioridade em relação aos demais fiéis.

e. *Proposta pelagiana.* Busca-se a solução dos problemas sem contar nem recorrer à graça de Deus, confiando apenas na disciplina, na lei, no rigorismo, na restauração de condutas já superadas, como, por exemplo, o tradicionalismo. Enfoca-se a segurança doutrinal ou disciplinar, procurando buscar o passado perdido. Há um exagero em vestes, leis, rigorismos, principalmente no campo da liturgia, mas sem mudança interior. É a volta ao ritualismo e à exterioridade.

f. *Funcionalismo*. Consiste em apostar na eficácia, na função, na prosperidade do plano e do organograma pastoral. Os sacramentos e a evangelização se transformam em função burocrática, sem conversão, sem interioridade, sem a coerência entre o ser e o fazer. Assim, a Igreja é transformada numa ONG.

g. *Clericalismo*. O padre centraliza tudo em sua pessoa e poder pessoal e clericaliza os leigos. Por outro lado, há leigos que procuram a clericalização e, para não se incomodar, assumem o que é mais cômodo. Há uma falta de maturidade e de liberdade. As Comunidades Eclesiais de Base, a religiosidade popular, os grupos bíblicos, os conselhos pastorais são caminhos de superação do clericalismo. Em relação aos conselhos pastorais ainda estamos atrasados, afirma o Papa. Estas e outras tentações necessitam ser superadas. Para isso, precisamos abrir os olhos do coração para a necessária conversão pastoral.

h. *Individualismo*. É uma atitude que pode perpassar as mais diversas formas de vida, desde as devoções antigas já vivenciadas de modo privatizado pelos fiéis, até as tendências e grupos atuais que se definem e se organizam a partir de experiências espirituais intimistas e individualizantes. Os individualismos religiosos entendem que a fé cristã se concretiza a partir do epicentro do eu que se relaciona com a salvação oferecida por Jesus Cristo, sem a inclusão do outro em sua base de fundamentação e sustentação.

i. *Comunitarismo sectário.* Não faltam também as experiências de comunitarismo religioso de característica fundamentalista e sectária que, por esse traço, se definem em oposição às demais. Julgam--se verdadeiras perante outras que seriam falsas; seus membros veem-se como salvos perante outros não salvos, como melhores perante outros.

j. *Secularismo.* É a negação da religiosidade como dimensão do ser humano. Em muitos casos, o secularismo desemboca no laicismo, que consiste na negação do direito das religiões se manifestarem na ordem pública, relegando-as à esfera do privado.[47] O secularismo é uma tendência que atinge também cristãos leigos e leigas quando, assumindo a sua responsabilidade no mundo da família, do trabalho, da cultura e da política, cortam os laços com Deus e com a comunidade eclesial.

82. O Papa Francisco refere-se ainda às tentações dos agentes pastorais, na Exortação Apostólica *Evangelii Gaudium*: a acédia egoísta, o pessimismo estéril, a acomodação, o isolamento, as guerras entre nós, a falta de valorização dos leigos, da mulher, dos jovens, dos idosos e das vocações.[48]

83. Todas essas tentações, nas quais caímos muitas vezes, são aglutinadas pelo Papa Francisco no termo "mundanismo espiritual". São tendências de reprodução

---

[47] GS, n. 36 e 43.

[48] EG, n. 76-101.

dentro da Igreja do que não pode ser regra de sua essência comunitária fundada no mistério do amor do Deus trinitário e na relação de compromisso com o próximo. Esse mundanismo "se esconde por detrás de aparências de religiosidade e até mesmo de amor à Igreja" e busca, "em vez da glória do Senhor, a glória humana e o bem-estar pessoal".[49]

8. A necessária mudança de mentalidade e de estruturas

84. A Igreja não é uma ilha de perfeitos, mas uma comunidade missionária e de aprendizagem em seu modo de ser, organizar e agir como seguidora de Jesus Cristo. Viver e atuar neste mundo globalizado implica mudança de mentalidade e de estruturas.

85. A inserção na realidade do mundo globalizado exige de todos mudança de mentalidade em nosso modo de conceber a própria Igreja. Ela, povo de Deus, Corpo de Cristo e Templo do Espírito, é chamada a ser:

a. Comunidade de discípulos de Jesus Cristo, que procura aprofundar-se no conhecimento de sua pessoa por meio da vivência do amor e do estudo, na busca do acolhimento de seu mistério revelado na história;

---

[49] Ibidem, n. 93.

b. Escola de vivência cristã na qual o projeto do Reino encontra os meios de sua realização e seja um sinal de contradição para tudo o que não condiz com o plano de Deus;

c. Organização comunitária feita de diversidade, composta de muitos sujeitos que, investidos de distintos dons e distintas funções, exercem sua missão eclesial dentro da comunidade e na sociedade;

d. Comunidade inserida no mundo como testemunha e servidora do Reino de Deus e que busca todos os meios para que os valores próprios do Reino estejam presentes nas estruturas e no funcionamento da sociedade atual;

e. Povo de Deus que busca também os sinais do Reino no mundo e, em diálogo com os valores aí presentes, procura parcerias com todos os sujeitos visando à construção de um mundo justo, fraterno e feliz, como Igreja solidária;

f. Comunidade que se abre permanentemente para as urgências do mundo e se renova em seus métodos e em sua estrutura, para que possa servir como testemunha e força que transforma o mundo na prática do amor;[50]

g. Comunidade que mostra a fraternidade de ajuda e serviço mútuo, de uma atenção coletiva às pessoas mais frágeis e necessitadas, pois "nisto conhecerão

---

[50] Ibidem, n. 27-33.

todos que sois os meus discípulos: se vos amardes uns aos outros" (Jo 13,35);

h. Igreja "em saída", de portas abertas, que vai em direção aos outros para chegar às periferias humanas e acompanhar quem ficou caído à beira do caminho, e que acolhe o filho pródigo, para que possa entrar sem dificuldade.[51]

86. A mudança de mentalidade implica em mudança de estruturas. O Documento de Aparecida optou decididamente pela conversão pessoal e pastoral em prol do Reino de Deus que atinja a todos, em espírito de comunhão e participação.[52] Também convida a impregnar as estruturas e os planos pastorais em todos os níveis com firme atitude missionária e a "abandonar as ultrapassadas estruturas que já não favoreçam a transmissão da fé".[53]

87. O Papa Emérito Bento XVI bem alertou: "A corresponsabilidade exige uma mudança de mentalidade, relativa, em particular, ao papel dos leigos na Igreja, que devem ser considerados não como 'colaboradores' do clero, mas como pessoas realmente 'corresponsáveis' do ser e do agir da Igreja. Por conseguinte, é importante que se consolide um laicato maduro e comprometido, capaz de oferecer a sua contribuição específica para a missão eclesial, no respeito pelos

---

[51] Ibidem, n. 46.

[52] DAp, n. 213 e 366.

[53] Ibidem, n. 365.

ministérios e pelas tarefas que cada um desempenha na vida da Igreja, e sempre em comunhão cordial com os bispos".[54]

88. A vivência dos carismas e o exercício dos ministérios no interior da Igreja não devem substituir nem mesmo diminuir o empenho dos cristãos leigos e leigas no campo do mundo, "primeiro e mais condizente com seu estado laical, o (campo) das realidades temporais, que são chamados a ordenar conforme a vontade de Deus".[55]

89. O testemunho da unidade em meio à diversidade é sinal eloquente da saúde comunitária, ágil em sua resposta às necessidades, ao mesmo tempo em que é comprometida e perseverante. O Papa Francisco incentiva: "Aos cristãos de todas as comunidades do mundo, quero pedir-lhes de modo especial um testemunho de comunhão fraterna, que se torne fascinante e resplandecente".[56]

90. A Igreja, direcionada e pautada pelo Reino de Deus caminha para a frente, dentro da história, com lucidez e esperança, com paciência e misericórdia, com coragem e humildade. É capaz de superar as identificações com o mundo – os mundanismos – os isolamentos e

---

[54] BENTO XVI, *Mensagem à VI Assembleia Ordinária do Foro Internacional da Ação Católica*, em Iasi, Romênia, 10 de agosto de 2012.

[55] EAm, n. 44.

[56] EG, n. 99.

autorreferências; abre-se para os desafios do mundo nos quais Deus fala por vias positivas – por sinais visíveis do Reino – e por vias negativas: no grito dos que sofrem e em todas as formas de negação da vida. A Igreja da escuta, do diálogo e do encontro se insere no mundo como quem ensina e aprende, diz sim e diz não, mas, sobretudo, como quem serve.

CAPÍTULO II

SUJEITO ECLESIAL: DISCÍPULOS MISSIONÁRIOS E CIDADÃOS DO MUNDO

> "Vós sois o sal da terra".
> "Vós sois a luz do mundo"
> (Mt 5,13-14).

91. Jesus nos ensina a ser sujeitos de nossa vida. Por palavras e ações, ele foi verdadeiramente sujeito de sua vida e de seu ministério. Ele é modelo para todo cristão, chamado a ser sujeito livre e responsável, capaz de opções, de decisões e de um amor incondicional. Suas atitudes convidam a uma nova maneira de ser, que brota do coração transformado, não da lei. Suas decisões manifestaram os caminhos concretos do amor "até o fim" (Jo 13,1). E é através dele, "caminho, verdade e vida" (Jo 14,6), que podemos chegar a Deus. No seguimento de Jesus, como seus discípulos, todos somos sujeitos de nossa vida e de nossa missão, conscientes de nossa dignidade, livres de qualquer escravidão e capazes de doar-nos ao serviço do Reino de Deus, da comunhão eclesial e do amor ao próximo. A fé em Jesus Cristo nos insere em sua vida, em seus sentimentos, em sua própria pessoa e em sua missão

(Jo 15,1-8; Fl 2,5). A fé cristã nos impulsiona e convoca a ser verdadeiros sujeitos na Igreja e na sociedade.

92. Neste capítulo, predominantemente eclesiológico, à luz do Concílio Vaticano II, retomamos a teologia da Igreja como comunhão na diversidade. A Igreja é o povo santo de Deus, peregrino e evangelizador, é o corpo de Cristo presente e atuante na história dos seres humanos, é o templo do Espírito Santo. Pelos sacramentos da iniciação cristã, sobretudo pelo Batismo, todos nos tornamos membros vivos do povo de Deus. Nessa igualdade comum se funda a identidade e a dignidade da vocação dos cristãos leigos e leigas, expressa no sacerdócio comum, no *sensus fidei*, no perfil mariano da Igreja e na vocação universal à santidade. Na eclesiologia de comunhão funda-se a concepção dos cristãos leigos e leigas como sujeitos eclesiais, discípulos missionários, membros da Igreja e cidadãos do mundo, caracterizados pela liberdade, autonomia e relacionalidade. Como tais, são chamados a colaborar na ação evangelizadora, em todos os âmbitos da Igreja e do mundo, superando os entraves que atrapalham sua missão.

1. Igreja, comunhão na diversidade

93. A unidade da Igreja se realiza na diversidade de rostos, carismas, funções e ministérios. É importante dar-nos conta deste grande dom da diversidade, que potencializa a missão da Igreja realizada por todos

os seus membros, em liberdade, responsabilidade e criatividade. O dom do Espírito se efetiva na ação concreta de cada membro da comunidade, como explica o apóstolo Paulo. O critério da ação é a edificação da comunidade (1Cor 14,12). Em função do bem comum, a comunidade organiza-se no compromisso de cada membro e busca os meios de tornar mais operantes os dons recebidos do Espírito. Os modelos de organização eclesial podem mudar ao longo da história; permanece, no entanto, a regra mais fundamental: a primazia do amor (1Cor 13), da qual advém a possibilidade de integrar organicamente a diversidade e o serviço de todos os que exercem alguma função dentro da comunidade.

1.1. A Igreja, Povo de Deus peregrino e evangelizador

94. Uma das compreensões centrais da Igreja na tradição bíblico-eclesial e desenvolvida de maneira privilegiada no Vaticano II é a de povo de Deus.[57] Esta noção sugere a importância de todos os membros da Igreja, como propriedade particular de Deus, reino de sacerdotes e nação santa (Ex 19,5-6).

95. Desde os primórdios da história da salvação, com Abraão, o chamamento de Deus, mesmo quando se dirige a uma pessoa, tem sempre em vista o serviço

---

[57] LG, n. 9-17.

a todo um povo e, por este povo, a todos os povos, em uma dinâmica universal: "Abraão virá a ser uma nação grande e forte, e nele serão abençoadas todas as nações da terra" (Gn 18,18).

96. O povo de Deus, convocado por Cristo, que institui uma nova aliança, provém dentre judeus e gentios, e cresce na unidade do Espírito.[58] A primeira Carta de Pedro, retomando Ex 19,5-6, oferece um texto fundamental sobre a noção de povo de Deus. Todos que nasceram do alto, da Palavra do Deus vivo, são constituídos raça eleita: "antes não eram povo, agora, porém, são povo de Deus, (…) alcançaram misericórdia" (1Pd 2,10).

97. O povo de Deus tem a Cristo por cabeça. Sua condição é a dignidade e a liberdade dos filhos de Deus. Sua lei é o mandamento novo de amar como Cristo amou (Jo 13,34). Sua meta é o Reino de Deus a ser estendido mais e mais até a consumação pelo próprio Cristo. Embora ainda não abranja toda a humanidade, tem por vocação ser, para todo o gênero humano, "germe firmíssimo de unidade, esperança e salvação", "instrumento de redenção de todos", enviado ao mundo inteiro "como luz do mundo e sal da terra".[59]

98. A noção da Igreja como povo de Deus lembra que a salvação, embora pessoal, não considera as pessoas de

[58] Ibidem, n. 9.

[59] Idem.

maneira individualista, mas como inter-relacionadas e interdependentes. "Aprouve a Deus salvar e santificar os homens, não individualmente, excluída qualquer ligação entre eles, mas constituindo-os em povo que o conhecesse na verdade e o servisse santamente".[60] Deus vocaciona as pessoas e as santifica como comunidade, como povo de Deus. Nas palavras do Papa Francisco, "ninguém se salva sozinho, isto é, nem como indivíduo isolado, nem por suas próprias forças". O chamado de Deus se faz "no respeito da complexa trama de relações interpessoais que a vida numa comunidade humana supõe".[61]

99. A inter-relação e a interdependência levam a valorizar a diversidade de rostos, de grupos, de membros, de carismas e funções deste povo. Essa diversidade é vivida na mesma dignidade, em peregrinação ao Reino definitivo, no qual nenhuma diferença será desqualificada nem rejeitada.

100. A noção de povo de Deus também chama a atenção para a totalidade dos batizados: todos fazem parte do povo sacerdotal, profético e real. O Vaticano II supera a noção da Igreja como uma estrutura piramidal, começando por apresentar o que nos une – nos capítulos sobre a Igreja mistério e povo de Deus – e só depois o que nos distingue. São João Paulo II, na

---

[60] Idem.
[61] EG, n. 113.

Carta Apostólica *Novo Millenio Ineunte*, nos convida a fazer da Igreja casa e escola de comunhão.[62]

101. O sujeito da evangelização é todo o povo de Deus, a Igreja. Ela não pode perder de vista o serviço à vida e à esperança, através de uma obra evangelizadora audaz e missionária.[63] Ser povo de Deus é ser o "fermento de Deus no meio da humanidade", é "anunciar e levar a salvação de Deus a este nosso mundo", é ser "lugar da misericórdia gratuita, onde todos possam se sentir acolhidos, amados, perdoados e animados a viverem segundo a vida boa do Evangelho".[64]

1.2. A Igreja, Corpo de Cristo na história

102. Os cristãos são chamados a serem os olhos, os ouvidos, as mãos, a boca, o coração de Cristo na Igreja e no mundo. Esta realidade da presença de Cristo é explicitada na imagem proposta por Paulo, a de que a Igreja é Corpo de Cristo (1Cor 12,12-30; Rm 12,4-5). Cristo vive e age na Igreja, que é seu sacramento, sinal e instrumento.

103. O Apóstolo Paulo deixa claro que Cristo é a cabeça deste corpo (Ef 1,22) e, assim, tem em tudo a primazia (Cl 1,18). Nele, a Igreja tem sua origem, dele ela se

---

[62] NMI, n. 43.

[63] CNBB, Doc. 62, n. 68.

[64] EG, n. 114.

nutre. A primazia do Cristo-cabeça lembra à Igreja que Ele é o centro de tudo. A Igreja é servidora de Cristo. Assim sendo, os indivíduos na Igreja, mantendo sua subjetividade, possuem uma identidade comunitária, possibilitada e mantida pelo Espírito de Cristo. Esta identidade comunitária vale para a Igreja em seu sentido universal, que atravessa a história, em todos os lugares e em todos os tempos. A imagem do Corpo de Cristo implica num forte compromisso ético de cuidado e solidariedade dos membros uns para com os outros, especialmente para com os mais fracos (1Cor 12,12-27).

1.3. A iniciação à vida cristã

104. O Concílio Vaticano II valorizou a fundamentação sacramental da Igreja, especialmente pelos sacramentos da iniciação cristã. Esses sacramentos fundam a igual dignidade de todos os membros de Cristo. Eles nos inserem na mesma comunhão, tornando-nos todos iguais na ordem da graça divina e do ser cristão. De fato, o Batismo nos incorpora a Cristo, pois "fomos batizados num só Espírito, para formarmos um só corpo" (1Cor 12,13) e vivermos "uma só fé" (Ef 4,5). Ao sair das águas do Batismo, "todo o cristão ouve de novo aquela voz que um dia se fez ouvir nas águas do Jordão: 'Tu és o meu Filho muito amado' (Lc 3,22), e compreende ter sido associado ao Filho, tornando-se filho de adoção e irmão de Cristo".[65] A Crisma nos

---

[65] CfL, n. 11.

unge com o óleo do mesmo Espírito de Cristo, para sermos defensores e difusores da fé. A Eucaristia une a todos na mesma fração do pão (1Cor 10,17).

105. Na iniciação à vida cristã temos a fonte e a origem do discipulado e da missão. Por isso, entre todos os membros da Igreja "reina verdadeira igualdade quanto à dignidade e ação comum a todos os fiéis na edificação do Corpo de Cristo".[66] O Documento *Ecclesia in America* afirma: "Na Igreja, povo de Deus, é comum a dignidade dos filhos de Deus batizados, no seguimento de Jesus, na comunhão recíproca, no mandamento missionário".[67] É nessa igual e comum dignidade que se funda a "diversidade de membros e funções" na Igreja.[68] Por isso, antes de sermos diferentes somos todos iguais. Compreender e viver a Igreja como diversidade na unidade é fundamental para entender e valorizar a vocação, a identidade, a espiritualidade e a missão dos cristãos leigos e leigas.

106. Apesar do crescimento da consciência, da identidade e da missão dos cristãos leigos e leigas na Igreja e no mundo, ainda há longo caminho a percorrer: "A tomada de consciência desta responsabilidade laical que nasce do Batismo e da Confirmação não se manifesta de igual modo em toda a parte; em alguns casos, porque não se formaram para assumir responsabilidades

---

[66] LG, n. 32.

[67] EAm, n. 44.

[68] LG, n. 7.

importantes, em outros por não encontrar espaço nas suas Igrejas particulares para poderem exprimir-se e agir por causa de um excessivo clericalismo que os mantém à margem das decisões".[69]

107. Nesse sentido, há de se acolher a decisão que nós, bispos do Brasil, tomamos de fazer com que a catequese em nosso país se transforme em processo de inspiração catecumenal. A Iniciação à Vida Cristã há de caracterizar toda a catequese, de modo que todos os membros da Igreja e os que nela se inserem, ou a ela retornam, encontrem o Cristo Ressuscitado, façam verdadeira experiência do amor de Deus e se tornem autênticos discípulos missionários do Evangelho de Cristo.[70]

2. Identidade e dignidade da vocação laical

108. A Constituição Dogmática *Lumen Gentium*, no capítulo sobre os leigos, assim se expressa: "A santa Igreja, por instituição divina, é organizada e governada com uma variedade admirável. 'Assim como num mesmo corpo temos muitos membros, e nem todos têm a mesma função, assim, sendo muitos, formamos um só corpo em Cristo, sendo membros uns dos outros' (Rm 12,4-5). Um só é, pois, o povo de Deus: 'um só Senhor, uma só fé, um só Batismo' (Ef 4,5); comum

---

[69] EG, n. 102.
[70] CNBB, Doc. 94, n. 72-74.

é a dignidade dos membros, pela regeneração em Cristo; comum a graça de filhos, comum a vocação à perfeição; uma só salvação, uma só esperança e uma caridade indivisa. Nenhuma desigualdade, portanto, em Cristo e na Igreja, por motivo de raça ou de nação, de condição social ou de sexo, porque 'não há judeu nem grego, escravo nem homem livre, homem nem mulher: com efeito, em Cristo Jesus, todos vós sois um' (Gl 3,28 gr.; Cl 3,11). Portanto, ainda que, na Igreja, nem todos sigam pelo mesmo caminho, todos são, contudo, chamados à santidade, e a todos coube a mesma fé pela justiça de Deus (2Pd 1,1). Ainda que, por vontade de Cristo, alguns são constituídos doutores, dispensadores dos mistérios e pastores em favor dos demais, reina, porém, igualdade entre todos quanto à dignidade e quanto à atuação, comum a todos os fiéis, em favor da edificação do corpo de Cristo. A distinção que o Senhor estabeleceu entre os ministros sagrados e o restante do Povo de Deus, contribui para a união, já que os pastores e os demais fiéis estão ligados uns aos outros por uma vinculação comum: os pastores da Igreja, imitando o exemplo do Senhor, prestem serviço uns aos outros e aos fiéis: e estes deem alegremente a sua colaboração aos pastores e doutores. Deste modo, todos testemunham, na variedade, a admirável unidade do Corpo místico de Cristo: a própria diversidade de graças, ministérios e atividades, consagra em unidade os filhos de Deus, porque 'um só e o mesmo é o Espírito que opera todas estas coisas' (1Cor 12,11). Os leigos, portanto, do mesmo modo que, por divina condescendência, têm por irmão a Cristo, o qual, apesar de ser Senhor de todos, não veio para ser servido, mas para servir (Mt 20,28), de igual modo têm por irmãos aqueles que, uma vez estabelecidos no sagrado ministério, apascentam a família de Deus ensinando, santificando e governando com a autoridade de Cristo, de modo que o mandamento da caridade seja por todos observado".[71]

109. A partir da concepção eclesiológica da comunhão, o Concílio Vaticano II definiu o cristão leigo de maneira positiva e afirmou a sua plena incorporação à Igreja e ao seu mistério. "Estes fiéis foram incorporados a Cristo pelo Batismo, constituídos Povo de Deus e, a seu modo, feitos partícipes do múnus sacerdotal, profético e régio de Cristo, pelo que exercem sua parte na missão de todo o povo cristão na Igreja e no mundo".[72] Por isso, os cristãos leigos e leigas são Igreja e não apenas pertencem à Igreja. Já Pio XII afirmava: "Os fiéis leigos estão na linha mais avançada da vida da Igreja: por eles, a Igreja é o princípio vital da sociedade. Por isso, eles, sobretudo, devem ter uma consciência cada vez mais clara, não somente de que pertencem à Igreja, mas de que são Igreja, isto é, comunidade dos fiéis na terra sob a direção do chefe comum, o Papa, e dos bispos em comunhão com ele. Eles são Igreja".[73] Não é evangélico pensar que os clérigos – ministros

---

[71] LG, n. 32.

[72] Ibidem, n. 31.

[73] AAS 38 (1946) 149; citado na CfL, n. 9, e no CIgC, n. 899.

ordenados – sejam mais importantes e mais dignos, sejam "mais" Igreja do que os leigos. Esta mentalidade, errônea em seu princípio, esquece que a dignidade não advém dos serviços e ministérios que cada um exerce, mas da própria iniciativa divina, sempre gratuita, da incorporação a Cristo pelo Batismo.

2.1. O sacerdócio comum

110. Os cristãos leigos e leigas são portadores da graça batismal, participantes do sacerdócio comum, fundado no único sacerdócio de Cristo. Nesse sacerdócio se baseia a fraternidade, a irmandade, a dignidade de todos na Igreja enquanto única família de Deus, recebem, pois, o caráter sacramental que os diferencia dos não batizados. Vivem esse sacerdócio na oferta de si mesmos ao Senhor, na participação dos sacramentos, sobretudo a Eucaristia, na vivência das virtudes, na ação evangelizadora, na constante busca de conversão e de santificação. O martírio é a consumação desse sacerdócio. "Oferecei vossos corpos em sacrifício vivo, santo, agradável a Deus: este é o vosso culto espiritual" (Rm 12,1).

111. O sacerdócio batismal concede direitos na Igreja. Dentre outros, lembramos alguns: associar-se em movimentos de espiritualidade e de apostolado, conhecer a fé, participar dos sacramentos, manifestar-se e ser ouvidos em questões de fé, cooperar na edificação do povo de Deus, educar os filhos na fé cristã. Aos

direitos acrescentam-se os deveres: participar do múnus profético, sacerdotal e real-pastoral de Cristo, colaborar com os pastores na ação evangelizadora, dar testemunho do Evangelho em todos os ambientes. Para o exercício desses direitos e deveres, nunca deveria lhes faltar a ajuda dos ministros ordenados. De fato, o documento *Ecclesia in America* assevera: "É necessário que os leigos se conscientizem de sua dignidade de batizados e os pastores tenham profunda estima por eles. A renovação da Igreja na América Latina não será possível sem a presença dos leigos; por isso, lhes compete, em grande parte, a responsabilidade do futuro da Igreja".[74] Foi para fortalecer o sacerdócio comum dos fiéis que o Senhor previu o sacerdócio ministerial, conferido a alguns batizados pelo sacramento da Ordem.[75]

2.2. A unção espiritual – o *sensus fidei*

112. O Papa Francisco ensina: "O povo de Deus é santo em virtude desta unção, que o torna infalível *in credendo*. Deus dota a totalidade dos fiéis com um instinto da fé – o *sensus fidei* – que os ajuda a discernir o que vem realmente de Deus. A presença do Espírito confere aos cristãos uma certa conaturalidade com as realidades divinas e uma sabedoria que lhes permite captá-las intuitivamente, embora não possuam os

---

[74] EAm, n. 44.
[75] LG, n. 10.

meios adequados para expressá-las com precisão".[76] Para todos os fiéis vale o que diz a primeira Carta de João: "Vós recebestes a unção do Santo, e todos vós tendes conhecimento" (1Jo 2,20).

2.3. O perfil mariano da Igreja

113. Para compreendermos em toda a sua grandeza e dignidade a natureza e missão dos cristãos leigos e leigas, podemos dirigir o nosso olhar para Maria. Nela encontramos a máxima realização da existência cristã. Por sua fé e obediência à vontade de Deus e por sua constante meditação e prática da Palavra, ela é a discípula mais perfeita do Senhor.[77] Mulher livre, forte e discípula de Jesus, Maria foi verdadeiro sujeito na comunidade cristã.[78]

114. Perseverando junto aos apóstolos à espera do Espírito, Maria cooperou com o nascimento da Igreja missionária, imprimindo-lhe um selo mariano e maternal, que identifica profundamente a Igreja de Cristo.[79] "Este perfil mariano é, para a Igreja, tão fundamental e característico – senão muito mais – que o perfil apostólico e petrino, ao qual está intimamente ligado. A dimensão mariana da Igreja precede, neste sentido, a dimensão petrina ainda que lhe seja intimamente

---

[76] EG, n. 119.
[77] DAp, n. 266.
[78] LG, n. 56; RM, n. 13.
[79] DAp, n. 267.

unida e complementar. Maria precede Pedro e os apóstolos. Ela é santa e rainha dos apóstolos, que são pecadores. Maria é figura da Igreja. Ela precede todos no caminho rumo à santidade. Na sua pessoa a Igreja já atingiu a perfeição".[80]

115. A reflexão sobre o perfil mariano da Igreja abre muitos horizontes e oferece luzes para maior e melhor compreensão do ser e da missão dos leigos e leigas no seio do povo de Deus. Em Maria, mulher leiga, santa, Mãe de Deus, os fiéis leigos e leigas encontram razões teológicas para a compreensão de sua identidade e dignidade no povo de Deus. Maria é "membro supereminente e de todo singular da Igreja, como seu tipo e modelo excelente na fé e na caridade".[81]

2.4. Vocação universal à santidade

116. Os cristãos leigos, homens e mulheres, são chamados, antes de tudo, à santidade. São interpelados a viver a santidade no mundo. Para isso, são instados pelo Espírito Santo a cultivar com solicitude a vida interior e a relação pessoal com Cristo, de modo que, iluminados pelo Espírito Santo, em todas as circunstâncias, tudo façam para a glória de Deus, a salvação do mundo e o bem de todos. A santidade de vida torna a Igreja atraente e convincente, pois os santos movem e abalam o mundo.

---

[80] MD, n. 27, nota 55; CIgC, n. 773.
[81] LG, n. 53.

117. O Concílio foi muito claro na afirmação da "vocação universal à santidade", que advém de Cristo, fonte de toda a santidade. Se nem todos são chamados aos mesmos caminhos, ministérios e trabalhos, "todos, no entanto, são chamados à santidade".[82] Por isso não se pode mais falar de diferentes graus de perfeição, como se alguns fossem chamados a maior e outros a menor perfeição.

118. Os cristãos leigos e leigas se santificam de forma peculiar na sua inserção nas realidades temporais, na sua participação nas atividades terrenas. Santificam-se no cotidiano, na vida familiar, profissional e social. Os santos movem o mundo. "O horizonte para que deve tender todo o caminho pastoral é a santidade".[83]

3. O cristão leigo como sujeito eclesial

119. O cristão leigo é verdadeiro sujeito eclesial mediante sua dignidade de batizado, vivendo fielmente sua condição de filho de Deus na fé, aberto ao diálogo, à colaboração e à corresponsabilidade com os pastores. Como sujeito eclesial, assume seus direitos e deveres na Igreja, sem cair no fechamento ou na indiferença, sem submissão servil nem contestação ideológica. Ser sujeito eclesial significa ser maduro na fé, testemunhar amor à Igreja, servir os irmãos e irmãs, permanecer no seguimento de Jesus, na escuta obediente à inspiração

---

[82] Ibidem, n. 32; 39-40.
[83] NMI, n. 30.

do Espírito Santo e ter coragem, criatividade e ousadia para dar testemunho de Cristo.

120. Diz o Documento de Santo Domingo: "A maior parte dos batizados ainda não tomou plena consciência de sua pertença à Igreja. Sentem-se católicos, mas não Igreja".[84] Persiste ainda forte mentalidade clerical que dificulta a corresponsabilidade, o protagonismo e a participação do leigo como sujeito eclesial.

121. A noção de sujeito possui uma raiz genuinamente judaico-cristã. Ela remete para a própria noção de criatura, distinta do Criador e chamada a dialogar com ele como pessoa livre e eticamente responsável pelo destino de si mesma e da história (Gn 2,4b-24), como membro de um povo e na perspectiva do futuro prometido por Deus. Por sua fé em Jesus Cristo, a comunidade cristã expande a noção de sujeito. A igualdade é universalizada (Gl 3,28), a liberdade é radicalizada e vai além da lei (Gl 5,1), o amor é levado às últimas consequências (Mt 5,44), a responsabilidade é de cada membro da comunidade (Rm 12,15; 1Cor 12), a salvação é para todos os povos (At 10,34-35).

122. Mais que no passado, temos hoje as condições eclesiais, as condições sociais, políticas e culturais e as bases eclesiológicas para que o cristão leigo exerça sua missão como autêntico sujeito eclesial, apto a atuar na Igreja e na sociedade e a promover uma relação construtiva entre ambas.

---

[84] DSD, n. 96.

3.1. Liberdade, autonomia e relacionalidade

123. "É para a liberdade que Cristo nos libertou" (Gl 5,1). Criatura nova, o cristão é livre da escravidão, do pecado e da morte. Cada pessoa se revela sujeito ao assumir essa liberdade, essa autonomia e essa relacionalidade. O sujeito eclesial é livre quando toma consciência da nova criatura que se tornou livre em Cristo e da realidade na qual está inserido; é autônomo, quando é capaz de decidir por si mesmo; é relacional, quando se abre aos outros e ao mundo. Dessa maneira, descobre-se responsável por si e pelos outros.

124. O cristão leigo é verdadeiro sujeito na medida em que cresce na consciência de sua dignidade de batizado, assume de maneira pessoal e livre as interpelações da sua fé, abre-se de maneira integrada às relações fundamentais (com Deus, com o mundo, consigo mesmo e com os outros) e contribui efetivamente na humanização do mundo, rumo a um futuro em que Deus seja tudo em todos.

125. O cristão leigo cresce em sua consciência de sujeito quando descobre que sua liberdade, autonomia e relacionalidade não são apenas características de cada ser humano maduro, mas quando experimenta essas características como dom do Cristo crucificado e ressuscitado. Com efeito, é Cristo quem oferece a todos a possibilidade de se fazerem sujeitos, de maneira especial os que não são considerados em sua dignidade pessoal, como os pobres e marginalizados. Com

Jesus, sua autonomia é recuperada em novas relações de amor e afeto que libertam (Lc 7,36-50; Jo 8,1-11; Mc 5,1-20; Lc 19,1-10).

126. A Igreja é a comunhão de libertos para uma vida nova, para o serviço, em harmonia e respeito. Ela é chamada a testemunhar uma convivência humana renovada, em relações fraternas, em comunhão libertadora. A verdadeira comunhão cristã gera autonomia, liberdade e corresponsabilidade; por sua vez, estas são necessárias para a autêntica comunhão (Gl 2,1-2.9.11). É na Igreja e como Igreja que o cristão leigo vivencia a liberdade, a autonomia e a relacionalidade.

127. O processo de autonomia de ação e organização do laicato se realiza no interior da comunidade eclesial e, portanto, na comunhão com os demais membros e seus pastores. A propósito, o Documento de Santo Domingo recomenda: "Promover os Conselhos de Leigos, em plena comunhão com os pastores e adequada autonomia, como lugares de encontro, diálogo e serviço, que contribuam para o fortalecimento da unidade, da espiritualidade e organização do laicato".[85]

3.2. A maturidade dos cristãos leigos

128. Os cristãos leigos e leigas são "embaixadores de Cristo".[86] Têm cidadania própria no povo de Deus; são

---

[85] Ibidem, n. 98.
[86] AM, n. 128.

participantes do "pleno direito na missão da Igreja".[87] Têm um lugar insubstituível no anúncio e serviço do Evangelho.

129. A Congregação da Doutrina da Fé recorda: "A Igreja é um corpo diferenciado onde cada um tem sua função. As tarefas são distintas e não deverão confundir-se. Não dão justificação à superioridade de uns sobre os outros, não são pretextos para invejas. Os maiores no Reino dos céus não são os ministros, são os santos".[88]

130. Para uma adequada formação de verdadeiros sujeitos é necessário que liberdade e autonomia se desenvolvam não no fechamento ou na indiferença, mas na abertura solidária aos outros e às suas realidades. A abertura ao outro não é opcional, mas condição necessária para a realização do ser humano. O Papa Francisco alertou para o perigo da tristeza individualista, que brota de corações mesquinhos e da "consciência isolada".[89]

131. A vivência comunitária favorece o amadurecimento cristão, que acontece numa dinâmica que exige o equilíbrio entre o eu e o outro, sem isolamentos nos dons e funções individuais e sem aniquilamento da individualidade em função da comunidade. A imagem do corpo, utilizada pelo apóstolo Paulo para falar da Igreja, expressa a organicidade da comunidade, que

---

[87] EE, n. 41.

[88] *Inter Insigniores*, n. 115; citado em CfL, n. 51, nota 190.

[89] EG, n. 2.

deve integrar em seu conjunto as autonomias individuais (1Cor 12–15).

132. O cristão, sujeito na Igreja e no mundo, é discípulo missionário, seguidor e testemunha de Jesus Cristo. É o cristão maduro na fé, que experimentou o encontro pessoal com Jesus Cristo e se dispôs a segui-lo com todas as consequências dessa escolha. É o cristão que adere ao projeto do Mestre e busca identificar-se sempre mais com Ele, com seu ser e agir. É o cristão que se coloca na escuta do Espírito e se percebe enviado à edificação da comunidade e à transformação do mundo como lugar do Reino de Deus, já iniciado, até a sua consumação definitiva.

3.3. Entraves à vivência do cristão como sujeito na Igreja e no mundo

133. O cristão encontra alguns entraves para a vivência de sua fé de modo integral e integrado. Algumas oposições estão tão enraizadas na mentalidade e na prática das comunidades e dos fiéis que podem chegar a impedir alguns cristãos leigos de se verem como verdadeiros sujeitos na Igreja e no mundo. É empobrecedor, para a fé cristã, opor e excluir realidades que deveriam estar relacionadas e articuladas. Eis algumas delas:

a. *Oposição entre a fé e a vida*. Segundo esta mentalidade e prática, o mundo da fé é superior e, até mesmo, oposto ao mundo da vida. Por fé, entende-se tudo o que se relaciona ao mundo espiritual, ao culto e aos sacramentos. No outro lado, estaria a vida comum: o trabalho, as funções e os compromissos familiares, a educação dos filhos, o mundo da política etc. Nos Evangelhos, ao contrário, Jesus nos mostra como a fé em Deus se expressa em todas as dimensões da vida: pessoal (Mt 6,21), familiar (Mt 19,14; Lc 15,11), comunitária (Mt 18,21), profissional (Lc 19,8), sociopolítica (Mt 6,24; 25,35), religiosa (Mt 7,21). Por isso, não podemos separar a fé da vida, mas pela fé, viver e realizar ações consequentes para a revelação e expansão do Reino de Deus na história.

b. *Oposição entre sagrado e profano.* Isso acontece quando opomos objetos, pessoas, situações, tempos e lugares sagrados, por um lado, e, por outro lado, objetos, pessoas, situações, tempos e lugares que seriam profanos, isto é, separados de Deus ou indiferentes à dimensão religiosa. Mas isto não é evangélico, pois Jesus nos indica que tudo, menos o pecado, pode ser mediação do amor de Deus. É precisamente no mundo da vida que o amor de Deus se manifesta. Jesus não frequentava apenas as sinagogas (espaço "sagrado"), mas também atuava nas barcas, nas margens do lago, nas casas, nas cidades, nos caminhos. Jesus orava em silêncio, em lugares desertos (Mc 1,35) e também frequentava eventos festivos. Não viveu isolado, mas se relacionou com todo tipo de pessoas, chegou mesmo a dizer que os publicanos e as prostitutas precederiam os anciãos e os sumos sacerdotes no Reino de Deus (Mt 21,31). A partir do Evangelho de Jesus, podemos dizer que não há nada propriamente profano, ou separado de Deus, porque tudo pode ser mediação para a manifestação da misericórdia maravilhosa de Deus, que vai além de todo entendimento e transforma as pessoas. "Entre as panelas está o Senhor", escreveu um dia Santa Teresa de Ávila.[90] Por isso, os cristãos não devem se isolar no que é considerado "sagrado". Ao contrário, devem aprender a integrar e relacionar todos os espaços da vida, descobrindo aí os sinais do Reino.

c. *Oposição entre a Igreja e o mundo.* Para muitos a Igreja é vista como refúgio, arca da salvação, lugar para o encontro com Deus, enquanto o mundo é lugar do pecado, da perdição, da maldade. Por isso, é preciso fugir do mundo e refugiar-se nas sacristias, conventos, mosteiros, igrejas, templos. Também isso não é evangélico. A novidade maravilhosa da Encarnação nos leva a valorizar este único mundo e esta única história onde vivemos e que nos compete transformar, em unidade com todo o gênero humano. A Igreja está comprometida com este mundo, como sacramento e sinal da salvação misericordiosa de Deus,[91] e, nesta missão, peregrina até que o Reino de Deus se manifeste plena-

---

[90] SANTA TERESA DE ÁVILA, *Livro das Fundações*, cap. 5,8.

[91] LG, n. 1.

mente em novo céu e nova terra. Não se nega que o mundo é uma realidade ambígua. O Evangelho de João, em especial, destaca o mal que, presente nos seres humanos e nas estruturas do mundo, volta-se contra o Cristo e seus discípulos (Jo 15,18-19). Em parte, também a Igreja, é condicionada por esta situação, "embora não esmagada nem tão pouco vencida".[92] Mas isto não justifica uma fuga ou isolamento do mundo. Ao contrário, desafia-nos a entender que é missão da Igreja abrir caminhos de vida em meio a avanços e conquistas, mesmo no interior das situações de violência, perseguição e morte no mundo. O mistério da Encarnação nos ajuda a entender, ainda, que a espiritualidade cristã é encarnada, martirial e pascal.

d. *Oposição entre identidade eclesial e ecumenismo.* Há quem se preocupe que a opção da Igreja pelo ecumenismo possa levar à perda da identidade católica. Por isso, fecham-se num eclesiocentrismo que não consegue ver as expressões evangélicas presentes em outras igrejas cristãs. Desde o Concílio Vaticano II o Magistério da Igreja vem insistindo que sem o espírito ecumênico não se pode evangelizar. Na exortação apostólica sobre a evangelização no mundo contemporâneo, Paulo VI escreveu: "A sorte da evangelização anda sem dúvida ligada ao testemunho de unidade dado pela Igreja. Nisto há de ser vista uma fonte de respon-

---

[92] CfL, n. 7.

sabilidade, como também de reconforto. Quanto a este ponto, nós quereríamos insistir sobre o sinal da unidade entre todos os cristãos, como caminho e instrumento da evangelização. A divisão dos cristãos entre si é um estado de fato grave, que chega a afetar a própria obra de Cristo".[93] O diálogo ecumênico é uma postura inerente à natureza e missão da Igreja e não simplesmente uma estratégia de evangelização. "O diálogo não só foi iniciado, mas tornou-se uma expressa necessidade, uma das prioridades da Igreja".[94] Portanto, quanto mais católica, mais dialogal será a Igreja. Um dos objetivos principais do Concílio Vaticano II é o ecumenismo. Neste assunto os católicos devem dar os primeiros passos, cuidar para não prejudicar o progresso da unidade por superficialidade, fechamento ou imprudência, e não colocar obstáculos à vontade de Jesus que pede ao Pai: "que todos sejam um" (Jo 17,21). Interpelamos a todo cristão leigo para que seja sujeito e instrumento da unidade entre os cristãos.

134. De certa maneira todas essas oposições se resumem no receio de assumir o que é do mundo. Esquece-se que o mundo foi criado por Deus, nele o Verbo de Deus se encarnou e nele age o Espírito Santo, que sopra onde quer. A valorização das tarefas no interior da Igreja em detrimento dos compromissos com a inserção na

---

[93] EN, n. 77; citado na UUS, n. 98.
[94] UUS, n. 31.

realidade leva os cristãos leigos e leigas à esquizofrenia religiosa. São precisamente eles os mais responsáveis pela busca do diálogo e pelo empenho em favor da justiça. Orientado por esta oposição, que às vezes se torna divisão, o cristão leigo corre o risco do comodismo, da indiferença, da intolerância e da incoerência em sua vida de sujeito eclesial e cidadão do mundo. O Papa Francisco questiona esta postura, denunciando: "Apesar de se notar uma participação de muitos nos ministérios laicais, este compromisso não se reflete na penetração dos valores cristãos no mundo social, político e econômico; limita-se muitas vezes às tarefas no seio da Igreja, sem um empenhamento real pela aplicação do Evangelho na transformação da sociedade".[95]

135. Evidenciar essas e outras oposições, refletir sobre elas e promover ações que gerem uma nova consciência são atitudes necessárias para a maturidade de verdadeiros sujeitos eclesiais.

4. Âmbitos de comunhão eclesial e atuação do leigo como sujeito

136. Temos insistido que a presença e a atuação dos cristãos leigos e leigas se dá na Igreja e no mundo. No âmbito da Igreja há muitos espaços nos quais os cristãos leigos e leigas exercem seu ser e seu agir cristão, sua identidade e dignidade de sujeito eclesial. Citamos alguns deles:

---

[95] EG, n. 102.

4.1. A família

137. "A família é o âmbito não só da geração, mas também do acolhimento da vida que chega como um presente de Deus. Cada nova vida 'permite-nos descobrir a dimensão mais gratuita do amor, que nunca cessa de nos surpreender. É a beleza de ser amado primeiro: os filhos são amados antes de chegar'. Isto mostra-nos o primado do amor de Deus".[96]

138. Na celebração do sacramento do Matrimônio os cristãos leigos e leigas exercem seu sacerdócio batismal. Eles são ministros da celebração. Exercem seu sacerdócio, não só na celebração, mas igualmente na consumação do sacramento, na geração e educação dos filhos. Santificam-se no cotidiano da família, Igreja doméstica, comunidade de vida e de amor, reflexo da comunhão trinitária. "Este amor se exprime e se realiza de maneira singular pelo ato próprio do matrimônio. Por isso, os atos pelos quais os cônjuges se unem íntima e castamente são honestos e dignos".[97] Pode-se assim perceber grande diferença entre relacionamento íntimo entre um homem e uma mulher antes e fora do sacramento do Matrimônio e o valor deste mesmo relacionamento no contexto sacramental matrimonial.

---

[96] AL, n. 166.

[97] GS, n. 49.

4.2. A paróquia e as comunidades eclesiais

139. A paróquia e as comunidades eclesiais são espaço para a vivência da unidade na diversidade em que os cristãos leigos atuam como sujeitos e têm cidadania plena. As pequenas comunidades, os setores da paróquia, os grupos bíblicos de reflexão, as redes de comunidades, as assembleias pastorais, os conselhos, os movimentos, as novas comunidades, as associações na pastoral orgânica e de conjunto, são formas concretas de comunhão e participação nas quais o cristão leigo atua como sujeito eclesial.

140. A comunhão da Igreja é prejudicada e ferida por grupos fechados tradicionalistas ou liberais que causam mal por serem sectários e criarem divisões. São avessos à tolerância, à diferença, à pluralidade. Promovem a exclusão porque se acham donos da verdade e filhos da luz. Os outros são trevas. Tais grupos se isolam, desprezam os outros e se acham iluminados, superiores, salvadores, enfim vivem o espírito de elite.

4.3. Os Conselhos Pastorais e os Conselhos de Assuntos Econômicos

141. Os Conselhos Pastorais decorrem da eclesiologia de comunhão, fundamentada na Santíssima Trindade. São organismos de participação e corresponsabilidade.[98] A ausência de Conselhos Pastorais é reflexo da

---

[98] CNBB, Doc. 100, n. 290.

centralização e do clericalismo. Criem-se Conselhos de Pastoral em todos os níveis: comunitário, paroquial, diocesano, regional e nacional. "O bom funcionamento dos conselhos é determinante. Acho que estamos muito atrasados nisso".[99] Os conselhos devem ser apoiados, acompanhados e respeitados, superando qualquer tentação de manipulação ou indevida submissão.

142. Os Conselhos de Assuntos Econômicos são determinantes para todas as pessoas jurídicas da Igreja e têm a tarefa de colaborar na administração, manutenção e planejamento financeiro das comunidades, paróquias e dioceses. A concordância entre o Conselho Pastoral e o Conselho de Assuntos Econômicos, em todos os níveis, contribui para que não aconteça o mau uso do dinheiro e a prática da corrupção na Igreja, mas transparência na prestação de contas a quem a sustenta e ao Estado.

4.4. As assembleias e reuniões pastorais

143. Nas assembleias e reuniões pastorais aprende-se a ser Igreja, a fortalecer a unidade no respeito pela diversidade. Elas precisam ser bem preparadas, com boa recepção, metodologia, oração e espiritualidade. Deve haver momentos para estudo de algum tema que deve fazer parte da pauta do dia. No final, é bom que

---

[99] FRANCISCO, Encontro com a Comissão de Coordenação do CELAM, in *Mensagens e Homilias – JMJ Rio 2013*. Brasília: Edições CNBB, 2013, n. 4, p. 91.

se faça uma avaliação. Todas as pessoas têm o direito de falar. Não deve acontecer, pois, monopólio nem centralização da palavra.

144. Nessas ocasiões temos oportunidade de ser Igreja-comunidade, Igreja-família, Igreja-comunhão e participação. Ciúmes, fofocas, manipulações, além de trazer divisões, agressões, brigas, causam grande mal-estar, desânimo, fracasso pastoral. Diz o Papa Francisco: "Me dói muito comprovar como em algumas comunidades cristãs, (...) se dá espaço a várias formas de ódio, divisão, calúnia, difamação, vingança, ciúme, a desejos de impor as próprias ideias a todo o custo e até perseguições (...). Quem queremos evangelizar com estes comportamentos?".[100]

145. Dentro do povo de Deus e nas diferentes comunidades, quantas guerras, por inveja, ciúme, busca de poder, de prestígio. Tudo isso alimenta um espírito de contenda. Precisamos saber lidar e conviver com o pluralismo, a diversidade, sem fechamento em grupo que se sente diferente ou especial. A obsessão por doutrina, disciplina, normas, dá lugar ao elitismo autoritário e narcisista, que é uma forma desvirtuada de cristianismo.[101]

---

[100] EG, n. 100.

[101] Ibidem, n. 94.

4.5. As Comunidades Eclesiais de Base e as pequenas comunidades eclesiais

146. As Comunidades Eclesiais de Base são uma forma de vivência comunitária da fé, de inserção na sociedade, de exercício do profetismo e de compromisso com a transformação da realidade sob a luz do Evangelho. São presença da Igreja junto aos mais simples, aos descartados, aos excluídos. São instrumentos que permitem ao povo conhecer a Palavra, celebrar a fé e contribuem para o crescimento do Reino de Deus na sociedade. Para isso, estarão sempre em sintonia com a paróquia local, com a pastoral diocesana e em comunhão com os pastores. Elas têm contribuído de forma clara para que os leigos e leigas atuem como sujeito eclesial na vida da Igreja e para sua missão no mundo. Em muitas situações elas são o único espaço de partilha, acolhida mútua e valorização das pessoas.

147. As pequenas comunidades eclesiais, como recorda o Documento de Aparecida, "são um ambiente propício para escutar a Palavra de Deus, para viver a fraternidade, para animar na oração, para aprofundar processos de formação na fé e para fortalecer o exigente compromisso de ser apóstolos na sociedade de hoje. São lugares de experiência cristã e evangelização que, em meio à situação cultural que nos afeta, secularizada e hostil à Igreja, se fazem muito mais necessários".[102]

---

[102] DAp, n. 308.

4.6. Movimentos eclesiais, associações de fiéis e novas comunidades

148. Os movimentos eclesiais, as associações de fiéis e as novas comunidades são dons do Espírito para a Igreja. Os cristãos leigos e leigas têm liberdade associativa, que é um direito próprio e não uma concessão da autoridade.[103] Os movimentos eclesiais e as associações de fiéis são um sinal da Providência de Deus para a Igreja de hoje.

4.7. Critérios de eclesialidade

149. Para preservar a unidade da Igreja, e evitar o risco de "Igrejas paralelas", tanto o Papa Francisco quanto São João Paulo II indicam os critérios de eclesialidade a serem observados, para que as Comunidades Eclesiais de Base, as pequenas comunidades, os movimentos, associações, as novas comunidades, sejam autenticamente eclesiais:

a. A primazia dada à vocação de cada cristão à santidade, favorecendo e encorajando a íntima unidade entre a vida prática e a própria fé.

b. A responsabilidade em professar a fé católica no seu conteúdo integral, acolhendo e professando a verdade sobre Cristo, sobre a Igreja e sobre a pessoa humana.

---

[103] CDC, cân. 215.

c. O testemunho de uma comunhão sólida com o Papa e com o bispo, na estima recíproca de todas as formas de apostolado na Igreja. Esta estima se concretiza ainda mais com o pároco e a equipe de presbíteros no caso da paróquia formada em rede de comunidades.

d. A conformidade e a participação na finalidade apostólica da Igreja, que é a evangelização e santificação das pessoas.

e. O empenho de uma presença na sociedade a serviço da dignidade integral da pessoa humana mediante a participação e solidariedade para construir condições mais justas e fraternas.[104]

150. A respeito da eclesialidade das pequenas comunidades, dos movimentos, das novas comunidades, das instituições eclesiais e de outras formas de associação, pede o Papa Francisco: "não percam o contato com esta realidade muito rica da paróquia local e que se integrem de bom grado na pastoral orgânica da Igreja particular. Esta integração evitará que fiquem só com uma parte do Evangelho e da Igreja, ou que se transformem em nômades sem raízes".[105]

---

[104] DGAE 2008-2010, n. 159; CfL., n. 30.

[105] EG, n. 29.

5. Carismas, serviços e ministérios na Igreja

151. A Igreja é imagem terrena da Santíssima Trindade. "Povo de Deus (em relação ao Pai), Corpo e Esposa de Cristo (em relação ao Filho) e Templo vivo (em relação ao Espírito Santo)".[106] Assim como Deus é um só na diversidade das três pessoas, também a Igreja é unidade na diversidade. O mesmo Espírito divino que garante a comunhão na mesma fé e no mesmo amor, em um só Senhor e um só Batismo (Ef 4,5), suscita também a diversidade de dons, carismas, serviços e ministérios no interior da Igreja. "O Espírito Santo distribui graças especiais aos fiéis das mais variadas condições, tornando-os aptos e dispostos a assumir os trabalhos e funções úteis à renovação e maior desenvolvimento da Igreja, de acordo com o que está escrito: 'Cada um recebe o dom de manifestar o Espírito, para a utilidade de todos' (1Cor 12,7). Todos esses carismas, dos mais extraordinários aos mais simples e mais difundidos, devem ser acolhidos com ação de graças e satisfação, pois correspondem às necessidades da Igreja".[107] A diversidade de dons suscitada pelo Espírito possibilita respostas criativas aos desafios de cada momento histórico. O Espírito age com liberdade e liberalidade, e sua inspiração pode suscitar formas variadas de ação evangelizadora e transformadora (1Cor 12,4-10; Rm 12,6-8; 1Pd 4,10-11).

---

[106] CNBB, Doc. 102, n.7.

[107] LG, n. 12.

152. Por meio dos carismas, serviços e ministérios, o Espírito Santo capacita a todos na Igreja para o bem comum, a missão evangelizadora e a transformação social, em vista do Reino de Deus. Os carismas devem ser acolhidos e valorizados. Não dependem de mandato, delegação ou carências da comunidade, mas em espírito de comunhão, cabe aos pastores o seu discernimento. Serviços e ministérios estão fundamentados nos sacramentos do Batismo e da Crisma. Uma Igreja toda ministerial oferece espaços de comunhão, corresponsabilidade e atuação dos leigos e colabora com a descentralização.

153. A Exortação Apostólica Pós-Sinodal *Christifideles Laici*, de São João Paulo II, sintetiza deste modo a teologia dos carismas: "são dons e impulsos especiais que podem assumir as mais variadas formas, como expressão da liberdade absoluta do Espírito e como resposta às necessidades da Igreja; têm uma utilidade eclesial, quer sejam extraordinários ou simples; podem florescer também em nossos dias e podem gerar afinidade espiritual entre as pessoas; devem ser recebidos com gratidão como riqueza para a missão; ao serem reconhecidos, necessitam de discernimento que aprofunde suas motivações e potencialidades; devem ser exercidos em comunhão com os pastores da Igreja".[108]

---

[108] CfL, n. 24.

154. Esse assunto já foi tratado no documento *Missão e Ministérios dos Cristãos Leigos e Leigas* (CNBB, Doc. 62). Nele se mostra que no Novo Testamento os carismas vêm frequentemente inter-relacionados aos ministérios (1Cor 12,4-11.28-30; Rm 12,4-8; Ef 4,10-13; 1Pd 4,10; 2Tm 1,6).[109]

155. O ministério é, fundamentalmente, "o carisma que assume a forma de serviço à comunidade e à sua missão no mundo e na Igreja" e "como tal é acolhido e reconhecido" pela Igreja.[110] Assim sendo, todo ministério é um carisma, por ser um dom de Deus; mas nem todo carisma é um ministério, pois o ministério "assume a forma de serviço bem determinado, envolvendo um conjunto mais amplo de funções, que responda a exigências permanentes da comunidade e da missão, comporte verdadeira responsabilidade e seja acolhido e reconhecido pela comunidade eclesial".[111]

156. Nos ministérios ordenados (dos bispos, padres e diáconos), o Sacramento da Ordem constitui os "ministros da unidade da Igreja na fé e na caridade, de modo que a Igreja se mantenha na tradição dos apóstolos e, por eles, fiel a Jesus, ao seu Evangelho e à sua missão".[112] O ministério ordenado, em sua missão de servir, no tríplice múnus de ensinar, santificar e pastorear, supõe

---

[109] CNBB, Doc. 62, n. 82.

[110] Ibidem, n. 83.

[111] Ibidem, n. 85.

[112] Ibidem, n. 87.

uma comunidade de verdadeiros sujeitos eclesiais, com participação consciente, ativa e adulta. Sem isso, perde-se o espírito da comunhão e cresce o espírito do autoritarismo e da subserviência, não o do serviço e da corresponsabilidade.

157. Os ministérios dos cristãos leigos e leigas podem ser "reconhecidos", "confiados" e "instituídos".[113] Várias Igrejas particulares no Brasil, a partir de suas necessidades e dos carismas dos seus membros, desenvolveram e continuam desenvolvendo ministérios variados. Convém acatar integralmente e valorizar a possibilidade de catequistas leigos e leigas presidirem alguns ritos previstos no processo de Iniciação à Vida Cristã.[114]

158. O Documento de Aparecida reconhece, na Igreja da América Latina e do Caribe, os "ministérios confiados aos leigos e outros serviços pastorais, como ministros da Palavra, animadores de assembleia e de pequenas comunidades, entre elas as comunidades eclesiais de base, os movimentos eclesiais e um grande número de pastorais específicas".[115] E sugere que se abram aos leigos e leigas "espaços de participação", confiando-lhes "ministérios e responsabilidades em uma Igreja onde todos vivam de maneira responsável seu compromisso cristão".[116]

---

[113] Ibidem, n. 87; 88; 153.

[114] RICA, n. 48, 113, 124.

[115] DAp, n. 99c.

[116] Ibidem, n. 211.

159. Serviços e ministérios manifestam a unidade na diversidade que é realizada pelo Espírito: "só ele pode suscitar a diversidade, a pluralidade, a multiplicidade e, ao mesmo tempo, realizar a unidade".[117] A diversidade não se identifica com a multiplicação de particularismos, isto seria fragmentação e causaria divisões. Por sua vez, a unidade não é imposição de uma uniformidade. A rica missão da Igreja envolve reconhecimento dos carismas dos demais, apreço e responsabilidade pelos carismas próprios.

160. Enfim, não é mais possível pensar uma Igreja que não incentive a participação e a corresponsabilidade dos cristãos leigos e leigas na missão. "O empenho para que haja participação de todos nos destinos da comunidade supõe reconhecer a diversidade de carismas, serviços e ministérios dos leigos".[118] Estes devem ser reconhecidos e valorizados, não somente nas equipes de liturgia e de catequese, mas também no ministério teológico, nas coordenações, assembleias de planejamento, conselhos pastorais e econômicos e em outras instâncias de decisão, tendo em vista a missão comum em favor do Reino de Deus. Os planos pastorais diocesanos e paroquiais devem ser pensados, formulados e executados de modo inclusivo e criativo.

---

[117] EG, n. 131.
[118] CNBB, Doc. 100, n. 211.

6. Serviço cristão ao mundo

161. É missão do povo de Deus assumir o compromisso sociopolítico transformador, que nasce do amor apaixonado por Cristo. Desse modo, se incultura o Evangelho. "O povo pobre das periferias urbanas ou do campo necessita sentir a proximidade da Igreja, seja no socorro de suas necessidades mais urgentes, como também na defesa de seus direitos e na promoção comum de uma sociedade fundamentada na justiça e na paz".[119]

162. A atuação cristã no social e no político não deve ser considerada "ministério", mas "serviço cristão ao mundo", na perspectiva do Reino. Isto não desmerece nem diminui o seu valor, que é da ordem do testemunho, respeitando a legítima autonomia das realidades terrestres e do cristão nelas envolvido.[120] Assim, a participação consciente e decisiva dos cristãos em movimentos sociais, entidades de classe, partidos políticos, conselhos de políticas públicas e outros, sempre à luz da Doutrina Social da Igreja, constitui-se num inestimável serviço à humanidade e é parte integrante da missão de todo o povo de Deus.

163. Os cristãos são cidadãos e, como tais, junto com as pessoas de boa vontade, são interpelados a assumir

---

[119] DAp, n. 550.
[120] CNBB, Doc. 62, n. 91.

ativamente esta cidadania em toda a sua amplitude.[121] Esta cidadania brota do coração mesmo da missão da Igreja, inspirada no núcleo do Evangelho, o mistério da Encarnação: "a Palavra se fez carne e veio morar entre nós" (Jo 1,14). Quando imaginamos que, para encontrar e servir a Deus, devemos nos elevar, no sentido de deixar as coisas do mundo, vemos nos Evangelhos o testemunho contrário do próprio Deus: ele "desce" e "entra" em nosso mundo e em nossa história para assumir em tudo a nossa existência. Desta forma, também os cristãos, para seguir e servir a Deus, devem "descer" e "entrar" em tudo o que é humano, que constrói um mundo mais humano e que nos humaniza.[122]

164. Ser cristão, sujeito eclesial, e ser cidadão não podem ser vistos de maneira separada. O Documento de Aparecida, rejeitando este dualismo, ainda presente na mentalidade de muitos, afirma que "a construção da cidadania, no sentido mais amplo, e a construção de eclesialidade nos leigos, é um só e único movimento"[123] e levam os cristãos leigos à comunhão e participação na Igreja e à presença ativa no mundo.

165. O cristão leigo expressa o seu ser Igreja e o seu ser cidadão na comunidade eclesial e na família, nas opções éticas e morais, no testemunho de vida profissional

---

[121] DGAE 2011-2015, n. 124.

[122] EG, n. 264.

[123] DAp, n. 215.

e social, na sociedade política e civil e em outros âmbitos. Busca sempre a coerência entre ser membro da Igreja e ser cidadão, consciente da necessidade de encontrar mediações concretas – quer sejam políticas, jurídicas, culturais ou econômicas – para a prática do mandamento do amor, de forma especial em favor dos marginalizados, visando à transformação das estruturas sociais injustas.

166. Permanecendo Igreja, como ramo na videira (Jo 15,5), o cristão transita do ambiente eclesial ao mundo civil para, a modo de sal, luz (Mt 5,13-14) e fermento (Mt 13,33; Lc 20,21), somar com todos os cidadãos de boa vontade, na construção da cidadania plena para todos. "Não é preciso 'sair' da Igreja para 'ir' ao mundo, como não é preciso 'sair' do mundo para 'entrar' e 'viver' na Igreja".[124]

167. Os cristãos leigos e leigas são Igreja e como tal vivem sua cidadania no mundo, ou seja, assumem sua missão sem limites e fronteiras, através de sua presença nas macro e microestruturas que compõem o conjunto da sociedade. Eles sabem que a Igreja existe unicamente para servir. "É a pessoa humana que deve ser salva. É a sociedade humana que deve ser renovada".[125]

---

[124] CNBB, Doc. 62, n. 90.

[125] GS, n. 3.

CAPÍTULO III

A AÇÃO TRANSFORMADORA NA IGREJA E NO MUNDO

"E a massa toda fica fermentada"
(Mt 13,33).

168. Antes de deixar este mundo, Jesus Cristo enviou seus discípulos em missão, dizendo: "Ide pelo mundo inteiro e anunciai a Boa-Nova a toda criatura!" (Mc 16,15). Trata-se de um mandato que vale para todos os cristãos, pois todos somos missionários. Insistimos que o anúncio do Evangelho a todos os povos e a todos os âmbitos da vida humana é missão especial dos cristãos leigos e leigas. O decreto conciliar *Ad Gentes* ensina: "Os leigos colaboram na obra de evangelização da Igreja e participam da sua missão salvífica, ao mesmo tempo como testemunhas e como instrumentos vivos".[126] Enviados por Cristo, em comunhão com os ministros ordenados e as pessoas da vida consagrada, os cristãos leigos e leigas são fermento.

169. O fermento, quando misturado à massa, desaparece. No entanto, aquela massa já não é mais a mesma. A ação dos cristãos leigos e leigas na caminhada da

---

[126] AG, n. 41.

Igreja é história vivida, sofrida e frutuosa. Nunca faltaram grandes e exemplares figuras de cristãos leigos e leigas, muitos dos quais reconhecidos e proclamados santos e santas. Guiados pelo Espírito Santo, com profetismo e paciência, na comunhão da Igreja, abrem novos horizontes até que a massa toda fique fermentada.

1. Igreja, comunidade missionária

170. A eclesiologia do Concílio Vaticano II, da Exortação Apostólica *Christifideles Laici*, da Conferência de Aparecida, da Exortação Apostólica *Evangelii Gaudium* e dos documentos da CNBB, é eminentemente missionária. Eis um forte apelo para a missão evangelizadora dos leigos e de todo o povo de Deus. Igreja em "chave de missão" significa estar a serviço do reino, em diálogo com o mundo, inculturada na realidade histórica, inserida na sociedade, encarnada na vida do povo. Uma Igreja "em saída" entra na noite do povo, é capaz de fazer-se próxima e companheira, mãe de coração aberto, para curar feridas e aquecer o coração.[127]

171. O Documento de Aparecida desenvolve em grandes linhas a teologia da Igreja como comunidade missio-

---

[127] FRANCISCO, Encontro com a classe dirigente do Brasil, in *Mensagens e Homilias – JMJ Rio 2013*. Brasília: Edições CNBB, 2ª ed., 2013, p. 54-57.

nária: "a Igreja é comunhão no amor",[128] sempre fiel a Cristo e aos seres humanos. "Esta é a sua essência e o sinal através do qual é chamada a ser reconhecida como seguidora de Cristo e servidora da humanidade".[129] Ela é chamada a tornar-se cada vez mais na prática aquilo que já é na sua essência: comunidade missionária. Comunidade que reflete na terra o amor e a comunhão das pessoas da Santíssima Trindade. Comunidade que age na terra segundo o modelo das três pessoas divinas, que tudo fazem em vista do Reino de amor, justiça e paz.

172. O Papa Francisco quer uma Igreja de portas abertas; uma Igreja que se assemelhe a um hospital de campanha; mais forte no querigma do que no legalismo; Igreja da misericórdia mais do que da severidade; Igreja que "não cresce por proselitismo, mas, por atração".[130] "Não me cansarei de repetir estas palavras de Bento XVI que nos levam ao centro do Evangelho: 'Ao início do ser cristão, não há uma decisão ética ou uma grande ideia, mas o encontro com um acontecimento, com uma Pessoa que dá à vida um novo horizonte e, desta forma, o rumo decisivo'".[131]

---

[128] DAp, n. 161.

[129] Idem.

[130] BENTO XVI, *Homilia na Missa de Inauguração da V Conferência Geral do Episcopado Latino-Americano e do Caribe*, 13 de maio de 2007, in DAp, n. 159.

[131] EG, n. 7; DCE, n. 1.

173. A missão é o máximo desafio, é a primeira de todas as causas, é paradigma de toda a vida da Igreja.[132] Não podemos ficar tranquilos no templo, nem dizer: "foi sempre assim". A vida é uma missão. Motivados pelas orientações do Papa Francisco que convoca para uma "Igreja em saída", os cristãos leigos evangelizarão com ardor, dinamismo, ousadia, criatividade, coragem e alegria. Não terão medo de se sujar com a lama da estrada. Antes, terão medo de ficar fechados nas estruturas que criamos. "Se uma pessoa experimentou verdadeiramente o amor de Deus, que o salva, não precisa de muito tempo de preparação para sair a anunciá-lo, não pode esperar que lhe deem muitas lições ou longas instruções. Cada cristão é missionário na medida em que se encontrou com o amor de Deus em Cristo Jesus".[133]

174. No seu ardor missionário o Papa Francisco afirma que a missão não é apenas uma parte da nossa vida, não é um apêndice ou um momento. É algo que não podemos arrancar de nós mesmos. Portanto, cada cristão pode dizer: "Eu sou uma missão nesta terra, e para isso estou neste mundo".[134] Não podemos ficar tranquilos em nossos templos em espera passiva. É necessário passar de uma pastoral de mera conservação para uma pastoral decididamente missionária.[135] "Sonho com

---

[132] EG, n. 15.

[133] Ibidem, n. 120.

[134] Ibidem, n. 273.

[135] Ibidem, n. 21.

uma opção missionária capaz de transformar tudo (...) os costumes, os estilos, os horários, a linguagem e toda a estrutura eclesial".[136] Um coração missionário se faz fraco com os fracos, tudo para todos. Nunca se fecha, nunca opta pela rigidez autodefensiva.[137]

175. Vale para toda a Igreja a advertência do Papa Emérito Bento XVI no discurso inaugural da Conferência de Aparecida: "Ao iniciar a nova etapa que a Igreja missionária da América Latina e do Caribe se dispõe a empreender, a partir dessa V Conferência em Aparecida, é condição indispensável o conhecimento profundo e vivencial da Palavra de Deus. Por isso, é necessário educar o povo na leitura e na meditação da Palavra: que ela se converta em seu alimento para que, por experiência própria, vejam que as palavras de Jesus são espírito e vida (Jo 6,63). Do contrário, como vão anunciar uma mensagem cujo conteúdo e espírito não conhecem profundamente? É preciso fundamentar nosso compromisso missionário e toda a nossa vida na rocha da Palavra de Deus".[138]

176. O mundo globalizado e consumista em que vivemos se sustenta na lógica do lucro que cria o mecanismo de acumulação e onipotência do mercado. Isso gera exclusão, insatisfação, depredação da natureza. Toda-

---

[136] Ibidem, n. 27.

[137] Ibidem, n. 45.

[138] BENTO XVI, *Discurso Inaugural da V Conferência Geral do Episcopado Latino-Americano e do Caribe*, 13/05/2007, in DAp, n. 247.

via, quem crê na globalização da solidariedade fará de tudo para diminuir as desigualdades sociais geradoras de violência, de alcoolismo, de drogas, de desestruturação da família. Precisamos de mudança nos bairros, nas periferias, no campo e na cidade. Como discípulos missionários, com olhos fixos no Evangelho do Reino, evangelizaremos com coragem, ousadia, esperança e alegria. "Coragem, eu venci o mundo" (Jo 16,33). A Igreja missionária é semeadora de esperança, visto que o mundo pode ser diferente. "Esta é a vitória que venceu o mundo: a nossa fé" (1Jo 5,4).

177. Fortalecido pelo profetismo do Papa Francisco, o cristão discípulo missionário enfrentará, como profeta, as realidades que contradizem o Reino de Deus e insistirá em dizer: "Não a uma economia da exclusão". "Não à cultura do descartável".[139] "Não à globalização da indiferença".[140] "Não ao fetichismo do dinheiro".[141] "Não à especulação financeira".[142] "Não ao dinheiro que domina ao invés de servir".[143] "Não à desigualdade social que gera violência".[144] "Não à fuga dos compromissos".[145] "Não ao pessimismo

---

[139] EG, n. 53.

[140] Ibidem, n. 54.

[141] Ibidem, n. 55.

[142] Ibidem, n. 56.

[143] Ibidem, n. 58.

[144] Ibidem, n. 59.

[145] Ibidem, n. 81.

estéril".[146] "Não ao mundanismo espiritual".[147] "Não à guerra entre nós".[148] Por outro lado, o mesmo discípulo missionário gritará: "Não nos deixemos roubar o entusiasmo missionário".[149] "Não deixemos que nos roubem a alegria da evangelização!".[150] "Não deixemos que nos roubem a esperança!".[151] "Não deixemos que nos roubem a comunidade!".[152] "Não deixemos que nos roubem o Evangelho!".[153] "Não deixemos que nos roubem o ideal do amor fraterno!".[154] Eis o que significa ser missionário no mundo globalizado, consumista e secularizado.

178. A ação dos cristãos leigos e leigas no mundo pode ser vista de várias maneiras. Primeiro, a ação rotineira feita nas funções diárias na casa, no trabalho e no lazer. A ação realizada no amor contribui com a construção do Reino no cotidiano e revela a própria presença de Deus. Segundo, por meio da ação dos homens e mulheres que trabalham na construção do mundo nas mais diversas frentes. Deus conduz a história ainda

---

[146] Ibidem, n. 84.

[147] Ibidem, n. 93.

[148] Ibidem, n. 98-99.

[149] Ibidem, n. 80.

[150] Ibidem, n. 83.

[151] Ibidem, n. 86.

[152] Ibidem, n. 92.

[153] Ibidem, n. 97.

[154] Ibidem, n. 101.

que o sujeito empenhado na ação não o saiba.[155] O Espírito, que sopra onde quer, conduz os corações e as inteligências para fazer o bem. Em terceiro lugar, atuam os cristãos leigos que se organizam em nome da fé para influenciar positivamente na construção da sociedade. Em todos os casos, a graça de Deus atua como força primeira que possibilita e leva a bom termo as ações humanas. Vale recordar a oração do salmista: "Se o Senhor não construir a casa, é inútil o cansaço dos pedreiros" (Sl 127,1).

1.1. Igreja pobre, para os pobres, com os pobres

179. Jesus se fez pobre para a todos salvar. No seguimento do Mestre, o Papa Francisco quer uma Igreja pobre, a serviço dos pobres, presente nas periferias geográficas e existenciais. "Ninguém pode sentir-se exonerado da preocupação pelos pobres e pela justiça social".[156] "Há que afirmar sem rodeios que existe um vínculo indissolúvel entre a nossa fé e os pobres. Não os deixemos jamais sozinhos!".[157] "Desejo afirmar, com dor, que a pior discriminação que sofrem os pobres é a falta de cuidado espiritual".[158]

---

[155] GS, n. 38.

[156] EG, n. 201.

[157] Ibidem, n. 48.

[158] Ibidem, n. 200.

180. O Documento de Aparecida descreve "os rostos sofredores que doem em nós": pessoas que vivem nas ruas das grandes cidades, os migrantes, os enfermos, os dependentes de drogas, os detidos em prisões.[159] Portanto, é preciso que estejamos atentos às novas formas de pobreza e fragilidade: os sem-abrigo, os refugiados, os povos indígenas, os negros, os nômades, os idosos, as pessoas que sofrem formas diferentes de tráfico, as mulheres que padecem situações absurdas de violência e maus tratos, os menores em situação de risco, os deficientes, os nascituros – os mais indefesos de todos. Pensamos também em outros seres frágeis e dependentes da criação, como o solo que desertifica, as espécies em extinção – sinais que afetam a vida na terra e das novas gerações.[160]

181. Graças ao seu entusiasmo e ousadia missionária o cristão leigo colocará em prática o pedido do Papa Francisco: "Nenhuma família sem teto, nenhum camponês sem terra, nenhum trabalhador sem direitos, nenhum povo sem soberania, nenhuma pessoa sem dignidade. (…) Quando olhamos o rosto dos que sofrem, o rosto do camponês ameaçado, do trabalhador excluído, do indígena oprimido, da família sem teto, do imigrante perseguido, do jovem desempregado, da criança explorada, da mãe que perdeu o seu filho num tiroteio, porque o bairro foi tomado pelo narcotráfico, do pai

---

[159] DAp, n. 407-430.
[160] EG, n. 210-216; LS, n. 34-35; CNBB, Doc. 100, n. 283.

que perdeu a sua filha, porque foi sujeita à escravidão; quando recordamos estes 'rostos e nomes' estremecem nossas entranhas diante de tanto sofrimento e comovemo-nos...".[161] Isso tudo nos comove e faz chorar e nos impele à missão.

1.2. A Igreja do serviço, da escuta e do diálogo

182. A Igreja se propõe a trabalhar na construção de uma "cultura do encontro". Isso implica não se fechar na própria comunidade, na própria instituição paroquial ou diocesana, no grupo de amigos, na própria religião, em si mesmo.[162] Toda atitude de fechamento despreza a universalidade do povo de Deus e bloqueia a irradiação do testemunho do amor de Deus. O encontro gera compromissos para o bem comum, com sabedoria e humildade.

183. Na cultura do encontro, todos contribuem e recebem. Trata-se de uma postura aberta e disponível, para a qual é necessária uma humildade social, que considere, por exemplo, a importância das culturas e religiões e o respeito aos direitos autênticos de cada um. Fora deste diálogo construtivo, todos perdem. O diálogo,

---

[161] FRANCISCO, *II Encontro Mundial de Movimentos Populares*, 09/07/2015, in *Discurso do Papa Francisco no II Encontro Mundial dos Movimentos Populares*, Coleção Sendas, volume 4. Brasília: Edições CNBB, 2015, n. 4, p. 23; n. 2, p. 10.

[162] EG, n. 220; FRANCISCO, Encontro com a classe dirigente do Brasil, in *Mensagens e Homilias – JMJ Rio 2013*. Brasília: Edições CNBB, 2ª ed., 2013.

a partir de Cristo Jesus, se estende a todos os níveis: com a cultura popular, com a política, com o mundo das artes, com as tradições religiosas, entre as gerações etc. Afinal, o ser humano é intersubjetividade, constrói-se e realiza-se como pessoa nas relações com os outros. Não é uma "consciência isolada". Trata-se de um desafio para toda a Igreja, passar de atitudes fechadas à formação de uma nova cultura, que constrói cidadania no diálogo e que não tem medo de acolher o que o outro, o diferente, tem a oferecer. Este é espaço aberto para os cristãos leigos e leigas, nesta sociedade dilacerada pelo desrespeito ao diferente, pela intolerância e pelo medo do outro.

2. Uma espiritualidade encarnada

184. A espiritualidade responde ao desejo e à busca do rosto de Deus e da comunhão com ele. Uma espiritualidade encarnada caracteriza-se pelo seguimento de Jesus, pela vida no Espírito, pela comunhão fraterna e pela inserção no mundo. Não podemos querer um Cristo sem carne e sem cruz. Não se trata de fugir das realidades temporais para encontrar a Deus, mas de encontrá-lo ali, em seu trabalho perseverante e ativo, iluminados pela fé. É preciso discernir e rejeitar a "tentação de uma espiritualidade intimista e individualista, que dificilmente se coaduna com as exigências da caridade, com a lógica da encarnação".[163]

---

[163] NMI, n. 52.

A espiritualidade cristã sempre terá por fundamento os mistérios da encarnação e da redenção de Jesus Cristo. Este enfoque deve permear a formação laical desde o processo da iniciação cristã.

185. A partir de Jesus Cristo, os cristãos leigos e leigas infundem uma inspiração de fé e de amor nos ambientes e realidades em que vivem e trabalham. Em meio à missão, como "sal, luz e fermento", sempre cheia de tensões e conflitos, buscam testemunhar sua identidade cristã, como "ramos na videira" na comunidade de fé, oração e partilha. O Concílio Vaticano II recomenda que os leigos alimentem sua espiritualidade na Palavra de Deus e na Eucaristia, "fonte e centro de toda a vida cristã".[164] Nela, os cristãos apresentam a Deus, por Jesus Cristo, o louvor de suas vidas, nutrem a fé, a esperança e a caridade, expressam a fraternidade e são enviadas novamente em missão.

186. A oração e a contemplação são fundamentais na vida dos cristãos. É preciso cultivar um espaço interior dinamizado por um espírito contemplativo que ajude a cuidar da integridade da consciência e do coração e dê sentido cristão ao compromisso e às atividades. Aí, é possível um encontro significativo com o Deus revelado em Jesus Cristo, que nos permite descobrir que "somos depositários de um bem que humaniza",[165] que nos ajuda a viver uma vida nova e, portanto, a buscar esta vida nova para todos.

---

[164] LG, n. 11; SC, n. 10; AA, n. 4.

[165] EG, n. 264.

187. O verdadeiro trabalhador da vinha nunca deixa de ser discípulo. Ele sabe que Jesus caminha, fala, respira e trabalha com ele. Experimenta a importância de caminhar com Jesus, e está convencido de que constrói o novo mundo à luz do Evangelho. A experiência do encontro pessoal com Jesus, sempre renovada, é a única capaz de sustentar a missão. Por isso, ele deve dedicar tempo à oração sincera, que leva a saborear a amizade e a mensagem de Jesus,[166] especialmente por meio da leitura orante da Palavra de Deus e da participação nos sacramentos.

188. O encontro com Jesus Cristo leva a uma espiritualidade integral. Esta contempla a conversão pessoal, o discipulado, a experiência comunitária, a formação bíblico-teológica e o compromisso missionário.[167] No encontro com Jesus Cristo vivo, descobre-se e vivencia-se o mistério trinitário. A natureza missionária da Igreja[168] é fruto dessa vida trinitária revelada aos discípulos, os quais participam da obra de Deus no mundo. Conduzidos pelo Espírito Santo, são seguidores de Jesus Cristo e testemunhas de sua ressurreição quando vivem o mandamento do amor recíproco a ponto de estarem unidos neste mesmo amor que manifesta a presença de Cristo e a celebram nos sacramentos.

---

[166] Ibidem, n. 266.

[167] DAp, n. 226; 278.

[168] AG, n. 2; 6.

189. Em virtude do Batismo, que está na origem do sacerdócio comum dos fiéis, os cristãos leigos e leigas são chamados a viver e a transmitir a comunhão com a Trindade, fonte de nossa vida comunitária e do amor transbordante que devemos testemunhar. "A experiência de um Deus uno e trino, que é unidade e comunhão inseparável, permite-nos superar o egoísmo para nos encontrarmos plenamente no serviço ao outro. A experiência batismal é o ponto de início de toda espiritualidade cristã que se funda na Trindade".[169]

190. O Apóstolo Paulo destaca o fundamento trinitário da vida em comunidade, feita de diversidades e de unidade. O Deus uno e trino é a fonte e o modelo de toda vivência comunitária. "Há diversidade de dons, mas o Espírito é o mesmo. Há diversidade de ministérios, mas o Senhor é o mesmo. Há diferentes atividades, mas é o mesmo Deus que realiza tudo em todos" (1Cor 12,4-6).

191. Os primeiros cristãos eram um só coração e uma só alma, e juntos viviam e testemunhavam a novidade do Evangelho (At 2,42-45; 4,32-35). Um desafio para os cristãos leigos e leigas é superar as divisões e avançar no seguimento de Cristo, aprendendo e praticando as bem-aventuranças do Reino, o estilo de vida do Mestre Jesus: seu amor e obediência filial ao Pai, sua compaixão diante da dor humana, seu amor serviçal até o dom de sua vida na cruz: "Se alguém quiser vir após

---

[169] DAp, n. 240.

mim, renuncie a si mesmo, tome a sua cruz e siga-me!" (Mc 8,34). A cruz indica o rumo de vida para o cristão, como força para a superação permanente dos males, do sofrimento e da morte, como enfrentamento e superação das divisões e dominações, como esperança de recriação misteriosa e pascal das relações humanas e da vida do mundo. E a Igreja, "sob a ação do Espírito Santo, não deixe de renovar-se a si mesma até que pela cruz chegue à luz que não conhece ocaso".[170]

192. Os cristãos leigos e leigas que vivem em circunstâncias adversas, impossibilitados de uma atuação mais concreta, não se sintam do lado de fora da única missão da Igreja e tenham a consciência de que o sofrimento também é uma realidade aberta para a evangelização. Por meio do sofrimento, digam com São Paulo: "completo, na minha carne, o que falta às tribulações de Cristo em favor do seu Corpo que é a Igreja" (Cl 1,24). Por isso, tendo como referência o mistério do sofrimento de Cristo, realizem sua vocação de ser fonte de amor, luz e força para a Igreja e para a humanidade.

2.1. Espiritualidade de comunhão e missão

193. Em sua inserção no mundo, os cristãos leigos são convidados a viver a espiritualidade de comunhão e missão. Comunidade missionária, a Igreja está voltada ao mesmo tempo para dentro e para fora, num movimento

---

[170] LG, n. 11.

de sístole e diástole. A espiritualidade de comunhão e missão tem seu fundamento na comunidade trinitária e no mandamento do amor. O outro não é apenas alguém, mas um irmão, dom de Deus, continuação da Encarnação do Senhor. As atitudes de alteridade e gratuidade são expressão da espiritualidade de comunhão. O outro é diferente de mim. E esta diferença nos distingue, mas não nos separa. Espiritualidade de comunhão e missão significa respeito mútuo, diálogo, proximidade, partilha, benevolência e beneficência. "Com as atitudes de alteridade e gratuidade, expressões do Amor, os discípulos missionários promovem justiça, paz, reconciliação e fraternidade".[171]

194. A espiritualidade de comunhão e missão se comprova no esforço e na prática da misericórdia, do perdão, da reconciliação e da fraternidade, até ao amor aos inimigos. Cultiva o esquecimento de si e a elevação do outro. Portanto, é a espiritualidade do encontro, do diálogo, da saída de si e da superação da discriminação, da exclusão, da escravidão, da dominação. É remédio contra o individualismo, o isolamento, o sectarismo. Assim, o discípulo missionário torna-se fonte de paz, de relacionamento, de concórdia, de unidade. Sem a espiritualidade de comunhão e missão caímos nas "máscaras de comunhão" e damos espaço ao terrorismo da fofoca, às suspeitas, ciúmes, invejas que são sentimentos e atitudes destrutivas. A divisão

---

[171] CNBB, Doc. 102, n. 12.

é um fracasso e leva à derrota os mais altos ideais e projetos. Dessa maneira, não estaremos livres para o engajamento e o serviço ao mundo.

2.2. Místicas que não servem

195. Na conjuntura atual da Igreja despontam tendências ao subjetivismo sentimental, ao devocionismo, ao demonismo, às "revelações privadas". Sobre estas questões escreve o Papa Francisco: "Certo é também que, às vezes, se dá maior realce a formas exteriores das tradições de grupos concretos ou a supostas revelações privadas, que se absolutizam, do que ao impulso da piedade cristã. Há certo cristianismo feito de devoções – próprio de uma vivência individual e sentimental da fé – que, na realidade, não corresponde a uma autêntica 'piedade popular'. Alguns promovem estas expressões sem se preocupar com a promoção social e a formação dos fiéis, fazendo-o em alguns casos para obter benefícios econômicos ou algum poder sobre os outros".[172] São expressões aparentemente ou pretensamente místicas, que não servem e até atrapalham o empenho da Igreja na transformação da realidade e o anúncio do Reino de Deus.

196. A missão precisa do "pulmão da oração", da mística, da espiritualidade, da vida interior. Todavia, alerta o Papa Francisco que: "não servem as propostas

---

[172] EG, n. 70.

místicas desprovidas de um vigoroso compromisso social e missionário, nem os discursos e ações sociais e pastorais sem uma espiritualidade que transforme o coração. Essas propostas parciais e desagregadoras alcançam só pequenos grupos e não têm força de ampla penetração, porque mutilam o Evangelho. É preciso cultivar sempre um espaço interior que dê sentido cristão ao compromisso e à atividade".[173]

2.3. A espiritualidade popular

197. A Exortação Apostólica *Evangelii Gaudium* refere-se à religiosidade popular como força evangelizadora. O povo se evangeliza a si mesmo iluminado pelo Espírito Santo.[174] A piedade popular retrata a sede de Deus que o povo experimenta e leva até à generosidade, ao sacrifício e ao heroísmo. É a espiritualidade dos simples, é uma maneira de viver a fé, é um modo de se sentir Igreja, uma forma de ser missionário. "A religiosidade popular é fruto do evangelho inculturado, é um lugar teológico ao qual devemos prestar atenção porque tem muito para nos ensinar".[175]

198. O Papa Emérito Bento XVI chama a religiosidade popular de "precioso tesouro da Igreja Católica" na

---

[173] Ibidem, n. 262.

[174] Ibidem, n. 122-126.

[175] Ibidem, n. 126.

qual "aparece a alma dos povos".[176] Para compreender a espiritualidade popular é preciso olhá-la com os olhos do Bom Pastor, não julgar, mas amar. Pensemos na fé firme das mães rezando ao pé da cama de seus filhos doentes, na carga imensa de esperança contida numa vela acesa, no olhar que se volta para o crucifixo, para o céu e para Maria e os santos. Pensemos nas peregrinações aos santuários, no amor e respeito pelos mortos, nas novenas, na via-sacra, nas procissões, no rosário, nos cânticos, nas orações etc. São sinais da fé, que sempre precisam ser evangelizados. No entanto, revelam a fé e o amor a Deus neste ambiente de secularização e de indiferença religiosa em que vivemos. A espiritualidade popular é uma confissão de fé que evangeliza filhos, vizinhos, parentes, amigos e toda a sociedade.

2.4. O mundanismo espiritual

199. Uma forma de "mundanismo espiritual" segundo o Papa Francisco consiste em "só confiar nas próprias forças e se sentir superior aos outros por cumprir determinadas normas ou por ser irredutivelmente fiel a um certo estilo católico, próprio do passado. Esta suposta segurança doutrinal ou disciplinar que dá lugar a um elitismo narcisista e autoritário, é uma forma desvirtuada do cristianismo que tende a analisar e classificar os demais e a controlar tudo".[177]

---

[176] EG, n. 123.
[177] EG, n. 94.

200. O mundanismo espiritual atinge tanto a liturgia como a militância social, a saber, há uma pretensão de dominar o espaço da Igreja, com um cuidado exibicionista da liturgia, da doutrina e do prestígio da Igreja. Por outro lado, "o mundanismo espiritual esconde-se por detrás do fascínio de poder mostrar conquistas sociais e políticas, ou numa vanglória ligada à gestão de assuntos práticos, ou numa atração pelas dinâmicas de autoestima e de realização autorreferencial".[178] Por fim, se traduz "numa densa vida social cheia de viagens, reuniões, jantares, recepções. Ou então desdobra-se num funcionalismo empresarial, carregado de estatísticas, planificações e avaliações (…) Encerra-se em grupos de elite, não sai realmente à procura dos que andam perdidos nem das imensas multidões sedentas de Cristo. Já não há ardor evangélico, mas o gozo espúrio duma autocomplacência egocêntrica".[179]

3. A presença e organização dos cristãos leigos e leigas no Brasil

201. A presença e organização dos leigos em função da sua ação apostólica, desde o século passado até os dias atuais, na Igreja no Brasil, buscou responder aos desafios da Igreja e da sociedade brasileira nos diferentes

---

[178] Ibidem, n. 95.

[179] Idem.

momentos e modelos existentes. Durante a primeira metade do século XX, constatamos a presença das irmandades, das confrarias e associações, algumas delas herdadas de séculos anteriores, numa dimensão mais espiritual e/ou de assistência. Em geral, eram conduzidas pelo clero. Visando ter uma maior presença e atuação na sociedade brasileira, dentro do modelo da Igreja vigente, os bispos, em particular o Cardeal Sebastião Leme (1882-1942), buscaram articular essas várias formas organizativas. Nesse sentido, criaram a Confederação das Associações Católicas que atuaram, entre outras, em dioceses e arquidioceses como Rio de Janeiro, São Paulo, Olinda e Recife.

202. Em 1935, no Brasil, foi oficializada a Ação Católica Geral e, mais tarde, a Ação Católica Especializada (ACE): Juventude Agrária Católica (JAC), Juventude Estudantil Católica (JEC), Juventude Independente Católica (JIC), Juventude Operária Católica (JOC), Juventude Universitária Católica (JUC) e Ação Católica Operária (ACO), que se transformou em Movimento de Trabalhadores Cristãos (MTC). Articulada em âmbito nacional, a Ação Católica teve presença significativa na realidade eclesial e social daquele período. Nos anos que antecederam o Concílio Vaticano II, seus membros foram descobrindo que a sua ação decorria do batismo recebido e não de um mandato do bispo. Esta nova consciência gerava o compromisso com a ação transformadora da sociedade, buscando impregná-la dos valores evangélicos. Na Ação Católica

foram se definindo as relações da Igreja com o mundo em bases renovadas, numa superação dos esquemas da antiga cristandade. Também foram se delineando os traços da teologia do laicato, e, por conseguinte, o estatuto próprio do leigo na Igreja como iria aparecer mais tarde.

203. Nos anos que se seguem logo após o Concílio, em consequência do espírito e dos documentos conciliares, emergiu a consciência dos cristãos leigos e leigas como povo de Deus e sujeitos eclesiais. Nesse horizonte, constatamos a busca de atualização das entidades existentes, o crescimento da sua presença e o surgimento de inúmeras iniciativas que brotaram na vida da Igreja no Brasil e outras vindas de Igrejas de outros países. Certamente é uma tarefa difícil abordar a riqueza e a diversidade dessa presença e atuação. Vale explicitar algumas delas.

204. As Comunidades Eclesiais de Base (CEBs), constituídas no Brasil, desde os anos 1960, vêm sendo espaço privilegiado de participação de cristãos leigos e leigas em comunhão com os pastores. A prática eclesial dessas Comunidades possibilitou a consciência de seus membros, particularmente dos pobres, de ser povo de Deus, de que sua pertença à comunidade decorre do seu Batismo. As CEBs têm a Palavra de Deus como centro, uma dimensão missionária e engajam-se nas lutas de transformação da sociedade na perspectiva do Reino de Deus. É "uma forma privilegiada de vivência

comunitária da fé".[180] Como expressão de comunhão e sinodalidade, realizam, desde 1975, os Encontros Intereclesiais das CEBs. As CEBs foram destacadas em documentos eclesiais recentes, em especial na Mensagem ao Povo de Deus sobre as Comunidades Eclesiais de Base (CNBB, Doc. 92), no Documento de Aparecida, na Mensagem do Papa Francisco aos participantes do 13º Intereclesial das CEBs e nas Diretrizes Gerais da Ação Evangelizadora da Igreja no Brasil (DGAE) 2015-2019. Além das CEBs e em unidade com elas, há em muitas dioceses grupos de reflexão, grupos de família, grupos de estudos bíblicos, nos quais se reflete a Palavra de Deus interpretando-a e praticando-a em relação com os desafios das comunidades.

205. Outro espaço importante de ação dos cristãos leigos e leigas são as Pastorais Sociais. Significam a solicitude e o cuidado de toda a Igreja missionária diante de situações reais de marginalização, exclusão e injustiça. A sua perspectiva de atuação deve ser profético--transformadora, indo além do assistencialismo. Nesse conjunto, podemos situar, também, várias entidades como a Comissão Brasileira de Justiça e Paz (CBJP); o Conselho Indigenista Missionário (CIMI); a Comissão Pastoral da Terra (CPT); a Comissão Pastoral Operária (CPO), o Instituto Brasileiro de Desenvolvimento (IBRADES); o Centro Nacional de Fé e Política "D.

---

[180] DGAE 2011-2015, n. 102.

Helder Câmara" (CEFEP) e outros. Nesses últimos 50 anos, muitos vêm contribuindo com organismos e ações no campo do ecumenismo e do diálogo inter--religioso.

206. Ressaltamos a participação do cristão leigo jovem na Igreja e no mundo. Em continuidade da Ação Católica Especializada, os trabalhos pastorais com a juventude se reorganizaram por meio das Pastorais da Juventude (juventude do meio popular – PJMP; juventude de base – PJ; juventude estudantil – PJE; juventude rural – PJR), respondendo aos apelos dos jovens nos vários meios sociais e realidades específicas. Essas pastorais e outras expressões retomam o papel missionário do jovem leigo no seio da Igreja e na sociedade. Mediante sua organização diocesana, regional e nacional, construem diretrizes que orientam sua ação transformadora à luz da Palavra de Deus e dos documentos da Igreja.

207. Destacamos os incontáveis cristãos leigos e leigas que atuam através dos seus trabalhos em instituições como universidades, escolas, hospitais, asilos, creches, meios de comunicação, empresas, onde quer que seja, evangelizando pelo testemunho e contribuindo para a expansão do Reino de Deus.

208. A participação e presença dos cristãos leigos e leigas acontecem, também, na dinâmica interna da comunidade eclesial: nos conselhos pastorais e econômicos; nos Tribunais Eclesiásticos; nas assembleias e sínodos diocesanos; nos ministérios leigos; na vida litúrgica;

nas diversas pastorais que animam e sustentam as comunidades, paróquias e dioceses. Um número significativo de cristãos leigos e leigas, jovens, adultos e idosos, assumem com muito zelo e dedicação, como catequistas, a iniciação à vida cristã e demais etapas da catequese permanente.

3.1. O Conselho Nacional do Laicato do Brasil

209. Nos anos de 1970, como fruto do Concílio Vaticano II, na Igreja no Brasil, criou-se, como organismo de articulação do laicato, o então Conselho Nacional dos Leigos (CNL), hoje Conselho Nacional do Laicato do Brasil (CNLB). Recordemos alguns elementos históricos desse processo.

210. O engajamento dos militantes da Ação Católica (AC) na política, no começo da década de 1960, e os conflitos com a hierarquia e outros segmentos leigos, bem como o golpe militar em 1964, com sua repressão, levaram os movimentos, em particular a AC, a viver um período de crise que resultou na extinção da JUC e da JEC. Essa crise vivida pela Igreja foi reconhecida em documento, em maio de 1970, na 11ª Assembleia Geral da CNBB, da qual participaram cristãos leigos de diversos movimentos. Nela foi aprovada a criação de um futuro organismo de leigos. O Secretariado Nacional do Apostolado Leigo (SNALE) deu andamento à proposta organizando encontros nacionais dos cristãos leigos e leigas, que culminaram na criação do

Conselho Nacional de Leigos em 1975. Ao longo da sua história, o CNL foi se estruturando em Conselhos Regionais e Diocesanos e agregando movimentos e associações laicais em todas as regiões do Brasil.

211. A Conferência Episcopal expressou o reconhecimento dessa articulação do laicato brasileiro em suas Diretrizes e Planos quadrienais desde as Diretrizes 1975-1978 (CNBB, Doc. 4). No quadriênio 1983-1986, um dos destaques foi "Leigos" e se manifestou a preocupação de articular os leigos nos diferentes níveis da Igreja (CNBB, Doc. 28). Na 23ª Assembleia, em 1985, foi analisado o tema "Leigos", como contribuição à preparação do Sínodo sobre os leigos em 1987.[181] Nesse processo, os cristãos leigos e leigas foram reconhecendo a necessidade de se organizarem, conforme sua vocação. Essa organização é fundamental para o exercício da missão com todos os seus desafios. Na evangelização do mundo de hoje há questões às quais só os cristãos leigos organizados oficialmente podem dar respostas como Igreja inserida no mundo. O documento de Aparecida destaca: "Reconhecemos o valor e a eficácia dos Conselhos paroquiais, Conselhos diocesanos e nacionais de fiéis leigos, porque incentivam a comunhão e a participação na Igreja e sua presença ativa no mundo".[182]

---

[181] CONSELHO NACIONAL DOS LEIGOS. Apresentação do tema "Leigos" na 23ª Assembleia Geral da CNBB. Itaici – SP, 10 a 19 de abril de 1985, p. 3-7.

[182] DAp, n. 215.

212. O tema do laicato retornou na Assembleia da CNBB de 1998. Após estudos nas dioceses e nas diferentes expressões laicais, inclusive na 4ª Assembleia Nacional dos Organismos do Povo de Deus, a Assembleia da CNBB de 1999 aprovou o documento "Missão e Ministérios dos Cristãos Leigos e Leigas", conhecido como Documento 62. Nele se afirma: "é desejável que em sua missão os cristãos leigos, superando eventuais divisões e preconceitos, busquem valorizar suas diversas formas de organização, em especial os Conselhos de Leigos em todos os níveis".[183]

213. Em 2004, a CNBB aprovou o novo estatuto do CNLB, em conformidade com o Direito Canônico,[184] como uma Associação Pública de Fiéis. O CNLB, objetivando a articulação e a integração das diversas organizações do laicato, busca despertar nos leigos e leigas a consciência crítica e criativa, estimula sua participação nas instâncias internas da Igreja como sujeitos eclesiais. Além de ser um organismo de comunhão, o CNLB tem por objetivo criar e apoiar mecanismos de formação e capacitação que ajudem o laicato a descobrir sua identidade, vocação, espiritualidade e missão, com vistas à construção de uma sociedade justa e fraterna, sinal do Reino de Deus.

---

[183] CNBB, Doc. 62, n. 191.

[184] CDC, cân. 215.

3.2. Diversas formas de expressão laical

214. A partir de carismas no seio do povo de Deus nasceram, como frutos do Concílio Vaticano II, novos movimentos, novas comunidades e associações de leigos, serviços e pastorais. São dons do Espírito para Igreja e o mundo. Todas essas expressões de articulação e de organização dos cristãos leigos e leigas são convidadas a seguir os critérios de eclesialidade para não se tornarem experiências que alimentam "pretensões de totalidade".[185] Por outro lado, não se pode esquecer que "os leigos têm o direito de fundar associações, governá-las e, uma vez fundadas, dar-lhes um nome, respeitada a devida relação com a autoridade eclesiástica".[186]

215. O decreto conciliar sobre o apostolado dos leigos diz: "É absolutamente necessário que se robusteça a forma associada e organizada do apostolado no campo da atividade dos leigos. É que só a estreita união das forças é capaz de conseguir plenamente os fins do apostolado de hoje e de defender com eficácia os seus bens".[187] Por sua vez São João Paulo II afirma: "É necessário reconhecer-se a liberdade associativa dos fiéis leigos na Igreja. Essa liberdade constitui um verdadeiro e próprio direito que não deriva de uma espécie de 'concessão' da autoridade, mas que promana do Batismo".[188]

---

[185] CNBB, Doc. 100, n. 235.
[186] AA, n. 19.
[187] Ibidem, n. 18.
[188] CfL, n. 29.

216. Destacamos a presença muito viva das associações laicais nascidas a partir dos carismas das ordens e congregações religiosas, que contribuem para que muitos cristãos leigos e leigas vivam profunda espiritualidade e assumam presença junto aos mais pobres numa perspectiva de assistência, promoção humana e no compromisso sociotransformador.

217. Trata-se de formas de organização do laicato que estão presentes na caminhada da Igreja no Brasil. São João Paulo II afirmou: "um idêntico espírito de colaboração e corresponsabilidade (...) se difundiu também entre os leigos, não apenas confirmando as organizações de apostolado já existentes, mas criando outras novas, que não raro se apresentam com um aspecto diferente e uma dinâmica especial".[189]

218. A Igreja conta hoje com uma gama variada de associações de fiéis que agregam leigos, outras que agregam leigos e clérigos, e outras ainda, leigos e leigas consagrados, cada qual com seu carisma e com seus modos próprios de organização e seus métodos de ação. Trata-se de uma variedade que ganha visibilidade como grupo identitário dentro e até mesmo fora dos espaços eclesiais. Ao mesmo tempo em que reconhecemos a riqueza dessa diversidade, apelamos para que se considerem os desafios para a vivência eclesial no espírito da unidade na diversidade.

---

[189] RH, n. 5.

219. Na esteira dos novos movimentos, muitos cristãos leigos e leigas, algumas vezes com cristãos ordenados e/ou religiosos, fundaram outras formas organizativas denominadas de novas comunidades. Essa expressão, "embora recente, tem se difundido largamente, para referir-se a uma forma associativa, em grande parte nova na Igreja, diferenciando-se das comunidades paroquiais, das comunidades eclesiais de base e das comunidades religiosas, bem como dos demais movimentos".[190] Hoje existe no Brasil um número expressivo dessas comunidades. Elas têm emergido com significativa força, centradas nos laços comunitários, que pedem de cada membro uma adesão estável, visível e institucionalizada. Muitas delas configuram um espaço misto de vida leiga, religiosa e clerical.

220. Essas formas de organização, explicitadas nos números anteriores, nascem com o desejo de servir à Igreja, na realização da sua missão de anunciar Jesus Cristo e na construção do Reino de Deus. No decorrer da história, muitas dessas formas de organização do laicato tiveram um relacionamento inicial com a hierarquia da Igreja marcado por tensões, dificuldades e sofrimentos, até encontrar uma forma de reconhecimento. Para superar as possíveis tensões que permanecem, o caminho é a busca de inserção das várias expressões laicais na caminhada das Igrejas Particulares e o acolhimento, por parte das referidas Igrejas, dessa diversidade de carismas.

---

[190] COMISSÃO EPISCOPAL PASTORAL PARA A DOUTRINA DA FÉ, *Subsídios Doutrinais*, n. 3.

221. As pastorais, movimentos, associações, serviços eclesiais, novas comunidades e outras expressões possuem o seu processo formativo sistemático em função dos seus carismas e objetivos. No entanto, convém que participem também da formação desenvolvida na Igreja diocesana, cujo bispo é sinal visível e artífice da comunhão eclesial. A autonomia de cada movimento só tem sentido dentro da maior comunhão eclesial e se concretiza nas formas de inserção e vínculos com as Igrejas Particulares e comunidades eclesiais locais.

222. Na busca desta inserção e num gesto de acolhimento, a CNBB, por meio da Comissão Episcopal Pastoral para o Laicato e junto com o CNLB, tem realizado encontros nacionais e regionais com dirigentes de movimentos e serviços eclesiais, e com associações laicais e novas comunidades, estabelecendo um diálogo fraterno e construindo caminho de unidade e comunhão, cujo sinal visível é o bispo diocesano. Além disso, com o mesmo objetivo, lideranças de todos estes segmentos participam, anualmente, de seminários com os bispos referenciais de leigos e das CEBs, realizados pela Comissão Episcopal Pastoral para o Laicato.

223. Todas as formas de associação existem para a edificação da Igreja e para contribuir com a sua missão no mundo.[191] Esse critério teológico-pastoral é concreto e deverá orientar toda a diversidade das organizações de ontem e de hoje que respondem aos apelos do Espírito

---

[191] AA, n. 16.

para servir a Igreja, de modo especial os pobres. Nesse sentido, são de grande atualidade as orientações dadas pelo Apóstolo Paulo à comunidade de Corinto: os dons existem para a edificação da Igreja e não podem servir como busca de poder religioso dentro da comunidade (1Cor 12,28–13,14).

224. O diálogo entre todos os membros da Igreja é o caminho para o testemunho da fraternidade e da unidade. "Quanto maior for a comunhão, tanto mais eficaz o testemunho de fé da comunidade".[192]

4. A formação do laicato

225. A comunidade eclesial é responsável pela formação. Aqueles que ocupam funções de direção ou exercem especial responsabilidade no povo de Deus – bispos, presbíteros, diáconos, consagrados e lideranças leigas de um modo geral – são os primeiros responsáveis pelo processo formativo.

226. Cada organização laical deve assumir a formação de seus membros como tarefa primordial, o que exige empenho de todos. Sem uma formação permanente, contínua e consistente, o cristão leigo corre o risco de estagnar-se em sua caminhada eclesial. A formação do sujeito eclesial, para ser integral, precisa considerar as dimensões humana e espiritual, teológica e pastoral, teórica e prática.

---

[192] CNBB, Doc. 102, n. 61.

227. Dever-se-á distinguir diferentes níveis de formação no âmbito da comunidade eclesial, de forma a oferecer aos distintos sujeitos o que for conveniente e necessário à sua compreensão e vivência da fé em sua faixa etária biológica ou eclesial, começando com a iniciação à vida cristã e continuando com a formação bíblico-teológica e com as diversas formações específicas. Também é fato que, por se tratar de um processo contínuo de aprofundamento da fé e da realidade, de modo mutuamente implicado, a formação requer atualização permanente segundo o que orientam as Diretrizes da Igreja, a pesquisa teológica e a pesquisa científica.

4.1. A formação de sujeitos eclesiais

228. Na Igreja, cada membro é chamado a ser um sujeito eclesial ativo que, segundo sua capacidade e de acordo com seus carismas e sua função, se coloca a serviço dos irmãos. Crianças, jovens, adultos e idosos, mulheres e homens, todos estão convocados para o serviço na vinha do Senhor. É preciso dedicar especial atenção à mulher e aos jovens, cada vez mais emergentes na sociedade urbana. Devemos buscar os meios de interação com suas expectativas e suas capacidades próprias de intervenção na sociedade e de atuação na Igreja. A comunidade eclesial, particularmente os bispos e os presbíteros, tem a missão de formar cristãos leigos e leigas missionários, conscientes e ativos, de forma que cada qual venha a contribuir com a educação dos

demais, numa ação de aprendizagem mútua por todos os meios que sejam necessários.

229. A formação de sujeitos eclesiais, que implica em amadurecimento contínuo da consciência, da liberdade e da capacidade de exercer o discipulado e a missão no mundo, deve ser um compromisso e uma paixão das comunidades eclesiais. Trata-se de buscar uma Igreja participativa que supera as dicotomias. Isso habilita a Igreja a inserir-se de modo qualificado nas realidades urgentes de nossos dias, como Igreja "em saída", e contribui com a formação de uma consciência eclesial crítica dos seus próprios limites.

230. O Documento de Aparecida dedica especial atenção à temática da formação, ressaltando:

a. os aspectos do processo formativo: caminho longo que requer itinerários diversificados, respeite os processos individuais e comunitários e que sejam graduais;[193]

b. o acompanhamento do discípulo: na perspectiva do diálogo e da transformação social e atendendo a questões específicas;[194]

c. a espiritualidade: que transforme a vida de cada discípulo em resposta aos impulsos do Espírito.[195]

---

[193] DAp, n. 281.

[194] Ibidem, n. 283.

[195] Ibidem, n. 284.

4.2. Fundamentos da formação

231. Muito significativa é a imagem que São João Paulo II usa para a necessária formação dos cristãos leigos e leigas. São eles chamados a ser "ramos" da videira, chamados a "crescer, amadurecer continuamente, dar cada vez mais fruto".[196] O fundamento último do direito e do dever da formação reside na condição de cada cristão como membro da Igreja e no chamado que cada qual recebe de Deus para crescer como ungido pelo Espírito.

232. A formação tem também um profundo sentido espiritual. Cada seguidor de Jesus está inserido em um processo de identificação contínua com seu mestre. Nessa caminhada busca por todos os meios – espirituais, intelectuais e práticos – as razões dessa identificação, assim como o discernimento dos caminhos mais coerentes para essa tarefa, que faz do sujeito eclesial um peregrino na busca do Reino, que é a comunhão plena com Deus.

233. A formação é uma exigência de nossa condição humana. Todos convivemos com limitações. Isto exige de todo o Povo de Deus, e de cada um em particular, a busca permanente da compreensão e da vivência da nossa fé. Por essa razão, é necessário encontrar, em cada contexto, os meios mais adequados de compreensão e comunicação do Evangelho, recorrendo para

---

[196] CfL, n. 57.

tanto à teologia e às diversas ciências. As mudanças rápidas e profundas pelas quais passam a sociedade e a própria Igreja exigem cuidado especial para que uma formação adequada permita que a mensagem se torne compreensível e promova o desejo de seguir o projeto de Jesus Cristo.

4.3. Princípios da formação do laicato

234. A dimensão formativa perpassa todas as atividades eclesiais e exige de todos os membros uma atualização permanente sobre os conteúdos da fé e sua compreensão e vivência em cada tempo e lugar. A formação, entendida como educação permanente da fé, possui um aspecto espontâneo que acontece na vivência prática da própria fé. A formação possui também um aspecto sistemático e formal como atividade planejada e executada pela e na comunidade eclesial. Isto se refere a todas as modalidades de formação oferecidas em cursos regulares: formação básica oferecida a todos os sujeitos em suas respectivas comunidades, bem como formação específica relacionada a cada função e a cada grupo eclesial.

235. A formação, como mediação imprescindível para a vivência madura da fé, deve contribuir para que os cristãos leigos e leigas vivam o seguimento de Jesus Cristo e deem uma resposta do que significa ser cristão hoje, no Brasil e no mundo, situando-os como cristãos, no lugar e na época em que vivem. Para pensar

a formação, devemos fazê-lo a partir dos sinais dos tempos, do nosso continente marcado pela cultura cristã e pela pobreza.

236. A formação é decisiva para a maturidade dos cristãos leigos e leigas. A formação bíblica, catequética, litúrgica, moral e espiritual é a base de todo o processo formativo. Do ponto de vista metodológico é importante contemplar a relação entre teoria e prática, a pedagogia participativa em vista do exercício da liderança, numa perspectiva de inculturação. Transversalmente, devem estar presentes temas como: a pessoa e a prática de Jesus Cristo; a missionariedade e a relação Igreja – Mundo – Reino; a análise da realidade à luz da Doutrina Social da Igreja; a dimensão comunitária; a opção pelos pobres; a educação para a justiça; a relação fé e política; a antropologia cristã, especialmente o relacionamento humano, a sexualidade e a afetividade humanas.

237. A Doutrina Social da Igreja é um precioso tesouro que oferece critérios e valores, respostas e rumos para as necessidades, as perguntas e os questionamentos da ordem social, em vista do bem comum. Fundamentada nas Escrituras, nos Santos Padres, nas Encíclicas Sociais do Magistério Pontifício, no testemunho de tantos santos e santas, no Concílio Vaticano II e, na América Latina, nas Conferências de Medellín, Puebla, Santo Domingo, Aparecida e agora na *Evangelii Gaudium*. Ilumina a dimensão social da fé e a implantação do Reino na sociedade. Lamentavelmente, esta Doutrina é

ainda muito desconhecida nos diversos setores da Igreja. Pedimos que, tanto nos Seminários, nas Faculdades de teologia, como nos cursos de formação dos leigos se dê prioridade a esta temática e se ofereça oportunidade de estudo, aprofundamento e sua aplicação nas estruturas eclesiais e sociais. Assim, oferecemos uma preciosa e concreta colaboração na formação de agentes para atuarem nos âmbitos sociais, políticos, econômicos e ecológicos, para transformação da sociedade.

238. A formação integral é fundamental para que os cristãos leigos e leigas cresçam na fé e no testemunho, sejam fermento do Evangelho na sociedade e, como pessoas novas (Ef 4,24), contribuam significativamente, neste momento de mudança de época, para o novo que está surgindo. Fundamentada na Palavra de Deus e nos documentos do Magistério da Igreja, a formação do laicato católico terá as seguintes características:

a. *Mistagógica*, relacionada com a catequese, a liturgia e a vida, para favorecer a conversão pessoal e pastoral;

b. *Integral*, para responder aos aspectos da fé, da razão, da emoção e da espiritualidade;

c. *Missionária e inculturada*, a fim de que os cristãos leigos já conscientes de sua vocação e missão possam ir ao encontro dos demais em suas realidades;

d. *Articuladora*, de modo a superar, nos conteúdos e nos métodos, as dicotomias entre fé e vida, Igreja e mundo, clero e leigo;

e. *Prática*, de forma tal que o cristão leigo e a cristã leiga se insiram na realidade da sociedade, a seu modo e com sua disponibilidade, como agentes de testemunho e de transformação;

f. *Dialogante*, contribuindo com a relação sempre mais madura e respeitosa entre os sujeitos eclesiais envolvidos no processo e superando isolamentos e autoritarismos eclesiais e sociais;

g. *Específica*, de modo que atenda às necessidades dos sujeitos eclesiais envolvidos em situações e frentes próprias de cada ação pastoral na Igreja e na sociedade;

h. *Permanente e atualizada*, capaz de acompanhar o desenvolvimento dos conteúdos referentes à fé e responder com prontidão aos desafios advindos da realidade global e local, levando sempre em conta as orientações da Doutrina Social da Igreja;

i. *Planejada*, pedagogicamente organizada a partir de projetos tecnicamente elaborados com garantia de recursos capazes de responder ao proposto nos itens anteriores.

4.4. Projeto diocesano de formação

239. O Documento de Aparecida ressalta que em cada diocese haja um projeto de formação do laicato. Um projeto que seja orgânico e envolva todas as forças vivas da Igreja particular, para que se possa chegar a uma convergência das iniciativas, contando para

tanto com uma equipe de formação convenientemente preparada.[197]

240. Também as Diretrizes Gerais da Ação Evangelizadora na Igreja do Brasil 2015-2019 enfatizam: "A formação dos leigos e leigas precisa ser uma das prioridades da Igreja Particular".[198] Para isto, é indispensável um projeto diocesano de formação que contemple:

a. objetivos, diretrizes, prioridades, atividades, lugares e meios, articulando-os com o plano de pastoral;

b. formação básica de todos os membros da comunidade; formação específica, conforme os vários campos de missão, especialmente de quem atua na sociedade e dos formadores;

c. aprimoramento bíblico-teológico dos cristãos leigos e leigas para que possam contribuir com a investigação e o ensino, a partir de sua condição específica;

d. presença de cristãos leigos e leigas, como membros da coordenação, na execução do projeto;

e. diálogo com as diferentes formas organizativas dos cristãos leigos e leigas presentes nas dioceses sobre o seu processo formativo;

f. união entre fé, vida e liturgia para a autenticidade da vida comunitária e testemunho evangélico na transformação da sociedade.

---

[197] DAp, n. 281.
[198] CNBB, Doc. 102, n. 92.

5. A ação transformadora do cristão leigo no mundo

241. O significado da relação entre a Igreja e o mundo vem de uma grandeza maior que é o Reino de Deus, do qual a Igreja é germe e início, sinal e instrumento.[199] Anunciado e inaugurado por Jesus Cristo, o Reino de Deus diz respeito ao plano divino para toda a sua criação e tem sua última realização no próprio Deus, quando todos forem um com Ele (Cl 3,11). O mundo carrega, por sua vez, sinais do Reino, na medida em que avança por todos os meios na busca de condições de vida e de convivência humana que tornem mais viável a realização da liberdade e da fraternidade. O Reino de Deus é dom e missão. Como dom deve ser acolhido e como missão deve ser buscado, testemunhado e anunciado. Para essa missão a Igreja contribui em comunhão com todos os homens e mulheres que buscam construir uma sociedade justa e fraterna.

242. A Igreja é chamada a ser sinal e promotora do Reino de Deus. "Para isto existe a Igreja: para o Reino de Deus, que o Cristo glorificado, na força do Espírito, continua a realizar na história humana".[200] Dessa convicção ela se nutre e nessa direção se organiza em suas estruturas, funções e serviços. A gratuidade do serviço à humanidade, de modo particular aos mais

---

[199] LG, n. 5.

[200] CNBB, Doc. 62, n. 76.

necessitados, é o sinal mais visível de que o Reino de Deus já se faz presente no mundo (Lc 4,16-30).

243. Pela força do Espírito, a ação da Igreja é direcionada para fora de si mesma como servidora do ser humano, testemunha do amor de Deus revelado em Jesus Cristo e sinal do Reino de Deus. A Igreja "em saída", como define o Papa Francisco é a Igreja da ação renovadora de si mesma, das pessoas e do mundo, em estado permanente de missão. Como membros da Igreja e verdadeiros sujeitos eclesiais, os cristãos leigos e leigas, a partir de sua conversão pessoal, tornam-se agentes transformadores da realidade.

5.1. Modos de ação transformadora

244. A ação transformadora do cristão leigo, como sujeito eclesial, no mundo, pode ter diferentes modos de realização, entre os quais destacamos:

a. O *testemunho*, como presença que anuncia Jesus Cristo, em cada lugar e situação onde se encontra, a começar pela família;

b. A *ética e a competência*, no exercício de sua própria atividade profissional, contribuindo, assim, de modo pessoal ou coletivo, para a construção de um mundo justo e solidário;

c. O *anúncio querigmático*, nos encontros pessoais, nas visitas domiciliares e nos ambientes de trabalho;

d. Os *serviços, pastorais, ministérios* e outras expressões organizadas pela própria Igreja, através das quais a Igreja se faz presente e atuante no mundo;

e. A *inserção na vida social*, através das pastorais sociais, que se dedicam às mais variadas atividades visando não só a assistência imediata, mas também a conscientização e engajamento nas lutas sociais;

f. Os *meios de organização e atuação na vida cultural e política*, tendo em vista contribuir para a transformação da sociedade e a construção do mundo justo, sustentável e fraterno.

245. Em toda a sua ação no mundo, é necessário que o cristão saiba discernir as condições em que se encontra e a busca dos meios mais coerentes e eficazes de agir. Isto é tarefa permanente que solicita a atitude profunda de fé e o aprofundamento da razão. Conhecer bem onde agir, quando e como agir, com a sabedoria do discípulo de Jesus Cristo, caminho, verdade e vida (Jo 14,6), é compromisso de cada um dos que se dispõem a seguir o Mestre. O mundo será sempre um desafio para a ação do cristão, como sujeito eclesial, em vista de sua transformação e um desafio à própria Igreja, para que busque os meios mais coerentes de servir a todos, de modo particular os pobres.

246. Quanto à inserção no mundo, ensina São João Paulo II: "Ao descobrir e viver a própria vocação e missão, os fiéis leigos devem ser formados para aquela uni-

dade, de que está assinalada a sua própria situação de membros da Igreja e de cidadãos da sociedade humana".[201] Também o Documento de Aparecida afirma: "A construção da cidadania, no sentido mais amplo, e a construção de eclesialidade nos leigos, é um só e único movimento".[202]

247. O Reino de Deus é o horizonte maior e a reserva inesgotável de justiça e de fraternidade que orienta a ação transformadora dos cristãos no mundo; reserva que nenhuma situação histórica poderá esgotar e que anima cada geração a buscar as condições mais adequadas para a convivência de todos os filhos de Deus. Por essa razão, torna-se possível falar sempre em transformação do mundo e da Igreja. A força do Reino coloca todo sujeito eclesial em postura ativa; em atitude de prontidão para o serviço, buscando as formas concretas em que o amor afaste o ódio, o diálogo vença os antagonismos, a solidariedade supere os isolamentos, a justiça suplante as injustiças, para que se estabeleça no mundo a civilização do amor e da paz, que o Beato Paulo VI indicou como o ideal que deve inspirar a vida cultural, social, política e econômica do nosso tempo.[203]

---

[201] CfL, n. 59.

[202] DAp, n. 215.

[203] PAULO VI, *Regina Coeli*, 17/05/1970.

5.2. Critérios gerais da ação transformadora

248. O Papa Francisco sugere alguns critérios gerais para a ação transformadora dos cristãos leigos no mundo:

a. A ação evangelizadora inclui sempre a Igreja, a sociedade e cada sujeito individual. Esse critério geral perpassa a Exortação *Evangelii Gaudium* e exige que toda ação do povo de Deus, sujeito coletivo que evangeliza, considere esses três espaços tanto como lugares e destinatários concretos da evangelização, quanto dimensões que se interligam nos projetos missionários.

b. A ação requer discernimento das realidades concretas. Esse critério geral vincula a Igreja ao mundo de modo orgânico e exige que cumpra seu papel profético. O mundo é uma realidade a ser constantemente discernida. Não deve ser rejeitado ou assumido por si mesmo e em qualquer condição. A partir da fé e dos valores do Reino de Deus, a Igreja ilumina as realidades do mundo.

c. A ação é preferível à estabilidade e à estagnação. Todos somos convidados a sair da própria comodidade e a alcançar as periferias que precisam da luz do Evangelho.[204] "Prefiro uma Igreja acidentada, ferida e enlameada por ter saído pelas estradas, a uma Igreja enferma pelo fechamento e a comodidade de se agarrar às próprias seguranças".[205]

---

[204] EG, n. 20.

[205] Ibidem, n. 49.

d. A ação evangelizadora inclui a opção preferencial pelos pobres, a solidariedade, a defesa da vida humana, especialmente onde ela é negada ou agredida. Defende a dignidade da pessoa humana, o cuidado com a criação, a inclusão social, a justiça e a paz, a liberdade religiosa, o direito de objeção de consciência. O imperativo da encarnação na realidade exige proximidade, diálogo, encontro e compromisso. "Jesus quer que toquemos a miséria humana, que toquemos a carne sofredora dos outros".[206] Não se vive melhor fugindo dos outros, negando-se à partilha, fechando-se na comodidade. "Isso não é senão um lento suicídio".[207]

e. A ação de dialogar com o mundo social, cultural, religioso e ecumênico deve promover a cultura do encontro e a inclusão do outro na vivência da fraternidade.[208]

f. A ação deve considerar a "primazia do humano", antes de qualquer outra, sob o risco de cair em idolatrias.[209]

5.3. Princípios para a ação transformadora

249. O Papa Francisco elenca explicitamente quatro princípios específicos que visam contribuir para a "construção de um povo em paz, justiça e fraternidade":[210]

---

[206] Ibidem, n. 270.

[207] Ibidem, n. 272.

[208] Ibidem, n. 238.

[209] Ibidem, n. 55.

[210] Ibidem, n. 221.

1. *O tempo é superior ao espaço*. Dar prioridade ao tempo é ocupar-se mais com iniciar processos do que possuir espaços. Trata-se de privilegiar as ações que geram novos dinamismos na sociedade e comprometem outras pessoas e grupos que os desenvolverão até frutificarem em acontecimentos históricos importantes. É necessário planejar e esperar os resultados da ação em um horizonte mais amplo, dentro do qual a paciência aguarda os frutos amadurecerem, a esperança supera todos os desânimos e a fé transcende os imediatismos da ação que visa resultados para construir a plenitude da existência humana.[211]

2. *A unidade prevalece sobre os conflitos*. A ação se depara sempre com situações conflitantes. A convicção de que a unidade é um princípio superior que norteia a ação permite encarar de frente o conflito e buscar caminhos de superação na direção de uma comunhão maior, anterior e para além dos conflitos, por si mesma capaz de agregar as diferenças. Para tanto, é necessário acolher e respeitar a dignidade dos outros, suas potencialidades, descobrindo sempre neles Jesus Cristo que tudo unificou em si.[212]

3. *A realidade é mais importante que as ideias*. A ação transformadora ocorre, evidentemente, a partir de um ideal transformador. Contudo, esse

---

[211] Ibidem, n. 223.

[212] Ibidem, n. 228-229.

ideal não pode dispensar o realismo que percebe e acolhe a realidade concreta com seus desafios em cada momento da ação. A realidade é o lugar da encarnação da Palavra de Deus no decorrer da história de ontem e de hoje. Por isso, o cristão leigo é chamado a vivenciar no seu dia a dia o mistério da encarnação.

4. *O todo é superior à parte.* "Entre a globalização e a localização também se gera uma tensão".[213] Ainda que a parte seja o lugar imediato da ação e da encarnação do ideal, em termos de discernimento e de encaminhamento das ações, é necessário ter sempre como horizonte maior a pessoa de Jesus Cristo e o seu Reino. Desse modo, se evitarão todas as formas de isolamentos locais e de relativismos individualistas.

6. A ação dos cristãos leigos e leigas nos areópagos modernos

250. Na Encíclica *Redemptoris Missio*, São João Paulo II identifica alguns desafios prioritários à missão evangelizadora da Igreja no mundo contemporâneo. Ele os chama de "modernos areópagos". Lembra que o Apóstolo Paulo, depois de ter pregado em numerosos lugares, chega a Atenas e vai ao areópago, onde anuncia o Evangelho, usando uma linguagem adaptada e compreensível para aquele ambiente (At 17,22-31).

---

[213] Ibidem, n. 234.

O areópago, que representava o centro da cultura do povo ateniense, é tomado como símbolo dos novos ambientes onde o Evangelho deve ser proclamado.

251. A preocupação com a presença nos "modernos areópagos" não se reveste da roupagem de conquista espiritual. Exprime somente a atenção da Igreja à realidade de um grande número de pessoas que não têm Jesus Cristo como referência. São João Paulo II deixa entrever no texto de sua encíclica a preocupação para que estes areópagos e as "gentes" que os habitam possam ser alcançados de alguma maneira pela Boa-Nova do Evangelho. Os cristãos leigos são os primeiros membros da Igreja a se sentirem interpelados na missão junto a essas grandes áreas culturais ou "mundos" ou fenômenos sociais ou, mesmo, sinais dos tempos.

252. O Papa Emérito Bento XVI ofereceu-nos luzes e encorajamento para o profetismo dos leigos na missão junto a esses areópagos. "O sacramento da Eucaristia tem um caráter social. A união com Cristo é ao mesmo tempo união com todos os outros a quem ele se entrega. Eu não posso ter Cristo só para mim. É necessário explicitar a relação entre o mistério eucarístico e o compromisso social abrindo-nos ao diálogo e ao compromisso em prol da justiça, à vontade de transformar também as estruturas injustas. A Igreja não deve ficar à margem da luta pela justiça".[214] Também a CNBB ensinou que a Eucaristia tem uma relevante

---

[214] SCa, n. 89.

dimensão social. "Pode-se dizer que a Eucaristia tem uma exigência fundamental de transformação do homem. (…) Tanto o seu coração egoísta e pecaminoso quanto as estruturas opressoras e exploradoras devem ser transformados pela Eucaristia, a fim de que apareça o testemunho a que a liturgia deve levar a Igreja e cada cristão".[215]

253. Continuando sua reflexão o Papa Emérito Bento XVI interpela de modo especial os leigos com estas palavras: "Dirijo, pois, um apelo a todos os fiéis para que se tornem realmente obreiros da paz e da justiça, num mundo marcado por violências, guerras, terrorismo, corrupção econômica e exploração sexual. É preciso denunciar as circunstâncias que estão em contraste com a dignidade do homem. A Igreja deve inserir-se na luta pela justiça pela via da argumentação racional e deve despertar as forças espirituais sem as quais a justiça não poderá afirmar-se, nem prosperar".[216]

254. A partir da Eucaristia, nasce a coragem profética: "Não podemos ficar inativos perante certos processos de globalização que fazem crescer desmesuradamente a distância entre ricos e pobres em âmbito mundial. Devemos denunciar quem dilapida as riquezas da terra. É impossível calar diante dos grandes campos de deslocados ou refugiados, amontoados em condições precárias. O Senhor Jesus nos incita a tornarmo-nos

---

[215] CNBB, Doc. 2a, n. 2.7.7.
[216] SCa, n. 89.

atentos às situações de indigência em que vive grande parte da humanidade. Pode-se afirmar que bastaria menos da metade das somas globalmente destinadas a armamentos, para tirar de modo estável, da indigência o exército ilimitado dos pobres. Isso interpela a nossa consciência".[217]

6.1. A família: areópago primordial

255. Em todos os tempos, a família é o areópago primordial. Como âmbito inicial da vida e da ação dos cristãos leigos e leigas, é tesouro e patrimônio dos povos. A família, comunidade de vida e amor, escola de valores e Igreja doméstica, é grande benfeitora da humanidade. Nela se aprendem as orientações básicas da vida: o afeto, a convivência, a educação para o amor, a justiça e a experiência da fé. É missão da família abrir-se à transmissão da vida, à educação dos filhos, ao acolhimento dos idosos, aos compromissos sociais. Assim, o mundo se torna uma grande família onde os cristãos leigos e leigas são protagonistas da evangelização. "O desejo de família permanece vivo nas jovens gerações. Como resposta a este anseio, o anúncio cristão que diz respeito à família é deveras uma boa notícia".[218]

---

[217] Ibidem, n. 90.
[218] AL, n. 1.

256. Reafirmamos e defendemos a dignidade, a inviolabilidade e os direitos do embrião humano de se desenvolver e nascer. A vida começa na fecundação e por isso o embrião é um ser humano, uma vida pessoal em desenvolvimento, um filho ou filha. O aborto é uma violação do direito à vida, uma crueldade e grave injustiça contra os inocentes e indefesos. As crianças com microcefalia são dignas e merecedoras de todos os cuidados, ternura e carinho.

257. Recomendamos aos leigos e leigas que assumam com alegria e dedicação o cuidado da família e a transmissão da fé aos filhos, em sintonia com o plano de Deus e os ensinamentos do Magistério da Igreja. "Todos deveríamos poder dizer, a partir da vivência nas nossas famílias: 'Nós, que cremos, reconhecemos o amor que Deus tem para conosco' (1Jo 4,16)".[219]

6.2. O mundo da política

258. Deixemo-nos tocar pelo que nos ensina o Papa Francisco sobre os leigos e a política: "Peço a Deus que cresça o número de políticos capazes de entrar num autêntico diálogo que vise efetivamente a sanar as raízes profundas e não a aparência dos males do nosso mundo. A política, tão denegrida, é uma sublime vocação, é uma das formas mais preciosas da caridade, porque busca o bem comum. Temos de nos

---

[219] Ibidem, n. 290.

convencer que a caridade é o princípio não só das microrrelações (...), mas também das macrorrelações como relacionamentos sociais, econômicos, políticos. Rezo ao Senhor para que nos conceda mais políticos que tenham verdadeiramente a peito a sociedade, o povo, a vida dos pobres".[220]

259. Permanece ainda o perigo de relegarmos a religião para a intimidade secreta da pessoa, sem qualquer influência na vida social e nacional, sem nos preocupar com a saúde das instituições da sociedade civil, sem nos pronunciar sobre os acontecimentos que interessam aos cidadãos. "Gera-se assim uma espécie de alienação que nos afeta a todos".[221]

260. A respeito da alienação na política o Papa lembra que: "É preciso prestar atenção à dimensão global (...) e não perder de vista a realidade local, que nos faz caminhar com pés por terra. As duas coisas unidas impedem de cair em algum destes dois extremos: o primeiro, que os cidadãos vivam num universalismo abstrato e globalizante, (...) admirando os fogos de artifício do mundo, que é de outros, com a boca aberta e aplausos programados; o outro extremo é que se transformem num museu folclórico de eremitas localistas, condenados a repetir sempre as mesmas coisas, incapazes de se deixar interpelar pelo que é diverso e de apreciar a beleza que Deus espalha fora das suas fronteiras".[222]

---

[220] EG, n. 205.

[221] Ibidem, n. 196.

[222] Ibidem, n. 234.

261. São muito atuais as orientações dadas por São João Paulo II a respeito dos leigos e a política: "Os fiéis leigos não podem absolutamente abdicar da participação na política destinada a promover o bem comum".[223] É missão da Igreja oferecer critérios éticos, educação política, conscientização e formação de leigos para o exercício da política. "A militância política é missão específica dos fiéis leigos que não se devem furtar às suas obrigações nesse campo".[224] Já ensinava o Concílio Vaticano II: "Os católicos versados em política e devidamente firmes na fé e na doutrina cristã, não recusem cargos públicos, se puderem por uma digna administração prover o bem comum e ao mesmo tempo abrir caminho para o Evangelho".[225]

262. Grande impulso foi dado pelo Papa Emérito Bento XVI a respeito da ação política dos leigos: "O leigo cristão é chamado a assumir diretamente a sua responsabilidade política e social. Não é missão própria da Igreja tomar nas suas mãos a batalha política para realizar a sociedade mais justa possível, todavia ela não pode ficar à margem da luta pela justiça. Dirijo, pois, um apelo a todos os fiéis para que se tornem realmente obreiros da paz e da justiça".[226]

---

[223] CfL, n. 42.

[224] CNBB, *Eleições 2006: Orientações da CNBB*, Documentos da CNBB 82. São Paulo: Paulinas, 2006, p. 26-27.

[225] AA, n. 14.

[226] SCa, n. 89.

263. No mundo da política, sendo a missão do cristão leigo direcionada de modo especial para a participação na construção da sociedade, segundo os critérios do Reino, três elementos são fundamentais: formação, espiritualidade e acompanhamento. Para isto, é urgente que as dioceses busquem:

a. estimular a participação dos cristãos leigos e leigas na política. Há necessidade de romper o preconceito comum de que a política é coisa suja, e conscientizar os leigos e as leigas de que ela é essencial para a transformação da sociedade;

b. impulsionar os cristãos a construírem mecanismos de participação popular que contribuam com a democratização do Estado e com o fortalecimento do controle social e da gestão participativa;[227]

c. incentivar e preparar os cristãos leigos e leigas a participarem de partidos políticos e serem candidatos para o executivo e o legislativo, contribuindo, deste modo, para a transformação social;

d. mostrar aos membros das nossas comunidades e à população em geral, que há várias maneiras de tomar parte na política: nos Conselhos Paritários de Políticas Públicas, nos movimentos sociais, nos conselhos de escola, na coleta de assinaturas para projetos de lei de iniciativa popular, nos comitês da Lei 9840/99 de combate à corrupção eleitoral e da Lei 135/2010, conhecida como Lei da Ficha Limpa;

---

[227] CNBB, Doc. 91, n. 46ss.

e. incentivar e animar a constituição de Cursos e/ou Escolas de Fé e Política ou Fé e Cidadania, ou com outras denominações, nas Dioceses e Regionais. Manifestamos nosso reconhecimento a várias iniciativas, como: Curso do Centro Nacional de Fé e Política "Dom Helder Câmara" (CEFEP); da Comissão Nacional de Fé e Política do CNLB; Cursos e Encontros promovidos por Regionais da CNBB, Dioceses, Movimentos Eclesiais, Pastorais de Fé e Política, Pastorais Sociais e da Juventude, pelas CEBs e pelo Movimento Nacional Fé e Política;

f. acompanhar os cristãos que estão com mandatos políticos (executivo e legislativo), no judiciário e no ministério público e os que participam de Conselhos Paritários de Políticas Públicas, a fim de que vivam também aí a missão profética, promovendo reuniões, encontros, momentos de oração e reflexão e retiros.

6.3. O mundo das políticas públicas

264. As Diretrizes Gerais para a Ação Evangelizadora da Igreja no Brasil 2015-2019, ao insistir na participação social e política dos cristãos leigos e leigas, sugere que "colaborem e ajam em parceria com outras instituições privadas ou públicas, com os movimentos populares e entidades da sociedade civil, em favor da implantação e da execução de políticas públicas voltadas para a defesa e a promoção da vida e do bem comum".[228]

---

[228] CNBB, Doc. 102, n. 124.

265. Nos Conselhos de Direitos há um grande espaço para os cristãos leigos e leigas se empenharem por políticas públicas em favor da saúde e da educação, do emprego e da segurança, da mobilidade urbana e do lazer, entre outras urgências. São espaços para defender políticas públicas em favor das famílias, das crianças, dos jovens, das mulheres e dos idosos. São também o lugar para lutar corajosamente conta a corrupção e o narcotráfico, dois grandes males que afetam a vida de nosso povo. "Incentive-se, para tanto, a participação, ativa e consciente, nos Conselhos de Direitos e o empenho generoso na busca de políticas públicas que ofereçam as condições necessárias ao bem-estar de pessoas, famílias e povos".[229]

266. Esses Conselhos de Direitos, previstos pela lei para os níveis municipal, estadual e federal, são um lugar privilegiado de participação dos cristãos leigos e leigas na vida política. Sem a presença dos leigos e leigas nestes conselhos perdemos, por omissão, a chance de defender os direitos dos cidadãos, facilitamos a manipulação e a corrupção no âmbito da política e perdemos uma oportunidade ímpar do exercício da cidadania, do profetismo e da promoção do bem comum. É necessário oferecermos meios de preparação para nossos representantes nestes conselhos, para que possam atuar com competência, com responsabilidade e com consciência nestes específicos areópagos do mundo político.

---

[229] Idem.

6.4. O mundo do trabalho

267. No mundo do trabalho, convém recordar que a pessoa e o trabalho são elementos-chave no ensino social da Igreja. O trabalho é um direito fundamental da pessoa humana. Por meio dele, o cristão serve à sociedade e a organiza segundo os valores do Evangelho. Diante dessa realidade, as Igrejas Particulares se esforcem para:

a. criar e/ou fortalecer as pastorais do Mundo do Trabalho urbano e rural (PO e CPT), bem como Movimentos que envolvem trabalhadores e trabalhadoras, empresários e profissionais em geral;

b. criar e motivar grupos de partilha e de reflexão para os diferentes profissionais e empresários, estimulando-os a serem discípulos missionários em sua atuação profissional;

c. promover a formação para uma autêntica espiritualidade do mundo do trabalho, como participação na obra do Criador, na efetivação do progresso terreno e no desenvolvimento do Reino de Deus;[230]

d. animar e manifestar nossa solidariedade aos trabalhadores e trabalhadoras na conquista e preservação de seus direitos;

e. incentivar os cristãos das diferentes categorias profissionais a participarem dos sindicatos e outras organizações e a se articularem em vista de avanços nas políticas públicas em prol do bem comum;

[230] LE, n. 25-27.

f. acolher os trabalhadores e trabalhadoras em nossas comunidades eclesiais;

g. apoiar e participar de iniciativas de combate ao trabalho escravo e/ou infantil no campo e na cidade.

6.5. O mundo da cultura e da educação

268. No mundo da cultura, onde "crentes e não crentes podem dialogar sobre os temas fundamentais da ética, da arte e da ciência, e sobre a busca da transcendência",[231] e diante da contribuição da cultura popular que marca a nossa história, as dioceses e paróquias se esforcem para:

a. criar círculos de partilha e de reflexão entre os diversos campos do saber e da ciência, estimulando-os a serem aí discípulos missionários;

b. implantar a Pastoral da Cultura onde não exista e divulgar a importância do "Átrio dos Gentios", que é um espaço de encontro entre crentes e não crentes em torno do tema de Deus;[232]

c. animar os comunicadores e os formadores de opinião a manifestarem os valores do Reino através dos meios de comunicação;

d. incentivar e apoiar os cristãos leigos e leigas para que, nos diferentes campos das artes e da cultura popular, apontem para o sentido da vida e da sua transcendência, contribuindo para a obra evangelizadora.

---

[231] EG, n. 257.

[232] BENTO XVI, *Discurso aos Colaboradores da Cúria Romana*, 21/12/2009.

269. O compromisso evangelizador de tantos fiéis leigos no mundo da educação contribui para a promoção do desenvolvimento integral da pessoa, combatendo também a pobreza e a escravidão, oferecendo às pessoas a possibilidade da formação da consciência e para a liberdade. Na ação evangelizadora, o empenho em transmitir a fé sempre foi acompanhado pelo serviço à educação, por meio da criação de escolas, universidades e de instituições afins. É urgente que a Pastoral da Educação e a Pastoral Universitária se tornem viva expressão em cada Igreja particular.

6.6. O mundo das comunicações

270. O *Diretório de Comunicação da Igreja no Brasil* (CNBB, Doc. 99) é uma fonte inspiradora e orientadora para a ação dos cristãos no vasto e complexo mundo das comunicações. Somos todos interpelados a conhecê-lo, através de cursos, encontros, leituras. É necessário desenvolver a comunicação interpessoal e evangelizar com a ajuda dos maravilhosos recursos da mídia, para o Evangelho chegar até os confins da terra e sobre os telhados. É indispensável o empenho de todos para defender o direito à informação, à liberdade de imprensa segundo os critérios éticos, como também garantir o acesso às tecnologias e implantar a Pastoral da Comunicação (PASCOM).

271. O comunicador cristão tem como primeiro objetivo anunciar Jesus Cristo e seu Reino, colaborar com

o bem comum, com a comunidade em suas necessidades e com a superação dos problemas sociais, éticos e religiosos. Para tanto, exige-se competência técnica, zelo pela arte, coerência ética, vida espiritual e vivência eclesial. É necessário o intercâmbio com os profissionais das mídias e da comunicação para o aprimoramento técnico, ético, político e social de ambas as partes. A Pastoral da Comunicação necessita do apoio financeiro de todos os setores diocesanos e paroquiais. Todos nós na Igreja precisamos ser conscientizados a respeito da necessidade, prioridade e urgência da comunicação em todos os seus níveis. Aquilo que não é comunicado, não é conhecido. As boas obras sejam comunicadas para a glória do Pai, o bem da sociedade, a divulgação do Evangelho e para o bom exemplo, incentivo e alegria de todos.

6.7. O cuidado com a nossa Casa Comum

272. "Pela nossa realidade corpórea, Deus uniu-nos tão estreitamente ao mundo que nos rodeia, que a desertificação do solo é como uma doença para cada um, e podemos lamentar a extinção de uma espécie como se fosse uma mutilação".[233] Atendendo ao grito da terra e à crise civilizatória que ameaça seriamente a integridade da vida do planeta, torna-se necessária uma ação inspirada na ecologia integral da *Laudato Si'*. Os cristãos leigos e leigas assumirão com coragem

---

[233] EG, n. 215.

a busca de uma comunhão com a criação, a defesa da água, do clima, das florestas e dos mares, como bens públicos a serviço de todas as criaturas. Com animada espiritualidade, educação e consciência responsável, contribuirão para gerar uma civilização centrada na simplicidade, no cuidado da vida e na interdependência de todas as criaturas.

6.8. Outros campos de ação ou areópagos modernos

273. Existem muitos outros areópagos do mundo moderno, nos quais os cristãos leigos agem, como sujeitos eclesiais, por força de sua própria cidadania batismal, de sua identidade e dignidade: as grandes cidades; as migrações; os refugiados políticos ou de guerra ou de catástrofes naturais; a pobreza; o empenho pela paz; o desenvolvimento e a libertação dos povos, sobretudo o das minorias; a promoção da mulher e da criança; a força da juventude; as escolas, as universidades; a pesquisa científica; as relações internacionais; o turismo, os militares e outros, são outros tantos mundos a serem iluminados e transformados pela ação evangélica dos cristãos leigos e leigas numa "Igreja em saída".

7. Indicativos e encaminhamentos de ações pastorais

274. Neste nosso documento foram apresentados vários desafios, necessidades, urgências da ação evangeliza-

dora dos cristãos leigos e leigas no mundo e suas consequências práticas. Neste tópico queremos retomar indicativos e propor encaminhamentos para as Igrejas Particulares e os organismos eclesiais nos diferentes âmbitos:

a. Despertar os cristãos leigos e leigas para a consciência quanto à sua identidade, vocação, espiritualidade e missão, incentivando-os a assumir seu compromisso batismal no dia a dia, como testemunhas do Evangelho nas realidades do mundo.

b. Convocar os cristãos leigos e leigas, como membros efetivos da Igreja, a participar consciente, ativa e frutuosamente dos processos de planejamento, decisão e execução da vida eclesial e da ação pastoral por meio das assembleias paroquiais, diocesanas, regionais e nacionais, e dos conselhos pastorais, econômico-administrativos, missionários e outros.

c. Efetivar o processo de participação, dos vários sujeitos eclesiais, contribuindo para a consciência e o testemunho de comunhão como Igreja, tornando regulares as Assembleias Nacionais dos Organismos do Povo de Deus (ANOPD), que vêm sendo realizadas desde 1991 e que reúnem os dirigentes da CNBB, da Conferência dos Religiosos do Brasil (CRB), da Comissão Nacional dos Presbíteros (CNP), da Comissão Nacional dos Diáconos (CND), da Conferência Nacional dos Institutos Seculares (CNIS) e do CNLB. Falando sobre "a necessidade e a beleza de 'caminhar juntos'", o Papa Francisco afirma: "O caminho da sinodalidade é precisamente o caminho que Deus espera da Igreja do terceiro milênio".[234]

d. Reconhecer a dignidade da mulher e a sua indispensável contribuição na Igreja e na sociedade,[235] ampliando sua presença, especialmente, na formação e nos espaços decisórios.[236] "Quanto, pois, à participação na missão apostólica da Igreja, não há dúvida de que, por força do Batismo e da Crisma, a mulher – como o homem – torna-se participante no tríplice múnus de Jesus Cristo Sacerdote, Profeta e Rei".[237]

e. Incentivar e acompanhar a presença e a ação dos cristãos leigos e leigas na participação social e política: semanas sociais, grito dos excluídos, conselhos paritários de direitos e de políticas públicas, sindicatos, processos políticos e outros.

f. Aprofundar a questão dos ministérios leigos, estimulando a criação de novos. É importante lembrar que os ministérios e serviços não podem desconectar o cristão leigo da realidade e dos desafios da sociedade nem clericalizá-los. O serviço da caridade, em suas diversas dimensões, no âmbito da Igreja e da sociedade, comporta ministérios e ser-

---

[234] FRANCISCO, *Discurso no Cinquentenário do Sínodo*, 17/10/2015.

[235] CfL, n. 49.

[236] EG, n. 103.

[237] CfL n. 51.

viços que levam as pessoas à experiência da Igreja missionária, misericordiosa e samaritana.

g. Apoiar as ações realizadas em relação às famílias pelas comunidades, pela pastoral familiar, pelos movimentos familiares, para que elas possam formar seus membros, educando-os na fé e na participação cidadã e para que sejam defensores da vida e da sua qualidade e dos seus valores. Que essas entidades estejam atentas às famílias mais vulneráveis e fragilizadas, assim como às novas formas de convivência.

h. Criar e fortalecer as pastorais sociais, em espírito missionário, para responder às necessidades de cada realidade de exclusão e sofrimento. Que elas se articulem entre si e com os movimentos sociais, atuando na democracia direta e participativa, por meio dos Conselhos de Cidadania, e na proposição de políticas públicas de inclusão social.

i. Fortalecer a consciência de pertença à comunidade eclesial, de gratidão a Deus e de corresponsabilidade, para acontecerem a comunhão e a partilha necessárias à sustentação das atividades pastorais e sociais no serviço da evangelização, por meio do dízimo, das ofertas e das campanhas da Igreja no Brasil.

j. Buscar meios efetivos para garantir o protagonismo juvenil na Igreja e na sociedade, numa linha de continuidade com os esforços demonstrado na preparação e realização da Campanha da Fraternidade, do Dia Nacional da Juventude (DNJ), da

Semana da Cidadania, da Semana do Estudante, das Jornadas Diocesanas da Juventude, e da Jornada Mundial da Juventude (JMJ), atingindo o maior número possível de jovens no ambiente em que vivem.

k. Cuidar para que as pessoas idosas sejam atendidas pastoralmente e tenham espaço e condições de participar da vida da comunidade eclesial, contribuindo com sua experiência e sabedoria em todos os âmbitos da pastoral, de acordo com suas possibilidades.

l. Incentivar os cristãos, particularmente os leigos e leigas, a que, inseridos numa sociedade pluralista do ponto de vista cultural e religioso, vivenciem e construam caminhos de diálogo ecumênico e inter-religioso, de cooperação com o diferente e com as diversas culturas.

8. Compromissos

275. Antes de concluir este documento, queremos incentivar nossas comunidades a assumirem os seguintes compromissos, que fazemos para melhor apoiar e incentivar a vida e a ação dos cristãos leigos e leigas na Igreja e na sociedade:

a. Envolver regionais, dioceses, paróquias, organismos, pastorais e as diversas expressões laicais na reflexão e aplicação deste documento.

b. Celebrar o Dia Nacional dos Cristãos Leigos e Leigas na solenidade de Cristo Rei, a cada ano.

c. Estimular que no decorrer do mês de novembro de cada ano haja uma programação com momentos de reflexão, de espiritualidade e de gestos concretos envolvendo as comunidades, paróquias e todas as formas organizativas do laicato.

d. Celebrar o dia 1º de maio – São José Operário – e outras datas significativas para as diversas profissões, como valorização do trabalho e denunciando tudo o que contradiz a dignidade da pessoa.

e. Recuperar e divulgar o testemunho de cristãos leigos e leigas mártires e daqueles que viveram o seu compromisso batismal no cotidiano da vida e se tornaram ou são referências.

f. Criar e/ou fortalecer os Conselhos Regionais e Diocesanos de Leigos e oferecer indicativos em vista da elaboração de seus próprios regimentos,

g. Fortalecer e ampliar o diálogo e o trabalho junto às diferentes formas de expressão do laicato.

h. Apoiar e acompanhar os encontros do laicato, organizados pelo CNLB, com a participação das diversas expressões do laicato.

i. Realizar o Ano do Laicato, comemorando os 30 anos do Sínodo Ordinário sobre os Leigos (1987) e da Exortação Apostólica *Christifideles Laici*, de São João Paulo II, sobre a vocação e missão dos leigos na Igreja e no mundo (1988). Terá como eixo central a presença e a atuação dos cristãos leigos e leigas como "ramos, sal, luz e fermento" na Igreja e na sociedade.

CONCLUSÃO

"Como bons administradores da multiforme graça de Deus,
cada um coloque à disposição dos outros o dom que recebeu.
Se alguém tem o dom de falar,
fale como se fossem palavras de Deus.
Se alguém tem o dom do serviço,
exerça-o como capacidade proporcionada por Deus,
a fim de que, em todas as coisas, Deus seja glorificado,
por Jesus Cristo, a quem pertencem a glória e o poder,
pelos séculos dos séculos. Amém"
(1Pd 4,10-11).

276. Confiantes que a rica doutrina sobre o laicato se torne
cada vez mais realidade entre nós, entregamos este
documento a todos os batizados e batizadas e pessoas
de boa vontade para que cumpram a própria missão
e, com alegria e simplicidade, deem a todos a razão
da própria esperança (1Pd 3,15).

277. Incentivamos os irmãos leigos e leigas a acreditarem
na própria vocação como sujeitos de uma missão
específica. A sociedade humana em construção e a
Igreja em missão contam com cristãos convictos da
própria responsabilidade, dispostos a acolher desafios,
alegres em abrir caminhos novos na construção do
Reino do Senhor Jesus, reino da verdade e da vida,
reino de justiça, do amor e de paz.[238]

---

[238] MISSAL ROMANO. Prefácio da Solenidade de Cristo Rei.

278. Expressamos nossa alegria e gratidão pela significativa presença e atuação dos cristãos leigos e leigas, das suas organizações nas comunidades, paróquias e dioceses, bem como no enfrentamento dos grandes desafios de nosso país, na busca da transformação dessa realidade e da construção de uma nova sociedade.

279. Reconhecemos o direito e a autonomia das diferentes formas de organização e articulação do laicato expressos nos documentos do Concílio Vaticano II, no Código de Direito Canônico, no Magistério da Igreja, nas Conferências do Episcopado Latino-Americano e do Caribe e na vasta e preciosa documentação da CNBB. Agradecemos a Deus os milhares de cristãos leigos e leigas que, a partir do reconhecimento da sua vocação e missão, atuam com amor e disponibilidade nas comunidades, pastorais, grupos, equipes de serviços, movimentos e novas comunidades, especialmente em suas coordenações e nos conselhos pastorais e econômicos em todos os níveis. Agradecemos também os que vivem e batalham pelos princípios cristãos em sua vida secular, como profissionais liberais, formadores de opinião, lideranças sociais e trabalhadores em geral.

280. Conclamamos, de modo especial, os irmãos e irmãs religiosos e religiosas e a todos os consagrados e consagradas, que buscam viver na alegria os seus votos de castidade, pobreza e obediência, a manter viva, também nos irmãos e irmãs leigos e leigas, a consciência

do valor das coisas que passam, sem descuidar dos bens que não passam. Ensinem a todos a olhar mais longe, para que na construção da cidade terrena não seja perdido o horizonte do Reino eterno.

281. Pedimos aos irmãos diáconos permanentes, que, em sua maioria, vivem as realidades do matrimônio e do trabalho, que se dediquem a todos os cristãos leigos e leigas e às famílias, motivados pela graça de terem recebido os sacramentos do Matrimônio e da Ordem.

282. Encorajamos os irmãos presbíteros, indispensáveis colaboradores dos bispos, a serem cada vez mais amigos dos irmãos leigos e leigas. Visitem as famílias, reconheçam o bem que nelas é guardado. Distribuam responsabilidades. Confiem na competência e na experiência de quem conhece e vive do seu trabalho profissional. Incentivem-nos a atuarem na sociedade e os acompanhem.

283. Como bispos, nos propomos a acolher cada vez mais com coração fraterno a todos os cristãos leigos e leigas, valorizando sua atuação na Igreja e no mundo; ouvindo suas opiniões e sugestões; buscando seu parecer de acordo com sua competência; confiando-lhes responsabilidades e ministérios; escutando os seus apelos e os seus gritos silenciosos; reconhecendo-os em suas reais situações de vida como faziam os apóstolos (2Tm 4,19-21); apoiando-os em sua formação e organização próprias e sofrendo juntos as angústias e partilhando as esperanças da ação evangelizadora.

284. Pedimos a Maria, mãe da Igreja, cheia de fé e de graça, totalmente consagrada ao Senhor, exemplo de mulher solícita e laboriosa, que acompanhe a todos os leigos e leigas, seus filhos e filhas, em cada dia da vida. Sob sua maternal proteção ecoem em nossos corações as suas palavras: "Fazei tudo o que ele vos disser!" (Jo 2,5).

REFERÊNCIAS BIBLIOGRÁFICAS

BENTO XVI. *Carta Encíclica Caritas in Veritate sobre o desenvolvimento humano integral na caridade e na verdade*. Documentos Pontifícios 3. Brasília: Edições CNBB, 2009.

_____. Mensagem à VI Assembleia Ordinária do Foro Internacional da Ação Católica em Iasi, Romênia, 10 de agosto de 2012. Disponível em: <http://www.vatican.va/holy_father/benedict_xvi/messages/pontmessages/2012/documents/hf_ben-xvi_mes_20120810_fiac_po.html>. Acesso em: 11 de fevereiro de 2014.

_____. *Fundamentos Eclesiológicos da organização dos cristãos leigos – elementos para uma reflexão à luz da Exortação Christifideles Laici*. CNBB, Comunicado Mensal CNBB, outubro de 1989, p. 1580-1587.

CATECISMO DA IGREJA CATÓLICA. 2ª ed. Brasília: Edições CNBB, 2013.

CELAM. Movimento de Leigos. In: *II Conferência Geral do Episcopado Latino-Americano. Conclusões de Medellín*. Petrópolis: Editora Vozes, 1970, p. 115-119.

_____. *III Conferência Geral do Episcopado Latino-Americano. Conclusões de Puebla*. Petrópolis: Editora Vozes, 1979, p. 217-224.

_____. *IV Conferência Geral do Episcopado Latino-Americano. Conclusões de Santo Domingo*. São Paulo: Edições Loyola, 1992, p. 104-108.

_____. *Documento de Aparecida*. Texto conclusivo da V Conferência Geral do Episcopado Latino-Americano e do Caribe. 5ª ed. Brasília: Edições CNBB; São Paulo: Paulus Editora/Edições Paulinas, 2008.

CNBB. Documento "Leigos". XI Assembleia Geral da CNBB, de 16 a 27 de maio de 1970, p. 16- 27, Centro de Documentação e Informação CNBB.

_____. *Diretório de Comunicação da Igreja no Brasil*. Documentos da CNBB 99. Brasília: Edições CNBB, 2014.

_____. *Diretrizes Gerais da Ação Pastoral da Igreja no Brasil 1975-1978*. Documentos da CNBB 4. São Paulo: Edições Paulinas, 1975.

_____. *Diretrizes Gerais da Ação Pastoral da Igreja no Brasil 1983-1986*. Documentos da CNBB 28. São Paulo: Edições Paulinas, 1983.

_____. *Igreja: Comunhão e Missão na evangelização dos povos, no mundo do trabalho, da política e da cultura*. Documentos da CNBB 40. São Paulo: Edições Paulinas, 1988.

_____. *Missão e ministérios dos cristãos leigos e leigas*. Documentos da CNBB 62. 8ª ed. São Paulo: Edições Paulinas, 2002.

_____. *Eleições 2006: Orientações da CNBB*. Documentos da CNBB 82. São Paulo: Paulinas, 2006.

_____. *A Igreja particular, movimentos eclesiais e novas comunidades*. Subsídios Doutrinais 3. Brasília: Edições CNBB, 2009.

_____. *Por uma reforma do Estado com participação democrática*. Documentos da CNBB 91. Brasília: Edições CNBB, 2010.

_____. Diretrizes Gerais da Ação Evangelizadora da Igreja no Brasil 2011-2015. Documentos da CNBB 94. Brasília: Edições CNBB, 2011.

_____. *Comunidade de comunidades: uma nova paróquia – a conversão pastoral da paróquia*. Documentos da CNBB 100. 2ª ed. Brasília: Edições CNBB, 2014.

CÓDIGO DE DIREITO CANÔNICO. Promulgado por João Paulo II. Tradução: CNBB. São Paulo: Edições Loyola, 2001.

COMPÊNDIO DO VATICANO II. Constituições, Decretos, Declarações. Constituição Dogmática *Lumen Gentium*. 3ª ed. Petrópolis – RJ: Editora Vozes, 1968.

_____. Constituição Dogmática *Gaudium et Spes*. 3ª ed. Petrópolis – RJ: Editora Vozes, 1968.

_____. Decreto *Unitatis Redintegratio*. 3ª ed. Petrópolis – RJ: Editora Vozes, 1968.

_____. Decreto *Ad Gentes*. 3ª ed. Petrópolis – RJ: Editora Vozes, 1968.

_____. Decreto *Presbyterorum Ordinis*. 3ª ed. Petrópolis – RJ: Editora Vozes, 1968.

_____. Decreto *Apostolicam Actuositatem*. 3ª ed. Petrópolis – RJ: Editora Vozes, 1968.

CONSELHO NACIONAL DOS LEIGOS. Apresentação do tema "Leigos" na 23ª Assembleia Geral da CNBB. Itaici – SP, 10 a 19 de abril de 1985, p. 1-4.

FRANCISCO. Encontro com a Comissão de Coordenação do CELAM. In: *Mensagens e Homilias – JMJ Rio 2013*. Brasília: Edições CNBB, 2013, p. 88-97.

_____. Encontro com a classe dirigente do Brasil. In: *Mensagens e Homilias – JMJ Rio 2013*. Brasília: Edições CNBB, 2013, p. 54-57.

_____. *Exortação Apostólica Evangelii Gaudium sobre o anúncio do Evangelho no mundo atual*. Documentos Pontifícios 17. Brasília: Edições CNBB, 2013.

_____. II Encontro Mundial dos Movimentos Populares, 09/07/2015, in *Discurso do Papa Francisco no II Encontro Mundial dos Movimentos Populares*, Coleção Sendas, volume 4. Brasília: Edições CNBB, 2015.

_____. *Bula Misericordiae Vultus de proclamação do Jubileu Extraordinário da Misericórdia*. Documentos Pontifícios 20. Brasília: Edições CNBB, 2015.

_____. *Carta Encíclica Laudato Si' sobre o cuidado da Casa Comum*. Documentos Pontifícios 22. Brasília: Edições CNBB, 2015.

JOÃO PAULO II. *Carta Encíclica Redemptor Hominis sobre o Redentor do Homem, Jesus Cristo*. São Paulo: Edições Paulinas, 1979.

_____. *Carta Encíclica Laborem Exercens sobre o trabalho humano*. São Paulo: Edições Paulinas, 1981.

_____. *Carta Apostólica Salvifici Doloris sobre o sentido cristão do sofrimento humano*. São Paulo: Edições Paulinas, 1984.

_____. *Carta Apostólica Mulieris Dignitatem sobre a dignidade e vocação da mulher*. São Paulo: Edições Paulinas, 1988.

_____. *Exortação Apostólica Christifidelis Laici sobre a vocação e missão dos leigos na Igreja e no mundo*. São Paulo: Edições Paulinas, 1989.

_____. *Carta Encíclica Ut Unum Sint sobre o empenho ecumênico*. São Paulo: Edições Paulinas, 1995.

_____. *Exortação Apostólica Vita Consecrata sobre a Vida Consagrada e sua missão na Igreja e no mundo*. São Paulo: Edições Paulinas, 1996.

_____. *Exortação Apostólica Eclesia in America sobre o Encontro com Jesus Cristo Vivo caminho para a conversão, a comunhão e a solidariedade na América*. São Paulo: Edições Paulinas, 1999.

_____. *Carta Apostólica Novo Millenio Ineunte no início do novo milênio*. São Paulo: Edições Paulinas, 2000.

JOÃO XXIII. *Carta Encíclica Mater et Magistra sobre a recente evolução da questão social à luz da doutrina cristã*. São Paulo: Edições Paulinas, 1998.

_____. *Carta Encíclica Pacem in Terris sobre a paz de todos os povos na base da verdade, justiça, caridade e liberdade*. São Paulo: Edições Paulinas, 2004.

MISSAL ROMANO. 1ª ed. São Paulo: Paulus, 1992.

PAULO VI. *Exortação Apostólica Evangelii Nuntiandi sobre a evangelização do mundo contemporâneo*. 10ª ed. São Paulo: Edições Loyola, 1982.

PIO XII. *Discurso aos novos cardeais* (20 de fevereiro de 1946): AAS 38 (1946), 149.

SUMÁRIO

Siglas 5

Apresentação 9

Introdução 15

**Capítulo I. O cristão leigo, sujeito na Igreja e no mundo:
esperanças e angústias** 21

1. Marco histórico-eclesial 23

2. Avanços e recuos 26

   2.1. Avanços 27

   2.2. Recuos 31

3. Rostos do laicato 35

4. Campo específico de ação: o mundo 39

5. O mundo globalizado 41

   5.1. Bases fundamentais do mundo globalizado 42

   5.2. Lógica individualista do mundo globalizado 45

   5.3. Contradições do mundo globalizado 48

   5.4. Características socioculturais do mundo globalizado 51

6. Discernimentos necessários 54

7. As tentações na missão 56

8. A necessária mudança de mentalidade e de estruturas 60

**Capítulo II. Sujeito eclesial: discípulos missionários
e cidadãos do mundo** 65

1. Igreja, comunhão na diversidade 66

   1.1. A Igreja, Povo de Deus peregrino e evangelizador 67

   1.2. A Igreja, Corpo de Cristo na história 70

   1.3. A iniciação à vida cristã 71

2. Identidade e dignidade da vocação laical 73

2.1. O sacerdócio comum 76

2.2. A unção espiritual – o sensus fidei 77

2.3. O perfil mariano da Igreja 78

2.4. Vocação universal à santidade 79

3. O cristão leigo como sujeito eclesial 80

3.1. Liberdade, autonomia e relacionalidade 82

3.2. A maturidade dos cristãos leigos 83

3.3. Entraves à vivência do cristão como sujeito
na Igreja e no mundo 85

4. Âmbitos de comunhão eclesial e atuação do leigo
como sujeito 90

4.1. A família 91

4.2. A paróquia e as comunidades eclesiais 92

4.3. Os Conselhos Pastorais e os Conselhos
de Assuntos Econômicos 92

4.4. As assembleias e reuniões pastorais 93

4.5. As Comunidades Eclesiais de Base
e as pequenas comunidades eclesiais 95

4.6. Movimentos eclesiais, associações de fiéis
e novas comunidades 96

4.7. Critérios de eclesialidade 96

5. Carismas, serviços e ministérios na Igreja 98

6. Serviço cristão ao mundo 103

CapÍtulo III. A ação transformadora na Igreja e no mundo 107

1. Igreja, comunidade missionária 108

1.1. Igreja pobre, para os pobres, com os pobres 114

1.2. A Igreja do serviço, da escuta e do diálogo 116

2. Uma espiritualidade encarnada 117

    2.1. Espiritualidade de comunhão e missão 121

    2.2. Místicas que não servem 123

    2.3. A espiritualidade popular 124

    2.4. O mundanismo espiritual 125

3. A presença e organização dos cristãos leigos
e leigas no Brasil 126

    3.1. O Conselho Nacional do Laicato do Brasil 131

    3.2. Diversas formas de expressão laical 134

4. A formação do laicato 138

    4.1. A formação de sujeitos eclesiais 139

    4.2. Fundamentos da formação 141

    4.3. Princípios da formação do laicato 142

    4.4. Projeto diocesano de formação 145

5. A ação transformadora do cristão leigo no mundo 147

    5.1. Modos de ação transformadora 148

    5.2. Critérios gerais da ação transformadora 151

    5.3. Princípios para a ação transformadora 152

6. A ação dos cristãos leigos e leigas nos areópagos modernos . 154

    6.1. A família: areópago primordial 157

    6.2. O mundo da política 158

    6.3. O mundo das políticas públicas 162

    6.4. O mundo do trabalho 164

    6.5. O mundo da cultura e da educação 165

    6.6. O mundo das comunicações 166

    6.7. O cuidado com a nossa Casa Comum 167

    6.8. Outros campos de ação ou areópagos modernos 168

7. Indicativos e encaminhamentos de ações pastorais 168

8. Compromissos 172

Conclusão 175

Referências bibliográficas 179

DANIEL MARIN

Tecnologia da informação

Uma abordagem diferencial

Copyright © 2024 Daniel Marin

Editores: José Roberto Marinho e Victor Pereira Marinho
Projeto gráfico e Diagramação: Horizon Soluções Editoriais
Capa: Horizon Soluções Editoriais
Imagem de capa: Adobe Stock

Texto em conformidade com as novas regras ortográficas do Acordo da Língua Portuguesa.

Dados Internacionais de Catalogação na Publicação (CIP)
(Câmara Brasileira do Livro, SP, Brasil)

Marin, Daniel

Tecnologia da informação: uma abordagem diferencial / Daniel Marin – São Paulo: LF Editorial, 2024.

Bibliografia.
ISBN: 978-65-5563-423-5

1. Ciência da Computação 2. Sistemas de informação - Administração 3. Tecnologia da informação I. Título.

24-193444   CDD–004

Índices para catálogo sistemático:

1. Tecnologia da informação: Ciências da computação   004

Eliane de Freitas Leite – Bibliotecária – CRB-8/8415

ISBN: 978-65-5563-423-5

Todos os direitos reservados. Nenhuma parte desta obra poderá ser reproduzida sejam quais forem os meios empregados sem a permissão do autor. Aos infratores aplicam-se as sanções previstas nos artigos 102, 104, 106 e 107 da Lei n. 9.610, de 19 de fevereiro de 1998.

Impresso no Brasil • *Printed in Brazil*

LF Editorial
Fone: (11) 3815-8688 / Loja (IFUSP)
Fone: (11) 3936-3413 / Editora
www.livrariadafisica.com.br | www.lfeditorial.com.br

Conselho Editorial

Amílcar Pinto Martins
Universidade Aberta de Portugal

Arthur Belford Powell
Rutgers University, Newark, USA

Carlos Aldemir Farias da Silva
Universidade Federal do Pará

Emmánuel Lizcano Fernandes
UNED, Madri

Iran Abreu Mendes
Universidade Federal do Pará

José D'Assunção Barros
Universidade Federal Rural do Rio de Janeiro

Luis Radford
Universidade Laurentienne, Canadá

Manoel de Campos Almeida
Pontifícia Universidade Católica do Paraná

Maria Aparecida Viggiani Bicudo
Universidade Estadual Paulista - UNESP/Rio Claro

Maria da Conceição Xavier de Almeida
Universidade Federal do Rio Grande do Norte

Maria do Socorro de Sousa
Universidade Federal do Ceará

Maria Luisa Oliveras
Universidade de Granada, Espanha

Maria Marly de Oliveira
Universidade Federal Rural de Pernambuco

Raquel Gonçalves-Maia
Universidade de Lisboa

Teresa Vergani
Universidade Aberta de Portugal

*"Nem arte, nem sabedoria é algo acessível,
se não há aprendizado."*
(Demócrito de Abdera)

*"É dado a todos os homens o poder de
conhecer-se a si mesmos e pensar."*
(Heráclito)

Ao meu pai Nery e minha mãe Noemi.

Apresentação

A Tecnologia da Informação é um assunto em voga na atualidade. Num mundo praticamente movido a tecnologia, em que as transformações são dinâmicas ocorrendo numa velocidade alucinante, é preciso ter além de conhecimento, adotar uma postura proativa e livre de dogmatismos arcaicos.

Este livro enseja de uma forma íntima, tratar dos assuntos que permeiam a Tecnologia da Informação nos seus aspectos basilares e ontológicos. Haja vista que é imperioso ter uma base conceitual segura e sólida para poder alçar voos maiores.

É uma obra dividida em seis capítulos, cada qual com suas peculiaridades. No primeiro capítulo intitulado "Tecnologia da Informação – conceituação", serão tratados assuntos pertinentes da Tecnologia da Informação em si, seu breve apanhado histórico, conceitos de informação - valor e importância; e além do tema da informação quântica. Já no segundo capítulo "A Tecnologia e o Conhecimento", destacar-se-ão assuntos como a transformação da sociedade do industrial para o digital, conceitos atinentes a: dado, informação, processo e conhecimento; demais componentes da Tecnologia da Informação como: hardware, software e peopleware e o processo educacional da inclusão digital. No capítulo três "Os Sistemas", tratar-se-ão temáticas sobre a conceituação de sistemas dentro do campo da Tecnologia da Informação e os diferentes tipos de Sistemas de Informação. O quarto capítulo "Gestão da Tecnologia da Informação", traremos a contextualização sobre os modelos de gestão, gestão do conhecimento dentro da organização, explicações conceituais referentes ao processo de conhecimento e como a organização poderá criar, gerir e efetuar a sua gestão. No quinto capítulo de nome "Tecnologias Emergentes", serão destacados aspectos a respeito das tendências futuras para a Tecnologia da Informação, a corrida tecnológica, algumas tecnologias promissoras de forma generalista e aspectos da Inteligência Artificial. E por final no sexto capítulo "Segurança da Informação" passaremos de forma mais rasa, mas não menos relevante, em temas como criptografia e alguns de seus conceitos e aplicações na segurança da informação; e questões atinentes a moral e ética no campo da tecnologia.

Paulo Bento – RS, janeiro de 2024.

SUMÁRIO

APRESENTAÇÃO	9

1. TECNOLOGIA DA INFORMAÇÃO: CONCEITUAÇÃO — 13

Componentes da T.I.	13
A informação e os seus eventuais desdobramentos	14
Definições de TI e seu breve apanhado histórico	23
Informação, o Princípio Conceitual Moderno	26
Evolução e Qualidade da Informação	30
O Valor da Informação	32
Importância da Informação	32
Informação Quântica	35

2. A TECNOLOGIA E O CONHECIMENTO — 39

Do Industrial para o Digital	41
Dado, Informação, Processo e Conhecimento	43
O Hardware e o Software	46
Peopleware	49
Educação Tecnológica – a inclusão digital consciente	49

3. OS SISTEMAS — 53

Complexidade de um Sistema de TI	55
Reducionismo de um Sistema e Engenharia de Software	55
Teoria Geral dos Sistemas de Informação	56
Sistemas Formais e Informais	61
Sistemas de Informações em Negócios	62
Sistemas de Informações de Processamento de Transações	63
Sistemas de Apoio a Tomada de Decisões	64
Sistemas ERP	65
Sistemas de Informação de Negócios Especializados	65

4. GESTÃO DA TECNOLOGIA DA INFORMAÇÃO 69

Modelo de Gestão 69

A Gestão do Conhecimento 72

Conhecimento, a síntese do tácito para o explícito 75

Criação do Conhecimento – um processo sintetizador 77

Organização – processar informação x criar conhecimento 78

Sistemas Sociotécnicos e as Organizações 81

Comunicação, a lógica dos Atores 82

CAPÍTULO 5. TECNOLOGIAS EMERGENTES 85

Tendências apontadas 88

A Corrida Tecnológica 92

Os Recursos Tecnológicos 93

A Internet das Coisas 96

Web 3.0 e as Redes Sociais 101

Machine Learning 102

Aprendizagem por Memorização 107

IAD (Inteligência Artificial Distribuída) 108

6. SEGURANÇA DA INFORMAÇÃO 111

Alguns Conceitos Elementares 111

Criptografia e Algoritmos Criptográficos 112

Criptografia de Chaves Simétrica, Assimétrica e Assinatura Digital 115

Criptografia Quântica 117

Ética e Moral na Área de TI 121

CONSIDERAÇÕES 125

REFERÊNCIAS 127

1. Tecnologia da informação: conceituação

Entende-se por **Tecnologia da Informação (TI)**[1] a utilização dos recursos de informática (computadores, periféricos) com a finalidade de tratar de uma maneira eficaz, dinâmica, ágil, segura e controlada toda a informação "produzida" em uma determinada organização de qualquer natureza. A TI também compreende os usuários e técnicos que operam os recursos computacionais diversos, isto é, os recursos humanos da organização, parte constituinte relevante para o sucesso de qualquer empreendimento ou negócio. A TI, é um dos pilares fundamentais que possibilitam gerir uma organização, independendo da sua natureza e/ou finalidade; seja ela pública, privada ou mesmo de caráter educacional.

A TI abrange amplamente uma Organização abarcando-a, desde o *hardware*, *software*, telecomunicações e a gestão da informação. Os colaboradores de todos os níveis da Organização, os processos e estratégias de ação no campo da gestão. Como também os prestadores de serviços, fornecedores e clientes, todos estão envolvidos direta ou indiretamente no processo. Isto porque a informação pode ser considerada sem qualquer exagero, o maior patrimônio de uma empresa, e a maneira como ela será tratada e utilizada é que definirá o sucesso ou o insucesso da mesma.

Podemos definir inicialmente a TI de forma ontológica e até arcaica, como a junção entre as palavras Tecnologia e Informação. Onde Tecnologia entra no contexto dos recursos tecnológicos (hardware e software) disponíveis e empregados na obtenção da informação, levando ao conhecimento que endossará e norteará os caminhos que uma determinada organização deverá trilhar. E Informação como um dado ou valor que será apresentado e escrutinado, levando em conta sempre a sua relevância, veracidade e qualidade, cingida na capacidade de percepção e cognição humana.

Componentes da T.I.

A TI está apoiada nos seguintes itens (componentes), que a descrevem e conceituam com maior clareza. O hardware: computador, dispositivo eletrônico de entrada, processamento, armazenamento e saída de dados; periféricos do computador trabalham conjuntamente – dividem-se em periféricos de entrada e saída de dados. O Software subdivide-se em diversos tipos: Sistema Operacional,

---

[1] Utilizar-se-á nesta obra sempre o acrônimo TI, para referir-se à Tecnologia da Informação.

softwares de linguagem de programação, de automação de escritório, softwares utilitários, de automação industrial, aplicativos, computação gráfica, multimídia, realidade virtual, educativos entre outros. Telecomunicações compreendem: redes para a comunicação de dados, desde os meios físicos até os meios lógicos de transmissão. Gestão de dados e de Informações; a utilização das ferramentas dos Sistemas Gerenciadores de Bancos de Dados (SGBD) para gerir os dados, a maneira que procederá a guarda e recuperação de dados, o controle de acesso a os arquivos delimitando os níveis de segurança. E o Recurso Humano, na qual torna possível a interação entre os mais distintos componentes da TI, sem ele não é possível à integração sincronizada e eficaz dos mesmos.

É imperioso, portanto, sempre considerar o fator humano, quando trata-se de assuntos pertinazes a TI e os seus componentes.

A informação e os seus eventuais desdobramentos

A essência da informação reside na sua capacidade de significar. E é inadvertidamente neste vital ponto que a escolástica das "formas" entra em cena. Para tanto é necessário adentrar no limiar do pensamento filosófico que desembocará na posterior filosofia escolástica. Realizar um retorno salutar ao "mundo clássico", da Grécia Antiga (Clássica) a cerca de 2.500 anos atrás, onde a estruturação do pensamento científico e racional tomada forma.

E sumariamente realizando um retorno nostálgico no tempo, é importante destacar a aurora do pensamento lógico-sistêmico, na qual desaguou para o atual patamar de ação tecnológica que experimentamos nos dias de hoje. É imprescindível pautar esta abordagem tratando em linhas gerais da Grécia Clássica, mais especificamente no concernente as "formas", de Platão e sua obra impactante para o pensamento da Humanidade. Ele nasceu em Atenas entre os anos de 428/427 a.C. é contudo impossível precisar, e morreu entre 348/347 a.C., Platão nasceu num momento especial da História, podemos assim o dizer. Isto porque, o seu nascimento deu-se aproximadamente no ano da morte do grande Estadista Ateniense Péricles[2], e o seu falecimento a cerca de dez anos antes da fatídica

---

[2] Célebre e influente estadista, orador e estratego (general) da Grécia Antiga, um dos principais líderes democráticos de Atenas e a maior personalidade política do século V a.C., viveu durante a Era de Ouro de Atenas. Fonte: David Malcom Lewis. "Péricles". Encyclopedia Britannica: https://www.britannica.com/biography/Pericles-Athenian-statesman.

batalhe de Queroneia[3], onde o mundo Grego caiu de joelhos ante o domínio de Filipe da Macedônia. Platão viveu num período áureo da democracia ateniense e o final do assim denominado período helênico. Tempo este conhecido por ser o expoente da razão e do conhecimento, um florescimento intelectual sem procedentes na história da humanidade. E estes aspectos seguramente contribuíram para a obra de Platão, ficando entre a política e a filosofia, digladiando-se com seus ávidos pensamentos. Contudo o grande acontecimento na vida de Platão foi o seu encontro com Sócrates[4], seguindo e acompanhando os debates socráticos, acrescentou grande substancial de conhecimento a ele. O impacto causado por Sócrates no pensamento de Platão, fez com que o último sentisse a necessidade de sedimentar as suas convicções e assertivas em conceitos claros e seguros, nascia então "as formas".

No mundo perfeito das ideias de Platão, cogita-se a existência, por exemplo, do belo em si e por si próprio, performando numa certa ontologia do pensamento das coisas. Admite-se, portanto a existência de uma separação causal na formulação da noção de ideia, como uma essência, independendo das coisas e do intelecto humano. Na explicação filosófica platônica reside um princípio intitulado de "arquê" (*arché*). Este princípio seria o elemento que deveria estar presente em todos os momentos da existência de todas as coisas do mundo, algo acima do "mundo concreto", o meta-elemento constituinte de tudo. A investigação filosófica platônica sob o ponto de vista da sua abordagem abandona a horizontalidade nas questões da explicação da origem das coisas, e desce a uma verticalidade objetiva. Ela segue métodos mais matematizados baseados em princípios da geometria, onde as ideias constituem-se em axiomas dogmáticos assumidos abstratamente como arquétipos verdadeiros. Elas constituem-se em algo intemporal quando relacionadas aos objetos sensíveis do mundo. Então diante disto temos o seguinte panorama; pode-se exemplificar na visão platônica que: um

---

[3] A Batalha de Queroneia foi uma batalha disputada por Filipe II, rei da Macedônia, contra o exército formado pela coligação entre as cidades gregas de Atenas e Tebas no ano de 338 a.C.. Filipe lutou contra uma nobreza turbulenta, as ligas lideradas por Atenas e Tebas, episódio que ficou conhecido para a posteridade como a batalha de Queroneia e que representou o fim da democracia ateniense e por arrastamento das outras cidades gregas, e de uma certa concepção de liberdade e uma revolução na arte da guerra. Fonte: Diodoro Sículo, Biblioteca Histórica, Livro XVI, 80.1.

[4] Nascido em 470 a.C. – 399 a.C.; foi um filósofo ateniense do período clássico da Grécia Antiga. Creditado como um dos fundadores da filosofia ocidental, é até hoje uma figura enigmática, conhecida principalmente através dos relatos em obras de escritores que viveram mais tarde, especialmente dois de seus alunos, Platão e Xenofonte, bem como pelas peças teatrais de seu contemporâneo Aristófanes. Muitos defendem que os diálogos de Platão seriam o relato mais abrangente de Sócrates a ter perdurado da Antiguidade aos dias de hoje. Fonte: Richard Kraut. "Socrates". Encyclopedia Britannica. https://www.britannica.com/biography/Socrates.

objeto "mesa" no mundo real tem indubitavelmente uma representação aproximativa da "mesa perfeita", isto porque existe uma representação abstrata de uma "mesa perfeita" na sua plenitude, que de forma intemporal tem todos os conceitos e explicações pertinentes aos graus particulares do que seria uma mesa. Há então o condicionante inteligível casual que sustenta o conceito do que vem a ser uma "mesa", e ele reside no mundo metafísico e inacessível, temos no caso apenas visões distorcidas da realidade, diria aproximativas. E as causas inteligíveis dos objetos físicos, Platão as denomina de ideias ou forma. Elas teriam uma constituição puramente abstrata e invisível, portanto. Na visão platônica a razão da inteligibilidade não está na matéria, mas sim nas formas supramundanas, isto é, acima do mundo dos "mortais". As formas platônicas seriam atemporais e sempre idênticas a elas mesmas, já os objetos físicos por não representarem fidedignamente às formas, consequentemente corroíam com o tempo. As formas então eram qualificadas como de natureza divina, sendo denominadas de *arquê*.

Contudo as formas (ideias) de Platão eram aspectos perfeitos e imutáveis, constituíam os paradigmas modelares de todas as coisas do mundo. Sendo então os objetos materiais reduzir-se-iam às cópias imperfeitas e voláteis das formas máximas e perfeitas, ideais *per se*. As ideias/formas transcenderiam o plano mundano dos objetos físicos de natureza mutável e, portanto, corrompida.

Não há como, evidentemente tratarmos de uma temática nebulosa e carregada de conteúdo, significância e relevância para a sociedade e o próprio advento da TI, sem abordarmos uma amplitude multifacetada de saberes. Claro que na questão ontológica pertinaz a informação, é preciso haver um retorno ao passado, a fim de encontrar as bases formadoras que até hoje ressoam em nosso pensamento.

Fica clarificado de uma forma íntima e válida, a gênese do que vem a ser ontologicamente o conceito primário de "informação". A informação tem potencialmente a capacidade intrínseca de significar algo, mas é uma significância deslocada do objeto, por exemplo, assumindo uma identidade a parte e de contornos racionais abstratos. E esta capacidade plena de significar da informação está coadunada intrinsecamente com as formas platônicas na sua concepção. Algo como um arquétipo padrão onde em linhas gerais está disposto o significar profundo, a utopia da perfeição. Uma utopia que permeia o nosso pensamento e razão.

Não há como descolar o conceito de informação das questões de raciocínio. Então a racionalidade é um viés conceitual e ontológico atrelado no tangente a abstração da capacidade capilar da informação. Capacidade esta entendida como potencialização da informação proporcionar conhecimento que foi advindo de dados "brutos" e em muitos casos não estruturados e esparsos.

Informação no sentido de "significar", rememora uma explicação interessante. Haja vista que aquilo que é significado é referencialmente "aquilo que é" de uma forma pura, ligando-se com o pretendido o objetivado. Portanto a informação atrela-se a um objetivo uma síntese de dados processada e analisada. (PEIRCE, 2003).

"Informação é uma entidade abstrata sem corpo: ela está associada a uma representação física." (Rolf Landauer).

Talvez esta conceituação simples e direta a respeito de informação seja uma das mais eficientes e brilhantes colocações a respeito. Isto, pois em uma frase diz necessariamente tudo o que precisa ser dito sobre o tema (informação), no quesito de definição.

A informação indubitavelmente advém da sua matéria-prima, os "dados". Os dados que são coletados manualmente ou na forma eletrônica, não importa aqui a fonte na qual procedem, são normalmente armazenados. Então a informação consiste basicamente no dado analisado e que tem algum significado, portanto aqui entra justamente a questão do significar dentro do arcabouço teórico e conceitual platônico. Da informação avança-se para um nível além, denominado "conhecimento", que assume então da roupagem da informação interpretada, que foi entendida e assimilada e por final passível de aplicabilidade para um fim e si, ou seja, um objetivo concreto.

Nas figuras seguintes será exemplificado de forma gráfica o que seriam dados, informações e conhecimento. Na questão dos dados eles podem ser advindos de diferentes fontes e tipificações.

Figura 1: Exemplos de tipos de dados

Fonte: João Batista Neto – https://shre.ink/rIRb.

A informação consiste no conhecimento já interpretado e gravado, algo que pode ser acessado, recuperado e consequentemente alterado. A figura que segue exemplifica a informação codificada.

Figura 2: Exemplo de informação codificada em imagem

Fonte: https://commons.wikimedia.org/w/index.php?curid=239357

Já o conhecimento, personificado sumariamente e simplificadamente como o ato ontológico de conhecer algo um objeto em si e por si. Advém de um vocábulo do latim (*cognoscere*). No conhecimento temos basicamente dois atores, o sujeito e o objeto. E entre ambos está o ato comunicativo que seria a informação extraída pelo sujeito do que o objeto tem a dizer.

A definição clássica de conhecimento, originada em Platão, diz que ele consiste de crença verdadeira e justificada. Então conhecimento é o que pode ser justificado e fundamentado a respeito de um objeto, calcado em hipóteses preditivas, corroboradas e formadoras das proposições analíticas. Na figura que segue temos uma ilustração da representação do conhecimento.

Figura 3: Exemplo de diagrama do conhecimento.

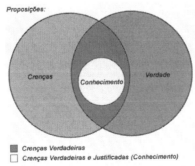

Fonte: https://commons.wikimedia.org/w/index.php?curid=386520.

Na parte da Gestão do Conhecimento iremos nos ater com maiores detalhes e caráter prático a respeito da temática.

Contudo o dado pode sim estar armazenado em formato físico, eletrônico na forma analógica ou mesmo digital, o que seguramente é mais comum atualmente. E quanto ao dado não eletrônico, ele está normalmente armazenado em papel, mas poderia muito bem estar armazenado em entalhes na madeira ou em pedras, como os registros rupestres da pré-história humana. A seguir um exemplo de uma pintura rupestre na qual há indubitavelmente dados e informações representativas para o povo daquele tempo.

Figura 4: Animais representados na caverna de Chauvet na França

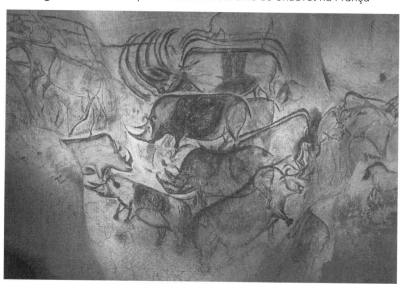

Fonte: https://shre.ink/rIR8.

Já pertinaz à informação física, ou seja, não eletrônica, é normalmente representada na atualidade via papel impresso com caracteres alfanuméricos. Ela está disponível em abundância no mundo, haja vista que nas bibliotecas espalhadas há milhões de milhões de livros impressos em dados não eletrônicos para leitura. O acesso à informação física desta natureza é simplista e não requer maiores recursos tecnológicos.

No consoante aos dados é ainda imperioso destacar que, o dado analógico é transmitido via ondas e indubitavelmente poderá sofrer interferências de natureza eletromagnéticas. Ao ponto que o dado digital é muito mais eficiente neste sentido, uma vez que é quase imune às interferências, pelo simples fato da sua transmissão ser feita através de bits. Havendo uma capacidade maior e tecnológica para reconstituir fidedignamente uma mensagem.

É importante destacar que apesar dos dados e informações podem ser perfeitamente representados por meios físicos e analógicos, conforme já bem aventamos aqui. Contudo iremos indubitavelmente tratar nesta abordagem de dados e informações digitais armazenados eletronicamente. Porém a título de simples esclarecimento prévio, é importante sempre lembrar que o dado digital, consiste em "zeros e uns", (010101). Está é a forma como é codificado e armazenado computacionalmente um determinado dado.

Ainda tratando a respeito de dados, o constituinte basilar da informação. É importante enfatizar e atentar para o termo atual que está em voga: Ciência de Dados. Evidentemente que é um terno novo, e que obviamente carece de maiores bases conceituais e um arcabouço robusto de conhecimento. Urde, portanto sistematizar organizar e produzir conhecimento a respeito da Ciência de Dados, e que como todo e qualquer corpo de conhecimento, está imbuído a controvérsias e falseamentos teóricos, bem como formulação e comprovação de hipóteses causais e afins. Para após normalizar e organizar o conhecimento referente à Ciência de Dados de forma estrutural e diria racional.

A Ciência de Dados enseja sumariamente estudar o dado em toda a sua plenitude e ciclo de vida, envolvendo a sua produção e posterior descarte, ou transformação em informação significante. Contudo não se deve confundir Ciência de Dados com Estatística, isto porque, a primeira envolve todo o assim já denominado ciclo de vida do dado, não se restringindo somente a análise do dado, aplicação de regras matemáticas e produção final de informação.

Na figura a seguir ilustraremos de forma esquematizada o que consiste basicamente no que se pode denominar de "ciclo de vida de um dado".

Figura 5: Ciclo de vida do dado

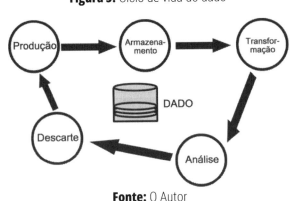

Fonte: O Autor

TECNOLOGIA DA INFORMAÇÃO: UMA ABORDAGEM DIFERENCIAL **21**

Em se tratando do dado em si, como uma unidade ontológica representativa dentro do espectro compositor da TI, ele é produzido na sua forma digital por algum dispositivo de natureza eletrônica. Seja ele um computador, por exemplo, por meio de um texto digitado, ou mesmo sensores de leitura de calor, movimento, temperatura, etc., câmera digital ao tirar uma foto, smartphone, entre outros dispositivos. Uma vez produzido o dado, ele é capturado e armazenado (gravado) pelo dispositivo eletrônico, ficando assim disponível para a sua utilização futura.

Contudo para o dado ser preservado e consequentemente utilizado futuramente para produzir informação, é necessário haver uma estruturação eletrônica. E esta estruturação dá-se por meio de sistemas de armazenamento de arquivos como .xml[5] e .txt[6], apenas para citarmos exemplos mais usuais e corriqueiros. Bem como registros em bancos de dados relacionais, entre outros. São evidentemente processos necessários, até porque há uma diferença a ser destacada tangente a estrutura do dado e o modelo em que ele foi armazenado e o modelo ideal para a sua recuperação e leitura por meio de outros dispositivos eletrônicos. Podemos evidentemente tomar, por exemplo, um arquivo de dados que foi gerado no formato .xml, no caso um arquivo de uma nota fiscal eletrônica por um dispositivo eletrônico computador, com um software aplicativo específico de nota fiscal eletrônica. Este arquivo da nota fiscal é enviado via e-mail para leitura gravado como .xml para outro dispositivo eletrônico um smartphone, onde sabidamente há outra estruturação a nível de arquitetura e ferramentas e leitura, para poder visualizar o arquivo da referida nota fiscal de forma amigável. Para enfim tornar possível a sua leitura passa-se a próxima etapa do ciclo de vida dos dados, que consiste no processo de transformação e adequação para a sua leitura em outro dispositivo com um sistema de arquivos totalmente diferente. Vencida esta etapa, agora os dados já estão prontos para serem lidos e analisados. Então a etapa de análise de dados consiste basicamente em executar uma operação voltada a extrair informação e conhecimento (dos dados). Por exemplo, a aplicação de uma consulta SQL[7], ou mesmo uma análise utilizando uma ferramenta calcada em Inteligência Artificial com modelos de análise e classificados de dados baseados em redes neurais artificiais. Evidente que esta análise poderá ser feita também de forma

---

[5] Em informática, XML (Extensible Markup Language) é um tipo de linguagem de marcação da W3C, derivada da linguagem SGML, utilizada para compartilhamento fácil de informações por intermédio da internet.

[6] Extensão de arquivo para arquivos de texto que não contém formatação (ex: sem negrito ou itálico). A definição precisa do formato não é especificada, mas normalmente coincide com o formato aceito pelo sistema terminal ou simples editor. Arquivos com a extensão .txt podem ser facilmente lidos ou abertos por qualquer programa que lê texto.

[7] Structured Query Language, ou Linguagem de Consulta Estruturada ou SQL, é a linguagem de pesquisa declarativa padrão para banco de dados relacional (base de dados relacional).

"manual". Outra etapa fundamental que está incluída na fase analítica é a de visualização dos dados por parte do agente observador, é então alterada novamente a estrutura dos dados, pois normalmente utilizam-se ferramentas computacionais de visualização gráfica para melhor cognoscibilidade por parte do observador. E por final, em algum momento este dado coletado será descartado, ou seja, deletado no sistema de armazenamento de arquivos.

Em se tratando do ciclo de vida dos dados, parte constituinte da Ciência de Dados, podemos notar que difere e muito das questões puramente estatísticas. Envolve uma gama superior de processos e estruturações executados automaticamente por dispositivos eletrônicos, meios de armazenamento, análise, informação, visualização, conhecimento, aplicabilidade e descarte final quando for o caso.

Outro termo em voga e que faz parte do que podemos denominar de Ciência de Dados, chama-se Big Data. E muito embora como a sua própria nomenclatura já bem o diz, refere-se a grandes volumes de dados. Contudo é imperioso encetar que nas questões inerentes a sua própria definição tem o seguinte conceito: "big data concerne a dados produzidos com volume, velocidade e variedade". O Big Data é sim um fenômeno fruto da contemporaneidade. Onde produzem-se dados digitais abundantes e desenfreadamente, eles são armazenados em grandes bases de dados e na maioria dos casos estão desestruturados e não são devidamente "minerados" e aproveitados para fins de análise, informação e consequente conhecimento. Os dados do Big Data advêm de inúmeras fontes e tipificações distintas e estruturas e sistemas de arquivos.

Fica evidente que o barateamento da tecnologia, a miniaturização e aumento da capacidade de armazenamento de dados, a potencialização do processamento e disseminação massiva de equipamentos eletrônicos capazes de produzir e armazenar dados, somando-se a virtualização, a internet e a computação em nuvem. Estes fatores catalisaram transformações sem precedentes no colhimento, armazenamento e processamento de dados e desembocou no advento inevitável do Big Data.

Contudo quando se trata de falar de Big Data, não se restringe circunspectamente a sua significância literal (dados volumosos). O Big Data não é uma tecnologia em si, mas sim um fenômeno e mais, um conjunto de diversos corpos de saberes e tecnologias. Envolve a computação em nuvem, internet, virtualização de dados, matemática, estatística, infraestrutura computacional, inteligência artificial, processamento de dados, armazenamento de dados, governança de TI e gestão. Claro que nas questões pertinazes ao impacto social que será produzido pelo Big Data é ainda impossível prever e mesmo mensurar, mas mudará o mundo principalmente pelo fato da sua capacidade e tratar "montanhas digitais de dados"

TECNOLOGIA DA INFORMAÇÃO: UMA ABORDAGEM DIFERENCIAL **23**

que são colhidas a cada segundo pelos sistemas calcados em computação que as pessoas são expostas aos quatro cantos do planeta.

O Big Data tem a capacidade de armazenar dados de uma forma indiscriminada, não há mais problemas na questão da gravação de dados na ordem de zettabytes[8], se for o caso. É preciso e imperioso elencar que com a potencialidade do Big Data, é possível não somente armazenar dados vitais para as organizações, mas também dados que anteriormente seriam eventualmente descartados.

Definições de TI e seu breve apanhado histórico

Desde os primórdios a informação foi um bem de extrema relevância para o sucesso de uma organização e da própria evolução humana. Apesar da diminuta importância que nossos antepassados referem-se ao assunto, tratando-o de forma secundária e priorizando sempre os métodos de obtenção da informação, do que a sua gestão e tratamento propriamente ditos. Porém não podemos desmerecê-los nem mesmo julgá-los severamente, necessitamos ter sempre em mente que a humanidade progride de forma gradativa e nem sempre permeada pela linearidade e a passos largos. Muito menos acreditar piamente que os avanços tecnológicos são coisas "novas" do presente, é salutar atentar sim que são frutos das criativas mentes do homem moderno que fez valer do florescimento do pensamento simbólico desenvolvido há cerda de cinquenta mil anos atrás (estimativa do autor, é claro), no continente africano, para só então progredir exponencialmente a passos largos. Mas o que é o pensamento simbólico propriamente dito? Nada mais é do que a capacidade que a mente humana desenvolveu de materializar sua imaginação (pensamento) em ação ou em algo concreto, haja vista que há evidências históricas da espécie *homo sapiens* pintar a pele uns dos outros com argila para fins desconhecidos. Porém o pensamento simbólico, sorrateiramente caiu em desuso, e somente milhares de anos depois (algo em torno de vinte mil anos aproximadamente - estimativa) evidencia-se novamente no Oriente Médio, por meio do sepultamento das pessoas que pereciam. É creditado o desuso do pensamento simbólico a não competição com outras espécies de humanos no continente africano, caracterizando desta forma que a necessidade e a competitividade geram o real conhecimento e a evolução, uma vez que com a migração do *homo sapiens* para as diferentes partes do globo terrestre, inevitavelmente deparou-se com outras espécies humanas e com diferentes predadores até então desconhecidos. Portando conclui-se que o pensamento simbólico foi o grande salto evolutivo do homem moderno e é à base de todo o

---

[8] Zettabyte é uma unidade de informação ou memória, sendo que 01 zetta, corresponde a 9 444 732 965 739 290 427 392 de bits.

conhecimento gerado posteriormente. E este conhecimento (informação) passado de geração para geração pode-se definir como os primeiros passos da humanidade rumo à evolução tecnológica e porque não a tecnologia da informação.

Podemos mencionar que a evolução da comunicação, através do desenvolvimento de uma linguagem "falada", facilitou o relato de experiências de uma geração para outra. Constituindo-se na primeira forma de transmissão de informação e consequentemente conhecimento. Possibilitou também o estreitamento dos laços de convivência do grupo e nascia aí o conceito primário de sociedade uma vez que, o diálogo embora grotesco fosse vital para a sobrevivência dos indivíduos. As inscrições e pinturas rupestres também foram uma forma de repassar informações, embora segundo descobertas e estudos recentes, concluem que tais pinturas tratavam-se de "experiências" das pessoas em transe e sonhos, do que algo mais concreto, como por exemplo reprodução de uma caçada bem sucedida.

Com o desenvolvimento da agricultura, o homem tornava-se definitivamente independente em relação a sua subsistência da natureza, pois não necessitava mais migrar constantemente de um local para outro a fim de obter alimentos. Tendo com isso mais tempo ocioso para desenvolver e aprimorar suas diferentes habilidades. O sedentarismo e a fixação em um só local oportunizaram ao homem desenvolver os primeiros núcleos habitacionais (cidades), e consequentemente com o florescimento de várias civilizações ao redor do globo. A Suméria no Oriente Médio pode-se ser considerada a primeira ou pelos menos umas das primeiras civilizações "avançadas" da Terra, construiu os primeiros núcleos habitacionais (Ur, Uruk, Nippur, entre outras, cidades estados). Aos sumérios são atribuídos alguns avanços significativos no campo da TI e das ciências de um modo genérico, tais como: invenção da escrita (cuneiforme), roda, precursores da astronomia, bases da matemática uma vez que usavam números baseados do seis (06) ao dez (10), agricultura, engenharia com a construção dos zigurates com tijolos de argila cozidos a fim de poder observar melhor os astros e cidades, divisão do dia em horas, e a primeira estória escrita (as aventuras de Giulgamesh). Nesta mesma época, porém impossível de precisar com certeza a civilização de Caral na costa do Peru, também floresceu, entretanto não há maiores explicações e pesquisas que digam com precisão e convicção quais foram suas contribuições para a sociedade atual. Apenas podem ser mencionado, que Caral foi à precursora de todas as demais "culturas" que floresceram na América Andina (Tiwanaku, Chavín, Nazca, Mochicas, Chimús, Incas, entre outras), e que dela herdaram as técnicas de construção e agricultura como também as crenças religiosas. Estava então dado o grande passo para a evolução humana, enfim saímos das "cavernas" para habitar cidades, desenvolvendo e aprimorando nossas habilidades de geração para geração.

TECNOLOGIA DA INFORMAÇÃO: UMA ABORDAGEM DIFERENCIAL **25**

No Mundo Clássico temos fixadas as bases do pensamento filosófico, e acompanhado deste toda a base da ciência moderna. Pois todos os diferentes ramos da ciência estão devidamente enraizados no pensamento filosófico, todos sem exceções partiram de necessariamente de um anseio, de um impulso cognitivo emanado da mente do homem. Na Idade Média em função da queda do Império Romano no Ocidente, consolidação da Igreja Católica como a mais influente organização e consequentemente, de uma forma mais veemente monopolizadora e conservadora do saber, legou-nos tudo do que é bom e ao mesmo tempo maléfico em matéria de conhecimento. Foi conservadora e agregadora de conhecimento, mas também dogmatizou suas próprias certezas e de certa forma "podou" o saber.

Entretanto com o advento do Renascimento e a colocação do Homem na centralidade do cosmo, houve uma doutrina mais apoiada no humanismo, e pregava-se um retorno ao afamado "Mundo Clássico". Exaltava-se a capacidade do engenho humano, e pavimentava-se o caminho para as assim denominadas posteriormente de "luzes", o iluminismo.

Na esteira do movimento iluminista, o desenvolvimento da ciência, motivado pela instrumentalização e rigor do método científico, na qual apregoa de forma singela a impessoalidade na pesquisa, a formulação de hipóteses para um determinado "problema" envolvendo um fenômeno natural pertinente tudo o que nos cerceia. Este invariável e insopitável desenvolvimento da ciência, já no século XVII, trouxe no seu bojo a revolução industrial. Deixando aqui de lado todas as suas consequências de cunho social, e evidentemente tudo o que concerne aos movimentos em que a sociedade foi submetida no período e seu resultado. É pertinaz frisar-se que trouxe novas necessidades de computar a produção, em todas as etapas que compõe a cadeia produtiva de qualquer mercadoria.

Os avanços tecnológicos, tomando-se como marco basilar a revolução industrial, tornaram-se cada vez mais significativos e convergiram a passos largos na direção do aperfeiçoamento dos processos das mais diversificadas organizações, ansiando pela excelência, a competitividade e a lucratividade dentro dos setores de mercado até então existentes. Independentemente do ponto de vista a ser considerado, até porque, um ponto pode indubitavelmente ser colocado sob o prisma de várias vistas (olhares); o progresso científico pode ser cumulativo, isto é, uma geração avança vertiginosamente a partir dos progressos das gerações passadas, ou que o saber dá-se por instrumento de "impulsos" criativos de uma geração iluminada e que as suas vindouras desfruta-o, dando apenas acabamentos e adaptações precisas e fundamentais. Mas o fato é na sua concretude interessante que, chegamos ao tempo atual, num estágio extremamente dinâmico e globalizado da sociedade. As barreiras políticas e geográficas foram dirimidas, e o mercado passa a ser o globo. A informação acompanhou todas as etapas em que a humanidade foi submetida pelas circunstâncias casuais e aleatórias impostas pelo ambiente. Obter o dado, manipular a informação obtida e computá-la, apresentá-la sob uma roupagem inteligível, cognoscível e palatável ao entendimento humano, sempre foi um desafio de governos e empresas em todas as eras, até aqui pontuadas.

Tratar a informação de forma dinâmica é um trunfo interessante. A Tecnologia TI seguramente é a ferramenta mais eficiente, no que diz respeito a sua aplicabilidade no tratamento e gestão da informação no âmbito empresarial de todos os portes, e nos mais diversos segmentos de mercado. Como também no setor de infraestrutura de rede, telecomunicações e hardware, pois serve como instrumento facilitador e solucionador dos principais problemas que acercam uma organização, relacionados à informação. Porém tudo torna-se inaudível e dissonante, no caso de ignorar-se o fator humano, dentro de um projeto de TI.

Neste apanhado histórico munido de dados e eventos colocados cronologicamente, objetiva nutrir um anseio de progresso e avanço no saber, uma noção válida e instigante para o engenho humano. Muito mais um alento para o pensamento racional do que uma certeza plena.

Informação, o Princípio Conceitual Moderno

Não se pode falar da informação sem mencionar um nome: Claude Shannon (1916 – 2001) que foi um engenheiro elétrico e matemático americano. Destaca-se como um de seus contributos importantes, o traçado das bases teóricas para circuitos digitais a teoria da informação, desenvolvendo um modelo matemático para a Ciência da Comunicação. É, contudo, importante frisar que na questão conceitual a respeito de "informação", não é uma questão nova, pertencente a tempo atual, é sim algo que remonta ao ano de 1948. E por obra de Shannon, que teve a perspicácia de notar que a informação poderia ser medida e consequentemente quantificada, ela tinha uma associação íntima com a física da termodinâmica[9].

---

[9] Ciência da relação entre calor, trabalho, temperatura e energia. Em termos gerais, a termodinâmica lida com a transferência de energia de um lugar para outro e de uma forma para outra. O conceito-chave é que o calor é uma forma de energia correspondente a uma quantidade definida de trabalho mecânico. A aplicação dos princípios termodinâmicos começa pela definição de um sistema. Por exemplo, o sistema pode ser uma amostra de gás dentro de um cilindro com um pistão móvel, uma máquina a vapor inteira, um corredor de maratona, o planeta Terra, uma estrela de nêutrons, um buraco negro ou até mesmo o universo inteiro. Em geral, os sistemas são livres para trocar calor, trabalho e outras formas de energia com o ambiente. A condição de um sistema em um determinado momento é chamada de estado termodinâmico. Para um gás em um cilindro

TECNOLOGIA DA INFORMAÇÃO: UMA ABORDAGEM DIFERENCIAL **27**

Informação vai indubitavelmente muito além do que friamente podemos colocar como redundâncias de códigos eletrônicos, um liga-desliga de interruptores de computador ou mesmo na forma já tradicional grafada no papel e entalhada na pedra. Muito embora possamos representar a informação de múltiplas formas, como a tinta no papel, o entalhe na rocha ou madeira, o fluxo de elétrons numa placa de circuito e mesmo na orientação dos átomos na forma quantizada, além claro do piscar das luzes. Enfim o armazenamento e a representação da informação independem do meio, o que necessariamente precisa ficar clarificado é o seguinte conceito. A informação é uma entidade de natureza física, constitui-se em uma propriedade de objetos igualitária a energia, o trabalho ou da massa. É relevante salientar que até mesmo às regras mais básicas e fundamentais da Física, como as leis da termodinâmica, na verdade teorizam e nos explicam como um dado conjunto de átomos se "movimentam" numa parte de matéria, o que ontologicamente significa que é uma lei pertinente a informação.

O que sumariamente parece uma certeza, dado que vivemos num ambiente científico de eternas incertezas e sempre fervilhantes especulações, materializadas por hipóteses a testar e quiçá provar. É que a natureza assemelha-se por falar a linguagem da informação!

Claude Elwood Shannon, esse o seu nome completo, nascido no ano de 1916, no Michigan, EUA, quando criança sempre gostou de consertar coisas, despertando desde seus primeiros anos de vida uma nítida aptidão que na idade adulta se materializaria na sua formação; engenharia e matemática. Após formar-se na Universidade de Michigan, no ano de 1936 – bacharelado em engenharia elétrica e matemática, Shannon tornou-se assistente de pesquisa do Instituto de Tecnologia de Massachusetts – MIT. Estagiou em 1937 no Laboratório de Telecomunicações da Bell em Nova Iorque – EUA, o que contribuiu significativamente para a sua pesquisa. Obteve em 1940 mestrado em engenharia elétrica e o doutorado em matemática pelo MIT. Ingressando no departamento de matemática da Bell em 1941.

O Laboratório de Telecomunicações da Bell era um anexo dedicado a pesquisa da AT&T – American Tepephone and Telegraph, que detinha o monopólio

---

com pistão móvel, o estado do sistema é identificado pela temperatura, pressão e volume do gás. Essas propriedades são parâmetros característicos que possuem valores definidos em cada estado e são independentes da maneira como o sistema chegou a esse estado. Em outras palavras, qualquer alteração no valor de uma propriedade depende apenas dos estados inicial e final do sistema, não do caminho percorrido pelo sistema de um estado a outro. Tais propriedades são chamadas de funções de estado. Em contraste, o trabalho realizado quando o pistão se move e o gás se expande e o calor que o gás absorve do ambiente depende da maneira detalhada como a expansão ocorre. Fonte: Gordon Drake "thermodynamics". Encyclopedia Britannica: Disponível online em: https://www.britannica.com/science/thermodynamics.

do sistema de telefonia dos EUA. Ele fora fundado nos anos 1920 e que tinha como objetivo central de realizar pesquisas na área de comunicações. Ontologicamente a comunicação consiste basicamente em transmitir informações de um indivíduo para outro, sendo uma das pesquisas realizadas pelo laboratório atingiam áreas que seriam consideradas TI. E dentro do contexto das pesquisas dentro da área da comunicação promovidas pelo Laboratório Bell, ensejava lidar com a capacidade de uma linha telefônica. Colocando de forma clara, descobrir uma forma de como juntar o maior número possível de conversas telefônicas numa mesma linha, em tempo instantâneo, sem interferências entre as ligações. Abrindo a possibilidade de efetuar a compressão a maior quantidade de informação possível em um único cabo de cobre.

Shannon conceituou e efetuou uma compreensão basilar que teve repercussões importantes na área das telecomunicações. Nestes aspectos juntaram-se elementos da matemática e engenharia, a lógica booleana e circuitos elétricos. Shannon pensou em informação como algo que nos ajuda a responder uma indagação a exemplo. Qual a capital do Canadá? Qual o número atômico do elemento nitrogênio? Contudo sem a informação adequada não é possível responder a essas perguntas. E com um conhecimento limitado circunspecto a cabeça do indivíduo é possível realizar suposições. Entretanto mesmo não sendo sabedor da resposta poderá uma vez tendo acesso a informação adequada ter uma certeza maior na resposta.

A visão de Shannon sobre a informação é calcada no aspecto da medida de quanta informação é transmitida numa mensagem qualquer. Percebendo que uma simples pergunta como "a lâmpada está ligada?", há indubitavelmente duas respostas possíveis tipificadas como "sim/não". E a matemática como ciência e considerando todo o seu corpo de conhecimento, tem uma abordagem adequada para tratar perguntas do tipo "sim/não", que é a lógica booleana. Ela lida com termos verdadeiros e falsos, sins e nãos, ligados e desligados. E obviamente as respostas são representadas por símbolos como **V** x **F**, **1** x **0** por exemplo. Então a pergunta da natureza de "sim/não" que indubitavelmente pode sim ser respondida por um único símbolo que assume um dos dois valores possíveis. E, contudo, esse símbolo é o dígito binário – bit (*binary digit*). E o termo bit veio à tona no artigo de Shannon de 1948, intitulado "Uma Teoria Matemática da Comunicação", na qual embasou conceitualmente a teoria da informação. Shannon utilizou a álgebra de Boole com intuito de estabelecer os fundamentos teóricos dos circuitos digitais.

Contudo a informação não se resume apenas ao simplório ato de adivinhar números e efetuar a resposta para perguntas sim/não. Sumariamente não seria servível caso restringir-se-ia apenas a ser um instrumental de responder perguntas. A informação é medida em bits, e codificada em **0**s e **1**s, e pode ser utilizado

TECNOLOGIA DA INFORMAÇÃO: UMA ABORDAGEM DIFERENCIAL **29**

para transmitir qualquer resposta para qualquer pergunta, levando em conta evidentemente que haja uma resposta finita, isto é, possível de ser medida, no caso em bits. É uma verdade tanto para perguntas simples como para complexas. Para perguntas que abarcam um conjunto de respostas sim/não, como a indagação realizada acima: Qual a capital do Canadá? No caso de formular essa pergunta ao destinatário, ele teria que fornecer a resposta de alguma maneira. Em se tratando do meio eletrônico é espinhoso imaginar-se uma resposta sequencial de sim/não, personificado num volume de bits que produziriam a resposta: OTTAWA, portanto a informação em si. Contudo é realmente isso que ocorre. E acontece desta forma, pois atenta-se para seguinte exercício de imaginação; enquanto a pergunta é respondida, é digitada no editor eletrônico de textos do computador. O processador de texto codifica o fluxo de letras no idioma "português" que forma "Ottawa", performando uma série de bits, em um conjunto composto de 1s e 0s armazenados no hardware interno do computador (hard disk ou SSD). E o processo que ocorre é deveras entendível, não necessariamente simples. O editor de textos muda os símbolos do alfabeto "O", "t", "t", "a", "w" e "a" por 1s e 0s, verdadeiramente são um conjunto de perguntas de natureza sim/não que compõe a informação final desejada **Ottawa** – no ecrã/tela do computador. De forma pragmática e direta basicamente é isso que calca o que se entende por informação eletrônica na sua pura formulação genitora.

No tangente a linguagem escrita ela é uma sucessão de símbolos, e, portanto, símbolos são perfeitamente escritos por meio de uma sucessão de bits. Então pode-se inferir que qualquer pergunta na qual a sua resposta possa ser expressa em uma linguagem e é finita, poderá ser respondida, portanto ocorre a informação em si. É escrita por uma sequência conjuntural de 1s e 0s.

Foi ai que Shannon teve a percepção atinente ao fato de que toda a pergunta que a sua resposta fosse expressa de um modo finito, poderia sim ser solucionada por uma sequência de bits. Os bits seriam o meio universal da informação, uma regra essencial para todo o desenvolvimento da TI os seus desdobramentos atuais. Então desde meados dos anos 1940, quando a informação foi de certa forma conceituada e gestada na sua forma eletrônica, tivemos um verdadeiro *boom* tecnológico e científico que marcou profundamente a Humanidade e as suas relações, sejam elas pessoais, sociais, educacionais e empresariais. É um eco que ainda ressoa na atualidade com grande potência e fervilhante capacidade de implementação, causando uma revolução sem precedentes, a revolução da informação, que marcou, marca e ainda marcará as gerações futuras.

É imperioso asseverar que o trabalho de Shannon oportunizou a abertura dos horizontes para novas realidades no conhecimento científico. Principalmente nos campos da teoria da comunicação e da informação.

Em se tratando especificamente da teoria da informação, é conducente colocar que ela é assentada em duas bases: a estatística e a teoria da probabilidade. Para efetuar a "medida" da informação temos a entropia que quantifica o grau de aleatoriedade de uma variável, e a informação mútua, que efetua a medida a quantidade de informação partilhada por duas variáveis aleatórias. A título de conhecimento e bem como já foi tratado nesta obra, contudo volta-se a destacar que; a unidade elementar da informação é o *bit*, para a função de logaritmo na base 2. Isto porque, a escolha da base logarítmica é o que determina a unidade de entropia da informação que será utilizada para cálculos da (s) variável (s) aleatória (s). Há então uma convenção na representação da informação: $0 \ x \ log2(0)$, é considerada como sendo igual a zero. (GAMA, CARVALHO, FACELI, LORENA & OLIVEIRA, 2015).

A representação matemática da entropia H da variável aleatória X, efetua a medida da incerteza associada ao valor de X, conforme segue:

$$H(X) = \sum_{x \in X} p(x) \times \log (p(x))$$

Evolução e Qualidade da Informação

A evolução da Informação possuí três diferentes lados, prismas ou melhor dizendo, estágios evolutivos (valor, conceito e referência) que foram implementados de acordo com a evolução da TI. O valor da informação foi implantado primeiramente, através de sistemas fechados sem integração qualquer, tais como: contabilidade, controle de estoque etc. A fase conceitual deu-se a partir do momento em que houve a introdução da modelagem de dados, bem como os bancos e os dicionários. E a terceira e última fase da evolução da informação a referência, está intimamente relacionada ao desenvolvimento de sistemas de informações que agreguem conhecimento a Organização, fornecendo apoio à tomada de decisões e gerenciamento.

No que diz respeito à qualidade da Informação, ela deve estar disponível quando se fizer necessária e ser precisa. Porém são características utópicas isto porque para que a Informação (contábeis, folha de pagamento, estoque) que for solicitada seja confiável, necessita de um tempo geralmente maior para ser obtida, devido ao alto grau de complexidade que está submetida. Todavia informações gerenciais para tomada de decisão, não tem a necessidade de serem precisas. Podemos então de certo modo "medir" a qualidade de um Sistema de Informação pela regulagem da dosagem certa entre a precisão e velocidade das requisições dos diferentes tipos de informações.

Ainda no concernente às questões da qualidade da informação, obviamente que passa pela sua confiabilidade e disponibilidade para utilização por parte dos usuários de um determinado sistema. Outro fator importante a ressaltar é o tempo de acesso à informação desejada. Nesta questão deve a informação ter a potencialidade de ser acessada em um tempo breve, com agilidade, eliminando a morosidade na sua obtenção, ainda mais que no mundo contemporâneo às transações e operações comerciais, por exemplo, tem grande instantaneidade.

Contudo para uma determinada informação ser classificada como de valia sobre à ótica dos tomadores de decisão dentro de uma organização, e ser um sustentáculo robusto para a empresa, ela deve necessariamente ter as seguintes características:

Acessibilidade: a informação ser de fácil acesso aos usuários de um sistema que estão devidamente autorizados para tal fim;

Precisão: livre e erros e incoerências, contudo há sim casos em que os dados inseridos são imprecisos;

Completude: levar em conta todos os fatos importantes a respeito de uma questão ou problemática, como relatório que inclua todas as variantes referentes ao custo de produção de um determinado produto;

Econômica: economicidade na hora da produção da informação, no que diz respeito aos processos envolvidos na obtenção e produção;

Modular: ter a capacidade de ser utilizada para várias finalidades, de natureza flexível, onde um relatório específico de controle de estoque, já traga no seu bojo, dados informacionais que extrapolem o simples controle do almoxarifado e sirva também para o departamento de vendas, compras, por exemplo;

Relevância: concernente a importância no momento da tomada de decisão;

Confiabilidade: deve dar confiança ao usuário, claro que neste aspecto, uma informação confiável é também aquela que veio de fontes de dados confiáveis e fidedignos;

Segurança: os usuários não autorizados não devem ter acesso à informação;

Simplicidade: de natureza simples, descomplicada e cognoscível para o tomador de decisão, pois seguramente o excesso de informação sobrecarrega e burocratiza o processo decisório;

Atual: fornecida quando necessária e em tempo instantâneo;

Verificabilidade: deve ser verificável, no sentido de ter a possibilidade de checar a sua veracidade e de estar correta, tendo a possibilidade de compará-la com outras fontes de dados. (STAIR & REYNOLDS, 2015).

É imperioso clarificar que tudo evidentemente depende do tipo de organização em que estamos tratando, diferentes tipos de valia e valências de informação são mais importantes. Em um sistema de previsão do tempo, é imprescindível que a informação seja atual. Já em um sistema bancário ela deverá ser segura, sobretudo. Dentro deste contexto o valor da informação é peça fundamental dentro do campo da TI, enquanto conjunto de saberes e práticas voltadas às aplicações tecnológicas no Mundo atual em todos os setores da Sociedade Humana.

O Valor da Informação

Atualmente a informação é de significativa relevância para o seu detentor e pode definir o sucesso ou insucesso de uma determinada organização. Se fazendo atuante nos diferentes ramos da Sociedade Humana em todos os períodos da História, mesmo que no nosso subconsciente a informação, foi, é e sempre será o maior bem da Humanidade, a uma dádiva que passa de geração para geração. E a medida de avançam os tempos torna-se cada vez mais importante para as organizações dos mais variados segmentos.

"O valor da informação está diretamente ligado a como ela ajuda os tomadores de decisões a alcançar os objetivos da organização." (STAIR & REYNOLDS, 2015). Informações que são valiosas são fundamentais, diria sim, vitais para ajudar às pessoas em todos os processos que envolvem uma empresa. O seu valor é medido justamente em como irão potencializar e alavancar a eficiência e eficácia da organização dentro do seu "nicho" de mercado, bem como a forma que irá também potenciar o aprendizado da organização por intermédio dos seus colaboradores.

É, contudo, impossível quantificar em frios números o valor da informação. Isto porque é um aspecto que é sentido numa área abstrata e que surte efeito direto e indireto dentro de uma empresa.

O valor da informação insopitavelmente pode ser medido sob um prisma numa quantificação de valores a respeito de quanto uma pessoa ou organização podem pagar por ela.

Importância da Informação

Estamos na Era da Informação e do Conhecimento, portanto tanto empresas públicas, como privadas necessitam acompanhar a evolução. E saberem como utilizar a Informação obtida através de seus Sistemas de Informação, para pode-

TECNOLOGIA DA INFORMAÇÃO: UMA ABORDAGEM DIFERENCIAL **33**

rem gerar o Conhecimento que fará a diferença no competitivo mercado sendo um diferencial positivo na prestação de serviços e bens de consumo.

A Informação se torna cada vez mais importante em nossas vidas, pois ela esta presente de forma irreversível e onipotente nas mais diversas atividades. Envolvendo pessoas, processos, sistemas das mais diferentes funcionalidades e finalidades, tecnologias, sistema financeiros e de produção. O processo de obtenção da informação tem início a partir do momento em que o dado bruto é coletado, selecionado e apresentado. Construindo uma informação que permita que qualquer atividade possa ser realizada com um custo menos dispendioso e economia relevante de recursos como também menor tempo de realização e obtenção de resultados satisfatórios. O Mundo Digital não pede passagem ele já está imbuído em nossas vidas, é um processo irreversível.

Conforme já bem dizia Domênico de Masi; *"[...] a convergência os modos pelos quais as atuais técnicas digitais são ao mesmo tempo e igualmente bem utilizáveis para a fala, o som, o texto escrito, o dado, as representações gráficas e figurativas; para transmitir, elaborar, arquivar e encontrar informações. Essa tendência à unicidade da técnica manifesta-se também no sentido de unificar alguns serviços tecnologicamente distintos entre si, mas cujo conteúdo essencial é representado pela informação."* É inegável, contudo a nobre relevância da informação enquanto meio representativo para toda a atividade humana. Ela é o elo eloquente, a luz primorosa na qual reside todo o constructo humano no que tangem às nossas realizações enquanto sociedade, civilização e indivíduos unos. A TI objetiva, sobretudo conectar de forma automatizada e dinâmica toda a produção de informação que impregna da humanidade e a cerceia. Consiste basicamente na unificação tecnológica e de processamento de dados na qual culmina com a produção, armazenamento e processamento da informação para disponibilização *a posteriori*, ou mesmo instantaneamente na velocidade da luz. É pertinaz e oportuno enfatizar a essência conteudal da informação como veículo integrador da sociedade e disseminador de conhecimento. É então neste aspecto que entra a assim denominada "informação estratégica".

A Informação Estratégica é o que a Organização necessita saber sobre o ambiente em que a mesma encontra-se inserida, é um processo de aprendizagem gradual e contínuo, destinado a monitorar os fatores esternos sem se preocupar com o concorrente. Com base nisso ela poderá traçar seus planos de ações para possibilitar a adoção de estratégias mais complacentes com os seus objetivos previamente traçados, para futuramente obter vantagem no mercado consumidor perante os "concorrentes".

Rosini & Palmisano (2014) dizem que em se tratando da informação *versus* empresa, há o panorama em que nenhuma organização está imune aos efeitos da informação. Seja pelo fato das drásticas reduções na questão do custo para obtenção da informação, o seu processamento e transmissão, alteram a maneira como fazem-se os negócios hoje; ou mesmo devido ao aspecto da técnica aplicada dado o grande desenvolvimento tecnológico no campo da informática e da eletrônica que experimentamos. A dinamização da informação afeta diretamente toda a cadeia produtiva de uma organização, sejam os seus produtos ou mesmo a prestação de serviços.

Experenciamos uma nova forma de interações empresariais com esta verdadeira revolução da informação, onde a produção extremamente volumosa de dados nos levou. Ocorrendo então uma abissal modificação nas próprias regras de concorrência entre empresa na oferta de produtos e serviços ao consumidor. Dado ao aspecto contextual que modifica a própria estrutura das empresas, alterando igualmente o regramento e a competitividade do mercado. Cria indubitavelmente vantagens altamente competitivas para quem souber tirar proveito, e metamorfoseia-se numa nova forma de poder superar a concorrência. Há então o advento de negócios completamente novos que inexistiam *a posteriori*.

É fato consumado que o relevante papel desempenhado pela TI na estrutura de qualquer empresa de qualquer setor da economia, tem um impacto profundo no desempenho dos negócios. A TI é um agente catalisador para gerar novos negócios no âmbito das empresas.

A informação está arraigada e presente em todo e qualquer ambiente, do lazer, a multimídia, viagens, negócios, na guerra, saúde, educação, cultura e cidadania. Ela se faz sentir em qualquer atividade humana, e mesmo há sérias suposições que ela a informação é um produto do próprio Cosmo – muito embora esta temática escapa do objetivo desta obra, apenas a citamos com intuito de ilustra a asseveração. No bojo destas colocações, é possível destacar com toda a certeza que a informação não tem barreiras.

De posse da informação seja uma empresa ou um indivíduo, o próximo passa a ser dado é indexá-la, após sintetizá-la, não importa a forma como será este processamento, mental para humanos, e mecânica para as organizações. O seu produto final é o conhecimento.

É, contudo, inegável que há indubitavelmente um entrelaçamento nítido e íntimo entre a informação, a tecnologia e o conhecimento. Pois ambos andam de mãos dadas e formam uma sinergia que está transformando profundamente a civilização e continuará a impactar o mundo em que vivemos de uma forma significativa.

Informação Quântica

Os imãs[10] têm a capacidade de induzir os átomos a ficarem excitados. Performando em campos magnéticos de alinham os átomos que fazem os seus spins, girando e girando num complicado e entrópico balé de lógica. E é justamente nestes spins fortuitos e entregues a uma aleatoriedade fatal que está armazenada, é a informação quântica. E, contudo, a complexa dança dos átomos constituem-se em um programa de computador calcado na mecânica quântica arcaico.

Então os ímãs e os átomos que são afetados por eles formam o conjunto de um computador quântico primitivo. Como os computadores manipulam as informações, os computadores baseados na quântica manipulam assim a informação quântica, personificando uma extensão dos conceitos ideários de Shannon, e leva em conta as incertezas da mecânica quântica. A informação quântica é muito mais poderosa que a clássica, os bits quânticos têm outras propriedades a mais que não tem disponibilidade nos bits clássicos calcados em 0s e 1s. Há a possibilidade de divisão do bit em vários estados possíveis e teletransportado para um local distinto, além de poder realizar operações contraditórias numa sobreposição de estados alucinante. (SEIFE, 2010).

É importante destacar que um dos grandes fatores que pesam favoravelmente à informação quântica em detrimento da clássica, do ponto de vista da eficiência, dinamicidade e capacidade. É o aspecto que a informação quântica serve-se a vontade da natureza para processar e armazenar os dados, haja vista que baseia-se em átomos e partículas elementares disponíveis no meio natural. Ao ponto que a informação clássica fica severamente restrita a 0s e 1s, num mundo totalmente artificial e binário. Levando em conta às potencialidades da informação quântica, poderíamos com um computador baseado em mecânica quântica com grande capacidade de processamento e arquitetura de hadware, quebrar todos os códigos criptográficos utilizados na segurança da informação que estão baseados em computação clássica (binária). Isto é uma proeza totalmente impossível para computadores comuns.

---

[10] Ímã, qualquer material capaz de atrair ferro e produzir um campo magnético fora de si. No final do século XIX, todos os elementos conhecidos e muitos compostos foram testados quanto ao magnetismo, e descobriu-se que todos tinham alguma propriedade magnética. A mais comum era a propriedade do diamagnetismo, nome dado a materiais que exibem uma repulsão fraca por ambos os pólos de um ímã. Alguns materiais, como o cromo, apresentavam paramagnetismo, sendo capazes de fraca magnetização induzida quando aproximados de um ímã. Essa magnetização desaparece quando o ímã é removido. Apenas três elementos, ferro, níquel e cobalto, mostraram a propriedade de ferromagnetismo. Fonte: Britannica, The Editors of Encyclopaedia. "magnet". Encyclopedia Britannica. Disponível on-line em: https://www.britannica.com/science/magnet.

A informação quântica personifica-se numa chave importante para desvendar os mistérios do mundo quântico, é um acesso a um reino totalmente estranho e instigante. A informação quântica está associada de forma estreita com as leis fundamentais da física, e pode ser inclusive a chave-mestre para compreender as regras básicas e edificadoras do mundo microscópico, e indubitavelmente tem um funcionamento antagônico do macrocosmo. (SEIFE, 2010).

O microcosmo é um campo onde imperam as partículas elementares da matéria, povoada por glúons, férmions, bósons, neutrinos, fótons e quarks, apenas para nos atermos as principais; bem como as unidades maiores os átomos que sumariamente tem os seus prótons, neutros e elétrons. O estudo da informação quântica ainda é incipiente, e, contudo, é um comportamento diametralmente oposto ao dos bits clássicos, nas regras que governam as lâmpadas, bolas de gude, bandeiras e sinais de fumaça.

Em se tratando de informação quântica, abandonamos a terminologia já bastante utilizada de bit, para **bit quântico** o "**qubit**". O qubit está associado ao quanta, a menor unidade de energia, teorizado e definido primariamente por Max Planck[11].

O físico americano Richard Feynman[12] publicou em 1982 um trabalho que ensejava levantar uma discussão a respeito da simulação de partículas que se comportavam consoantes a mecânica quântica. Feynman também percebeu que para ser possível solucionar (resolver) um simples problema de física quântica, seriam necessários inúmeros passos e recursos computacionais, havia, portanto que ampliar a capacidade de processamento de dados das máquinas para atingir o objetivo. Ele demonstrou, contudo que se fosse possível preparar e efetuar o controle preciso e melindroso de um sistema quântico, simples, em laboratório, ele (sistema) poderia funcionar como um computador quântico que tivesse o objetivo de calcular propriedades quânticas. Melhor dizendo seria possível utilizar o próprio sistema contra ele mesmo, uma verdadeira retroalimentação de sistemas

---

[11] Max Planck, na íntegra Max Karl Ernst Ludwig Planck, (1858 - 1947), físico teórico alemão que originou a teoria quântica, que lhe rendeu o Prêmio Nobel para Física em 1918. Planck fez muitas contribuições para a física teórica, mas sua fama repousa principalmente em seu papel como criador da teoria quântica. Essa teoria revolucionou nossa compreensão dos processos atômicos e subatômicos, assim como a teoria da relatividade de Albert Einstein revolucionou nossa compreensão do espaço e do tempo. Fonte: https://www.britannica.com/biography/Max-Planck.
[12] Richard Feynman (1918 - 1988), físico teórico americano que foi amplamente considerado o mais brilhante, e influente figura em seu campo após a Segunda Guerra Mundial. Feynman refez a eletrodinâmica quântica – a teoria da interação entre luz e matéria – e assim alterou a maneira como a ciência entende a natureza das ondas e partículas. Ele foi co-premiado com o Prêmio Nobel de Física em 1965 por este trabalho, que uniu em um pacote experimentalmente perfeito todos os vários fenômenos em ação na luz, rádio, eletricidade e magnetismo. James Gleick. "Richard Feynman". Encyclopedia Britannica. Disponívbel on-line em: https://www.britannica.com/biography/Richard-Feynman.

quânticos, onde os dados seriam propriamente transformados em informação e seriam o próprio computador quântico *per se stante*. Onde as propriedades quânticas do sistema seriam instrumentais de simulação de um sistema de maior complexidade computacional. Era assim dado um pontapé inicial, não somente tratando-se apenas de conjecturas e abordagens teóricas, distantes da realidade e aplicabilidade. Era sim uma hipótese concreta de funcionamento do computador quântico para um problema real e posto aos nossos olhos. A possibilidade real de processar dados e obter informações de um sistema quântico, utilizando-se para isso de um próprio sistema quântico mais simples, porém com maior possibilidade de ser entendido e arquitetado.

Na informação clássica temos a possibilidade de obter para qualquer resposta de pergunta um sim ou não, 0 ou 1, ou seja, são dois estados mutuamente excludentes e diametralmente antagônicos. Já nos objetos ou entidades quânticas, portanto para a informação quântica, esta confortável e plenamente distinguível dualidade esvai-se entre os dedos. Eles podem ser duas coisas ao mesmo tempo, no que denomina-se de emaranhamento quântico, uma verdadeira sobreposição de estados possíveis. Um objeto quântico pode ser 0 e 1 ao mesmo tempo, algo como uma incerteza já prévia, com certeza uma possibilidade impossível para o mundo clássico em que estamos inseridos. Considerando a nossa percepção sensorial de humanoides e descendentes de cavernícolas que necessitavam de um senso macro apurado para sobreviver e prosperar num ambiente natural hostil. Os nossos sentidos foram selecionados naturalmente por pressões do ambiente a perceberem os macro-eventos, contudo ignoramos totalmente o que se passa no microcosmo, isto é, no mundo das partículas atômicas e as suas instigantes interações e fluxos de energia.

É, contudo, pertinaz acrescentar que a superposição de estados da informação quântica colapsa quando o observador é acionado, haja vista que o próprio ato de "ver" e "executar" a leitura de um sistema quântico afeta o próprio sistema em si, ontologicamente. Então o estado do qubit dado por **0 & 1** ao mesmo tempo, muda instantaneamente quando é lido, para um bit clássico sendo **0 ou 1**. O qubit é algo oposto ao bit clássico, nem mesmo assemelhado a dois bits clássicos por exemplo. Ele, o qubit, representa sumariamente um estado de spin[13] da

---

[13] A quantidade de momento angular associado a uma partícula ou núcleo subatômico e medido em múltiplos de uma unidade chamada Dirac h, ou h-barra (h), igual à constante de Planck dividida por 2π. Para elétrons, nêutrons e prótons, o múltiplo é 0,5; os píons têm spin zero. O momento angular total de núcleos mais complexos que o próton é a soma vetorial dos momentos angulares orbitais e spins intrínsecos dos núcleons constituintes. Para núcleos de número par de massa, o múltiplo é um número inteiro; para aqueles de número de massa ímpar, o múltiplo é um meio-inteiro. Todos os núcleos com número par de nêutrons e prótons têm spin zero em seus estados

partícula do sistema de informação quântica. Portanto não é importante definir objetivamente a localidade e o meio em que está o qubit, mas sim a informação quântica que ele representa. Assim a significância da informação assume uma importância maior do que o próprio meio em que ela está "localizada" dentro de um sistema quantizado.

Mais de tecnologia e de conhecimento serão abordados no Capítulo seguinte, onde iremos tratar oportunamente destes temas tão em voga na atualidade.

---

fundamentais. Fonte: Britannica, The Editors of Encyclopaedia. "spin". Encyclopedia Britannica. Disponível on-line em: https://www.britannica.com/science/spin-atomic-physics.

2. A Tecnologia e o Conhecimento

É relevante já de modo inicial neste Capítulo, conceituar-se o termo "tecnologia". Ela estuda os métodos e a evolução num âmbito industrial: tecnologia da internet, por exemplo. Assume uma roupagem de significância da Ciência aplicada como prática, a união entre a teoria e à prática, à técnica aplicada e embasada em conceitos de natureza teóricos. No sentido etimológico da palavra, "tecnologia"; é de origem grega do termo *"tekne"*, transliterando para o português "técnica", e *"logos"* que significa "conjunto de saberes, palavra". O *logos* é o verbo, com o vital poder de potencializar a razão, coadunado ao ato de pensar e agir, é um componente do Universo.

A tecnologia permeia evidentemente todas às áreas do conhecimento humano. Às aplicações tecnológicas ensejam unir os aspectos teóricos de uma Ciência com o campo da prática, da aplicabilidade útil dos temas conceituais levantados durante o processo de confirmação de hipóteses e desenvolvimento teórico de determinada área do saber.

A tecnologia também une de forma íntima, por exemplo, a arte com a Ciência, levando suas inovações no campo da engenharia e aplicados consequentemente à prática. Atualmente entende-se por tecnologia como termo ontológico, em um conjunto de conhecimentos de natureza científicos, que calcados na aplicabilidade prática, torna possível projetar e edificar produtos e serviços no âmbito da sociedade.

Todas as aplicações de cunho tecnológicas impactam de forma íntima direta ou indiretamente na sociedade. O impacto dá-se nos ambientes culturais, sociais econômicos, educação, saúde, organizações empresariais, entre outros.

É inegável portanto o impacto que a assim nominada "Sociedade da Informação" já vem causando na civilização e nas interações de cunho sociais principalmente. Evidente que não deixando de lado questões inerentes ao comércio, indústria e mídia falada, televisiva e escrita. A TI proporcionou o advento irreversível de novas formas de interação social e empresarial, dinamizando as ações a ponto da instantaneidade estar a ínfima distância de um mero clique ou toque na tela *touch*. Ocasionou também através de mudanças sociais e culturais, a formulação de novas identidades individuais e coletivas. No aspecto da identidade coletiva, temos o melhor exemplo deste aspecto materializado na "globalização".

A informação e o conhecimento, indubitavelmente tornaram-se os dois principais recursos econômicos tangentes à competitividade das empresas. Criou-se então uma necessidade premente de valorizar, manter, melhor gerir e criar dentro do seio da organização o conhecimento e para tornar possível este aspecto, é insopitável que a informação seja igualmente bem tratada e conduzida de forma a auxiliar a empresa neste processo de geração do conhecimento e *a posteriori* aplicar em inovações e tecnologias.

Russel & Norving (2013) destacam: *"Os seres humanos, parece, sabem das coisas; e o que sabem os ajuda a fazer coisas."* Isto é, contudo uma frase de impacto e até podemos dizer assertiva, entretanto é uma declaração generalista e vazia. Personifica-se como um sistema retroalimentador que faz com que o simples fato de sabermos fazer coisas é condicionante do processo de sapiência, um fator atrelado a outro. Porém é imperioso destacar que a geração do conhecimento não se dá por processos casuais, envolve sim a faculdade de raciocínio, calcadas em operações cognitivas e representações de informações internas, bem como as colhidas sensorialmente pelo indivíduo.

Em se tratando aqui de uma temática de cunho empresarial, o que fica clarificado é que, o sucesso ou o fracasso organizacional em muitos casos, para não dizer sempre, percorrem uma linha tênue entre a noção que as empresas têm de informação ou conhecimento, a forma de como contar com eles e o que se pode fazer com cada um deles. Fato coadunado com o impacto que uma organização baseada em conhecimento promove no mercado e nas regras de competitividade, pois conforme apregoado no parágrafo anterior, o conhecimento advém de um esforço intelectual contínuo e baseado em regramentos racionais do indivíduo.

O conhecimento organizacional é indubitavelmente gerado por pessoas, elas são parte basilar do processo. O conhecimento interno é, contudo, criado por indivíduos que perfilam nos quadros funcionais e colaborativos da empresa. Já o conhecimento externo advém dos clientes, fornecedores, do ambiente econômico, da concorrência, que perfazem fatores de um ambiente fora da organização e influenciam diretamente nos rumos a serem seguidos, bem como nos resultados colhidos.

Pinochet (2014) afiança a respeito da tecnologia: *"Estamos em uma realidade em que hoje seria impensável viver sem a tecnologia, uma vez que está presente em todos os espaços do nosso desenvolvimento comum. A tecnologia está presente em todas as atividades da nossa vida [...]"* É sempre bom frisar que em se tratando evidentemente da tecnologia, é crucial ter em mente que, a mesma existe para servir o homem, intuindo proporcionar uma vida melhor este deve ser o objetivo primeiro dela.

Portanto tecnologia e conhecimento, andam lado a lado, numa simbiose absoluta.

Do Industrial para o Digital

A TI e seus desdobramentos na aplicação do cotidiano, invadiu o âmago da sociedade, saturando-a de informações aos montes, diversões, serviços, ofertas de produtos à venda on-line e notícias instantâneas nem sempre confiáveis. Pode-se dizer com total segurança que a tecnologia vem programando e regrando cada vez mais a vida de cada indivíduo no planeta, criando uma dependência até insana. As barreiras outrora impostas pela política, cultura, ou mesmo por questões de acidentes geográficos naturais (rios, montanhas, oceanos), praticamente inexiste nos dias atuais, e o seu catalisador fecundo foi, é e será a tecnologia e suas aplicações (informáticas). Isto impreterivelmente gera em nossas cabeças uma ideia de um mundo sem fronteiras e a quebra de uma simetria temporal e de distância, haja visto que singularidade e metaverso são termos em voga e comuns na atualidade. Temos uma nítida e clara noção de virtualidade do mundo, com velocidades instantâneas de interações. E a sociedade marcha de uma economia calcada na industrialização para o digital.

Conforme oportunamente cita-se Domênico de Masi a respeito da informação enquanto matéria-prima primordial na sociedade atual; *"[...] a atenção da sociedade industrializada está direcionada para uma nova matéria-prima que, diferentemente das demais, que parecem em via de esgotamento, a cada dia aumenta em excesso: a informação."* Fica clarificado que a informação por ter evidentemente contornos abstratos está atrelada a questões de cunho racionais e cognitivas. Ela sobretudo não depende da materialidade corpórea como outras matérias-primas (petróleo, madeira, etc). Contudo é importante refletir para o seguinte fator; temos que saber lidar com o excesso da informação que nos bombardeia diariamente.

E neste importante ponto levantado no parágrafo acima, Domênico de Masi, aborda a respeito da problemática da informação disponível atualmente; *"Permanece, porém o problema de que o aumento da informação disponível deve encontrar uma solução quanto à possibilidade de identificar a fonte, de saber de que modo foram recolhidos e elaborados os dados, qual é o significado das sínteses que deles foram feitas. [...] Enfim, deve ser garantida a possibilidade segura de corrigir a informação que se mostra equivocada, problema este não completamente resolvido no âmbito da automação de dados."* É imperioso, contudo, quando estamos literalmente imersos a um verdadeiro mar de informações a nos inundar diariamente, que desperte a preocupação de selecionar e checar as fontes advindas. Há então a necessidade de criar mecanismos computacionais que permitem de forma dinâmica, segura e confiável de checar e validar as informações levantadas em determinado contexto.

Evidente que a migração da economia industrial para a digital não é abrupta e obedece a regras lineares. Há sempre progressos e retrocessos, na verdade uma transição que já iniciou.

Na economia industrial, a informação é majoritariamente analógica, a valoração dos bens dá-se por métodos repetitivos de trabalho. O fator de trabalho é predominantemente mão-de-obra, às interações de vendas ocorrem nos pontos de vendas, sendo que à agregação do produto estão questões do seu conteúdo, contexto e infraestrutura. Já na economia digital, a informação é totalmente digital (eletrônica), aplica-se o conhecimento ao trabalho, a produtividade está coadunado com a inovação. O fator de produção é sumariamente o conhecimento. A relação entre vendedores e compradores dá-se via transações virtuais. O conteúdo, contexto, a infraestrutura são desagregados, há inclusive à adoção da terceirização de serviços, o que indubitavelmente gera novas formas de negócios. (PINOCHET, 2014).

É dentro desta contextualização que fica latente a questão que o conhecimento torna-se um ferramental relevante e de primeira linha no âmbito das organizações, e consequentemente na vida diária das pessoas. Ele toma forma de mercadoria, ganhando um valor de troca e barganha. E dentro do contexto tecnológico em que estamos imergidos é importante de certa forma tratar a respeito da temática.

Conhecer tem uma íntima e indissociável ligação como a gradativa aproximação com o objeto, a ser conhecido. Portanto podemos auferir que o conhecimento dá-se por aproximação, e uma junção sincrônica com a análise e o processo de inferência, tangencialmente referente ao objeto e o observador ávido e questionador.

O conhecimento no ponto de vista computacional resume-se na justaposição dos dados armazenados, dos algoritmos aplicados a estes dados e processamentos dos mesmos, interpretados sob a forma de informação, para posterior discernimento (conhecimento). (RICH & KNIGHT, 1993).

Na hipótese da representação do conhecimento, trás a tona que todo o processo inteligente; indubitavelmente contará com um interpretador – agente dotado da capacidade de manipular as representações percebidas pelo observador externo. Sendo que o computador é o interlocutor (interpretador) entre o objeto e/ou dado a ser interpretado ou manipulado e o homem (observador).

O conhecimento nem sempre está explícito na superfície das colocações verbais, ou é palpável e quantificável. É uma entidade de cunho abstrato, como quando dizemos muitas coisas sem expressá-las da maneira como elas são, mas debaixo de uma névoa quase que opaca, como uma fala por signos, enigmática. E claro a casos que vemos as coisas não propriamente como elas são, mas por aproximação, similitude. Algo como quando contempla-se a face junto ao espelho. (STO. ANSELMO, 1988).

E a capacidade do indivíduo criar, gerar e exponenciar o conhecimento, seja ele pessoal ou empresarial, está intimamente atrelada a sua formação intelectual. E isto somente é possível e realizável por meio da educação do indivíduo.

Dado, Informação, Processo e Conhecimento

É imperioso aqui elencar de forma oportuna estas temáticas que servem de título para a presente seção. Dado, informação, processo e conhecimento. Contudo iremos nos centrar prioritariamente no tema "conhecimento" os seus desdobramentos, já aventados na seção antecedente. Entretanto tratemos agora de dados, informações e processos.

Os dados são fatos ainda não estruturados, personificam-se em evidências "brutas" que são relevantes sobre um fato que foi observado, é então uma evidência clara a todos. E não há necessidade de análise ou mesmo cálculo *a priori*, ensejando a sua obtenção ou leitura. Cita-se como exemplo o nome de uma cidade, quantidade de dias da semana ou mês, número de um tipo de produto em estoque ou mesmo número de atendimentos médicos. (DE SORDI, 2008).

Então os dados (ou fatos) têm evidentemente a sua representação dentro de um contexto na qual há tipificação como:

- **alfanumérico:** números, letras e demais caracteres;
- **imagem:** imagens gráficas e fotos;
- **áudio:** sons, ruídos;
- **vídeo:** imagens em movimento.

Os dados desprovidos de uma interpretação cognoscível de natureza abstrata, evidentemente nada representam, são "letra morta". É impossível de haver uma explicação ou extração de algo a mais de dados brutos isolados.

Já a informação consiste em dados organizados e com ordenação, dentro da contextualização do processamento, assumindo algo a mais, um sentido, ou seja, uma significância.

A organização e o relacionamento dos dados brutos que nada explicam, gera a informação e vindo a calhar com as suas respectivas explicações. (PINOCHET, 2014).

Na organização dos dados, é definida a regra para a ação de processamento dos mesmos, e isso ocorre antes do processamento factual. Estabelece-se então que para gerar a informação, é imperioso e necessário que os dados, sejam evidentemente processados, seguindo um sequenciamento ordenado e pautado por operações matemáticas e lógicas. (DE SORDI, 2008).

O processo consiste basicamente na transformação dos dados desprovidos de sentido em informação significativa e entendível. Processo significa uma conjuntura de etapas, logicamente relacionadas e organicamente estruturadas, que são executadas com o intuito de atingir a um objetivo já definido, um resultado final, e que tenha significado.

Conhecimento colocado aqui evidentemente sob o ponto de vista da TI refere-se à forma como é mentalmente percebia a informação. Somando-se à compreensão da mesma e tendo a possibilidade de traçar um paralelo íntimo e racional entre a informação captada e já assimilada, e a sua utilidade para a resolução de um determinado problema.

Torna-se, portanto importante uma análise de cunho epistemológico bem como conceitual, relacionando os aspectos pertinazes à competitividade organizacional - informação X conhecimento. Então a tríade dado, informação e conhecimento, constituem-se em marcos teóricos básicos de tudo o que concerne às formulações e balizadores com o intuito de haver proposições e discussões que são atinentes às organizações, tendo um viés direto na gestão da informação e do conhecimento. (ALVARENGA NETO, 2008).

É relevante definir que há uma grande dificuldade de definir claramente e até de certa forma objetivamente "informação". Fato consumado que quando tomada na sua forma isolada, o termo "informação" assume uma roupagem que está intimamente atrelada ao seu antecedente "dado", bem como o seu precedente "conhecimento".

Não obstante tentar enquadrar estritamente a termo informação, performa num aspecto em que são dados dotados de relevância e propósito, algo que faça sentido para a cognoscibilidade humana. Portanto obviamente é o olhar humano que materializa a informação e abstrai do dado bruto.

Ainda pertinente ao termo conhecimento e a sua conceituação e entendimento prático, é importante frisar que, de forma ontológica, denomina-se aquisição de conhecimento de processo de cognição. É um ato ou mesmo processo que concerne no resultado de uma inferência psicológica, íntima de cada pessoa, bem como está associado à percepção de cada um sobre as informações e dados e as suas aprendizagens de vivências passadas e racionalidade. (DE SORDI, 2008). O conhecimento assenta às suas bases justamente em um conjunto de fatores classificados como dados, regras lógicas, procedimentos e relacionamentos, que sumariamente ensejam atingir a um objetivo ou resultado esperada e já traçado. Colocamos como exemplo prático o ato de escrever este livro.

Conhecer é um ato estritamente associado a incorporação de conceitos e consequentemente saberes novos. E que indubitavelmente podem tornarem-se inéditos. E isto é pertinaz a um fato, assunto, problema ou fenômeno observado.

TECNOLOGIA DA INFORMAÇÃO: UMA ABORDAGEM DIFERENCIAL

O conhecimento dificilmente é dado *a priori*, ele sim tem um nítido viés *a posteriori* da experiência. Isto quer dizer em singelas palavras que; o conhecimento nunca nasce vazio, brota do nada na mente humana, ele é fruto de experiências, conscientes e inconscientes, claro. Elas são fatalmente acumuladas no decorrer da nossa vida, passadas por um informal processo inferencial logicista e armazenadas na memória. Além das experiências podemos dizer que o conhecimento também vem dos relacionamentos entre pessoas, leituras e práticas do dia a dia.

E quanto à tipificação dos conhecimentos podemos classificá-los da seguinte forma:

- **conhecimento empírico:** também denominado vulgar, senso comum, ele é obtido ao acaso, fruto de ações não estruturadas e planejadas;
- **conhecimento filosófico:** advém do raciocínio e do processo de reflexão da pessoa, é de cunho especulativo;
- **conhecimento teológico:** é advindo e revelado por meio da fé divina, atrelado à religião, não como confirmá-lo racionalmente, é sim um aspecto que depende de cada indivíduo;
- **conhecimento científico:** de cunho racional, estruturado, sistemático e atrelado à realidade, calcado na confirmação ou não de hipóteses científicas; é um conhecimento objetivo, é verificável, comunicável e metodológico. (PINOCHET, 2014).

A tecnologia é à aplicação da técnica ante um conjunto de conhecimentos conceituais de teórico que sofreram um processo de escrutínio analítico.

Contudo há algo significativo a ser elencado. Será que vamos mesmo à direção de uma sociedade do conhecimento? Temos evidente informação em abundância e uma produção científica igualmente vultosa. O advento de uma sociedade pautada pela informação já é uma realidade, entretanto para haver uma mudança de patamar social e passarmos a uma sociedade do conhecimento, há um longo caminho a trilhar. E obviamente a interligação do planeta via internet e disponibilização de informações dinâmicas, vultosas e instantânea às pessoas não significa uma mudança cognitiva da sociedade. É apenas outra forma, eficientíssima claro, de transmitir informação e conhecimento. Cumpre citar que a internet não nos libera de efetuarmos uma abordagem de cunho teórico e reflexivo a respeito da informação e da comunicação dela. A internet *per se*, não é agente provocador de mudança de paradigma científico, ela nada mais é que o resultado de uma técnica aplicada, fundamental na atualidade, com certeza.

Constituem-se em pilares fundamentais da TI o hardware o software, pois o primeiro consiste nos equipamentos físicos dos sistemas e o segundo na lógica abstrata. Trataremos deles a seguir, com intuito de dissertar brevemente a respeito destes temas.

O Hardware e o Software

Não há como falarmos minimamente de uma obra voltada para a temática da TI, sem mencionar e tratar a respeito de dois aspectos importantes da mesma de uma forma mais específica, o hardware e o software.

O hardware diz respeito à parte material dos componentes físicos de um determinado sistema computacional que envolva processamento de dados, não importando a sua natureza ou mesmo finalidade. Há, sobretudo de se ressaltar que o sistema computacional também poderá ser "isolado", sendo o seu equipamento físico, igualmente classificado como hardware. Em outras palavras mais diretas e claras, hardware corresponde à parte física do sistema. É imperioso contudo atentar para o aspecto de que o hardware é constituído basicamente por componentes interdependentes, nem sempre ele é uma "peça" única dentro de um sistema de computação.

Classificam-se como componentes básicos de hardware: a Unidade Central de Processamento, memórias e os periféricos, eles são os três itens básicos de um equipamento que processa dados na forma eletrônica. A Unidade Central de Processamento é o componente mais importante do hardware, pois é onde gerencia-se todo o processamento dos dados, comanda as funções e controle os demais componentes, além de permitir o acesso às tarefas de outros dispositivos. Os microprocessadores podem evidentemente desempenhar tarefas específicas em circuitos integrados específicos. Já as memórias, são um dispositivo capaz de armazenar dados, instruções e comandos, para processamento geral.

Os periféricos são um conjunto de elementos (hardwares) que são acessórios na tarefa do processamento de dados, eles são subdivididos em três categorias:

- **periféricos de entrada:** permitem a entrada de dados no computador, para poder processar os dados; são exemplos de periféricos de entrada: teclado, mouse, scanner, leitor de código de barras, unidades de áudio e vídeo, câmeras digitais, etc;
- **periféricos de saída:** são os responsáveis pela apresentação dos dados que outrora foram processados; são exemplos e periféricos de saída: monitor, impressora, plotter, unidades de áudio e vídeo, etc;

TECNOLOGIA DA INFORMAÇÃO: UMA ABORDAGEM DIFERENCIAL **47**

- **periféricos de entrada/saída:** estes estão presentes nos dois fluxos do processamento; são exemplos de periféricos de entrada/saída: monitores e telas touchsreen, modem, multifuncionais, interface de áudio, etc.

As tecnologias de hardware já estão inseridas e fazem parte do cotidiano da vida das pessoas. Elas assumem um papel protagonista num mundo cada vez mais conectado de dependente da tecnologia.

O software usufrui da potencialidade e dos recursos disponibilizados pelo hardware, e a sua operacionalização parte-se de uma lógica computacional imbuída de comandar e que são arranjadas por meio de instruções eletrônicas e logicistas concebidas para serem inteligíveis pela Central de Processamento de Dados (hardware). Portanto o software consiste na parte lógico/abstrata do sistema computacional que compreende o que denomina-se interface gráfica.

Temos uma definição clássica de software, como sendo um conjunto arranjado de instruções lógico/matemáticas em que são lidas e executadas pela CPU. O software tem a finalidade precípua de usufruir o máximo possível das potencialidades do hardware existente.

Contudo há diferentes tipificações e categorizações de software, conforme detalhamento a seguir:

- **Software livre:** é um software que têm suas características e funcionalidades atreladas a liberdade; trata-se de um software de computador que pode ser utilizado e copiado, bem como modificado; a sua distribuição está atrelada a uma licença de software livre, bem como disponibilizar o seu código fonte; um software é considerado livre, quando atende a quatro requisitos bases[14] – 1º, liberdade de executá-lo – 2º, liberdade para estudá-lo e promover adaptações – 3º, liberdade de redistribuir e inclusive vender cópias modificadas desde que com código fonte aberto – 4º, liberdade de modificar e melhorar o software, liberando as modificação para o público;

- **Open Source:** caracteriza-se por ser um software de código aberto, assemelhado às diretrizes da Free Software Foundation, contudo objetiva ser mais flexível; a organização que o normatiza a Open Source Initiative (OSI)[15], efetuou a definição dos requisitos que classificam um software como open source: 1º, distribuição livre –

---

[14] Free Software Foundation – www.fsf.org.
[15] Open Source Initiative - https://opensource.org/.

2º, acesso ao código-fonte – 3º, possibilidade de desenvolver trabalhos derivados – 4º, integridade do criador do código-fonte – 5º, não discriminar indivíduos ou grupo – 6º, não discriminar contra áreas de atuação – 7º, distribuir a licença – 8º, licença não totalmente atrelada ao um produto – 9º, licença não ser restritiva a outros programas a serem desenvolvidos – 10º, licença ser neutra em relação à tecnologia;

- **Software proprietário:** é uma aplicação registrada, ou seja, particular; é um software criado por uma empresa na qual detém os direitos sobre o produto bem como distribuição, a sua utilização é feita mediante o pagamento de licença de uso;
- **Software comercial:** desenvolvido por uma empresa com intuito de obter lucratividade, contudo a de se fazer uma ressalva neste aspecto, já que a grande maioria dos softwares comerciais é de característica proprietária, porém há ainda softwares não livres e não comerciais;
- **Software freeware:** é um software gratuito ao usuário, porém atrelados profundamente a receitas de publicidade, eles podem ser proprietários ou livres;
- **Software shareware:** é um software disponibilizado gratuitamente por um dado período de tempo, com funções abertas para utilização, contudo passado o período da gratuidade dele é necessário o pagamento da licença para continuar a utilizá-lo;
- **Software trial:** é uma versão para testes do software, normalmente por trinta (30) dias, período este que o usuário o utiliza e pode analisar se atende as suas necessidades;
- **Software demo:** versão demonstrativa do software, assemelhada a Trial, contudo um software demo há apenas algumas funções restritas liberadas para utilização.

Dentro da questão abordada aqui pertinentes aos softwares e suas peculiaridades, urde incluir o software, Sistema Operacional. Conforme aventam Laudon & Laudon (2014), o software de sistema operacional é o encarregado de gerenciar e efetuar o controle das atividades/tarefas do computador. E como agente controlador, é ele quem determina quais os recursos operacionais serão utilizados para realizar as tarefas, a solução de problemas (bugs), alocação de recursos computacionais disponíveis e a freqüência e prioridade das atividades de processamento e afins.

O sistema operacional é um software controlador geral das atividades computacionais e do hardware, ele é o responsável por fazer a "comunicação" entre o hardware e os demais softwares utilitários. É um conjunto de programas que servem como apoio ao sistema geral do computador, atuam também com a CPU.

Peopleware

O peopleware é um componente básico e importante da TI. Diz respeito ao indivíduo que opera e usufrui dos recursos disponibilizados pelo hardware e software, ele por meio destes recursos obtém informações necessárias que irão auxiliar na execução das suas tarefas e promover além do conhecimento, um auxílio imperioso no intrincado processo de tomada de decisões.

Indubitavelmente o peopleware, por se tratar de um agente humano está sujeito a falhas, citamos algumas das mais comuns. A fadiga, pois, a pessoa que trabalha várias horas seguidas, tem baixa confiabilidade no final do expediente, isto porque o seu cérebro já está esgotado. As questões pessoais, neste aspecto incluem-se as preocupações familiares e com amigos, questões de dívidas e eventuais desvios de personalidade. Desajustes com a empresa, motivado por um ambiente de trabalho desfavorável, problemáticas de relacionamento no trabalho, falta de credibilidade da gerência e a pessoa não estar preparada para o desempenho das suas funções. Interesses pessoais são aspectos que eventualmente podem gerar fraudes e erros intencionais, tendo muito haver com o próprio caráter da pessoa. E por final a incompetência, ocasionada pela falta de treinamento, bem como propriamente desinteresse e motivação do indivíduo para o desempenho da função.

É, contudo fato consumado que dentro de uma abordagem, ou mesmo um projeto de TI, deve-se dar grandíssima ênfase para o fator humano envolvido. De nada adianta ter em mãos um software poderosíssimo, aliado ao um hardware extremamente robusto que dê suporte ao aparato da aplicação e os seus múltiplos recursos se não houver engajamento das pessoas que irão operar todo o Sistema de Informação.

Educação Tecnológica – a inclusão digital consciente

Constitui-se como base importante tratarmos da imersão da tecnologia na educação, sob um prisma objetivo e consciente, haja vista que na atualidade há uma verdadeira "confusão" e equívocos desta parte.

Já nas próprias palavras de Ollivier (2021) bem explicitam: *"O primeiro erro dos discursos comuns é confundir a disponibilidade de informação com a constituição do saber."* Deve, contudo estar plenamente clarificado que uma coisa são às TICs (Tecnologias da Informação e Comunicação) enquanto aparato técnico e de equipamentos, e outra diametralmente oposta é o intrincado processo de adquirir e gerar conhecimento. Isto porque, as mensagens que circulam da internet e que são levadas a cabo graças ao advento das TICs, porém não são garantia de transmissão de conhecimento, pois trata-se de técnica aplicada e negligencia totalmente a didática pedagógica, o suporte e os parâmetros de relacionamento dos receptores. E até porque segundo Ollivier (2012) também diz: *"O acesso ao catálogo de uma biblioteca não fornece ipso facto conhecimento algum."* É preciso apropriar-se da informação recôndita nos livros de uma biblioteca, analisar, refletir e sintetizar, para somente depois alcançar o estágio do conhecimento. E o mesmo ocorre com a postagem de informações técnico/científica e pedagógicas na web, não sendo garantia de que gerarão conhecimento e minimamente alcançarão o objetivo, que é instruir o usuário ou receptor. Até porque o conhecimento tem uma diferença basilar e importante ante a informação *per se*, ele implica em atividade cognitiva intensa do receptor, além dele (receptor), tomar uma posição ideológica ante a informação recebida. E uma vez apropriado do conhecimento, o indivíduo pode indubitavelmente ampliar a sua base de saber e ser sustentáculo para a sua tomada de decisão. Então as TICs constituem-se em uma ferramenta fecunda e imprescindível para a informação e o conhecimento, envolvendo intimamente o campo da educação. Temáticas como a inclusão digital são comuns, entretanto há de atentar-se para aspectos fundamentais nesta área.

Ressalta-se oportunamente que, a Tecnologia por si só, não tem o poder de fomentar a inclusão digital, ela não é um fim *per se*, é sim um meio. Há uma interdependência simbiótica com as políticas inclusivas que serão planejadas e seguidas. Dentro desta oportuna contextualização, urde analisar-se e compreender as relações de cunho social envolvidas, e obrigatoriamente tendo uma inteligibilidade pertinente ao funcionamento das TICs. Partindo de um pressuposto envolvendo uma esquematização na qual há uma readequação nas questões de relacionamento dos sujeitos envolvidos, identificando as limitações e apontando os potenciais.

A inclusão dos sujeitos (indivíduos), num processo pertinaz à "inclusão digital", vai além das questões de hardwares, e procedimentos básicos de operacionalização de softwares educativos e inclusivos por exemplo. Sobretudo exige algo a mais, uma percepção maior a cerca da problemática. Exige-se na inclusão do indivíduo, a sua preparação sociocultural com vistas a interagir com a tecnologia, ou seja, as TICs, clarificando as questões de natureza ética, científica, cultural, política e educacional. É impreterível portanto um embasamento caracterizado

TECNOLOGIA DA INFORMAÇÃO: UMA ABORDAGEM DIFERENCIAL **51**

como teórico/filosófico em que o indivíduo emirja no mundo da tecnologia com conceitos já solidificados das questões supra citadas, isto facilitará o processo de aquisição de conhecimento. Intuindo usar as TICs com responsabilidade e consciência, fazendo delas uma ferramenta auxiliar na aquisição de informação, entretenimento e saber.

O papel reflexivo deve ser pauta da utilização das TCIs na educação, nas práticas educativas, ensejando colher resultados práticos e objetando exponenciar o aprendizado do alunado.

Os benefícios da TCIs na educação são sentidos principalmente no desenvolvimento das habilidades cognitivas dos estudantes. Entretanto é importante frisar que os benefícios das TCIs na educação estão indubitavelmente condicionados a um planejamento sério e coerente, seguindo os passos já aventados nesta abordagem, onde primeiramente prepara-se o indivíduo mentalmente e socialmente nas questões da tecnologia, para num segundo passo interagir diretamente com as TICs.

As contribuições das TICs, aos alunos, consistem em uma série de fatores ligados à ordenança do pensamento e habilidades cognitivas, listamos a seguir alguns pontos pertinentes:

Habilidades no processamento da informação – consistem em facilidades na coleta e localização de informações, bem como ter a capacidade de análise e relacionamento.

Habilidades de raciocínio – desenvolvimento da lógica, nos seus aspectos inferenciais e dedutivos e refinamento na linguagem no que tange às questões de estrutura.

Habilidades de indagação – capacidade de questionar, definição de problemáticas, testar conclusões e refinamento de ideias e conceitos aprendidos.

Habilidades no pensamento criativo – ampliar os horizontes do pensamento, a imaginação e o processo criativo.

Habilidades no processo de análise e avaliação – ter a capacidade de saber avaliar o valor da informação que é lida, ter criticidade e capacidade avaliativa.

As TICs, usadas isoladamente, não promovem e exponenciam nenhuma das habilidades acima detalhadas, de nada adianta colocar um indivíduo em frente a um dispositivo tecnológico (computador, smartphone, e-book, etc), e apenas ensiná-lo a operacionalização básica. É preciso desenvolver no indivíduo toda uma teoria ética e consciente, para após imergi-lo nas TICs.

O processo de adquirir conhecimento é tortuoso e não segue um padrão pautado por rígidos esquemas logicistas. Pelo contrário há muita subjetividade cognitiva envolvida neste processo. Contudo isso será assunto para o Capítulo IV, onde será pautado este tema no âmbito conceitual e prático especificamente na área das organizações (empresas). E consoante a isto o processo educacional é vital para ter uma sociedade informada e com alto padrão de conhecimento também na área da TI.

No próximo capítulo o assunto será "Os Sistemas" e a sua função dentro da TI, onde perpassaremos temas sobre o princípio histórico e a conceituação basilar a respeito.

3. Os Sistemas

Colocando sob uma perspectiva de cunho historicista, a temática referente aos Sistemas, parte de um conceito pautado pela mecanicista e linear, destacando aqui René Descartes e Isaac Newton, para um olhar atual além de coadunado pela holística e ecologia. Trazendo para a cena questões pertinazes à preservação ambiental e a sustentabilidade.

Contudo, iniciamos pelo princípio!

Descartes grande filósofo e matemático, seguramente um dos precursores da filosofia e matemática moderna e do que conhecemos como "cartesianismo". Enfim um racionalista puro! Ele criou um método de pensamento puramente analítico, um método racional, em que basicamente consiste em dividir um fenômeno complexo em partes constituintes menores e simples, intuindo compreender o todo (complexo), partindo das partes elementares. Ora! Indubitavelmente há configurado a gênese para a compreensão e desenvolvimento instrumental de um "sistema genérico".

Igualmente Newton e as suas descobertas a cerca da gravitação dos astros, intuindo medir os fenômenos naturais pertinentes a velocidade e gravitação dos planetas. Já por outro lado, colocado como antagônico a isto, temos Albert Einstein e Stephen Hawking, que deram significativas contribuições ao campo da física, tendo uma visão holística e ecológica.

"Todo o sistema faz parte de um sistema maior, com o qual mantém relações, numa contribuição para o seu funcionamento, assim como dele recebendo elementos para a execução de suas próprias funções." – Ludwig Von Bertalanffy[16].

Ludwig Von Bertalanffy despendeu grande interesse pelos organismos vivos e seu desenvolvimento. É o criador dos sistemas no campo da biologia, com uma abordagem teórica organizativa que de certa forma rejeitou os aspectos mecanicistas, dando ênfase para a explicação dos processos vitais. A sua teoria centra-se no organismo na sua totalidade, na integração das funções fisiológicas e os processos de metabolismo. Sendo o todo do sistema biológico é o fator determinante para o caráter e as funções de cada parte.

---

[16] O biólogo austríaco/canadense, Ludwig Von Bertalanffy e o sociólogo americano Talcott Parsons, formularam uma ampla teoria descritiva de como as várias partes e níveis de um sistema político interagem entre si. A ideia central da análise de sistemas é baseada em uma analogia com a biologia: assim como o coração, os pulmões e o sangue funcionam como um todo, o mesmo acontece com os componentes dos sistemas sociais e políticos. Fonte: https://www.britannica.com/topic/political-science/Systems-analysis#ref848622.

Ainda a respeito dos aspectos conceituais atinentes a definição de Sistema de Ludwig Von Bertalanffy, é importante salientar que efetuou uma crítica velada a um mundo dividido em diferentes áreas.

É, contudo, imperioso elencar outras definições usuais sobre sistema:

1º - sistema consiste em um conjunto formado por partes coordenadas, que convergem para viabilizar a realização de um ou mais objetivos;

2º - sistema é um conjunto de elementos que operam interdependentes, são partes que interagem entre si consequentemente formam uma unidade dotada de complexidade;

3º - sistema é um todo que abarca unidades elementares e processos que concorrem para efetuar a transformação de entradas em saídas.

Os sistemas podem indubitavelmente serem criados pelo ser humano (artificial), bem como já existir no ambiente natural (espontâneo, fruto do acaso por exemplo). Um sistema tem a sua franca razão de existir calcada no aspecto de satisfazer uma necessidade para que foi concebido. Os sistemas podem ser físicos ou lógicos. Os físicos podem ser exemplificados como uma composição atrelada a máquinas, objetos reais, ou seja, "algo palpável". Já os sistemas lógicos primam pela abstração, e são compostos por ideias, hipóteses e planos.

Uma das premissas basilares de um sistema, e isto, independe da natureza deste sistema, podendo claro ser computacional, natural, ou mesmo mecânico, é que invariavelmente possui um conjunto de elementos interdependentes que trabalham juntos. Estes elementos que possuem uma ligação de dependência formam um mapa total organizado. Concernente a finalidade, pode-se inferir que esta consiste em transformar entradas em saídas, passando neste ínterim pela etapa de processamento ou transformação.

Os sistemas essencialmente podem ser considerados como abertos, devido ao fato de existirem sistemas dentro de outros sistemas. Contudo quando eles perdem a sua conexão com o ambiente, há uma tendência de sofrerem desintegração.

Claro que em se tratando de um sistema mais complexo haverá uma pluralidade de entradas, caracterizada com um ponto flutuante na sua modelagem. Referente ao processamento, este deve levar em conta os dados da (s) entrada (s), e o resultado final da etapa processadora apresenta-se na saída. Contudo todo o sistema deve ter um mecanismo de retroalimentação, ou melhor colocando o feedback.

Evidente que são conceitos abrangentes e tem aplicabilidade a uma gama de variabilidade de objetivos, contudo iremos a seguir centrar na questão dos Sistemas de TI.

Complexidade de um Sistema de TI

O que realmente faz a complexidade de um sistema é o número e tipos de relacionamentos entre o sistema e os seus componentes, e o sistema e o seu ambiente em que está inserido. Seja um ambiente formal, ou mesmo um ambiente de cunho tecnológico. Em caso de haver um número pequeno de relacionamentos entre os componentes do sistema, há então mudança lenta em relação o tempo, há então a franca possibilidade de realizar o desenvolvimento de modelos determinísticos do sistema e fazer previsões. Contudo em caso de haver muitos relacionamentos e caracterizados pela dinamicidade entre os elementos do sistema, então está presente a complexidade. E é relevante destacar que os sistemas complexos não são determinísticos, impossibilitando qualquer análise segura dos seus constituintes.

Relacionamentos dinâmicos incluem relacionamentos entre os elementos do sistema e o ambiente que muda. Por exemplo, uma relação de confiança é uma relação dinâmica, pois sempre está em rotação nunca fica estática. Inicialmente, o componente A pode não confiar no componente B, então, depois de algum intercâmbio e interação, A verifica se B é confiável como o esperado por ele. Com o tempo, essas verificações podem ser reduzidas em escopo, pois a confiança de A em B aumenta gradativamente. Contudo, alguma falha em B pode influenciar profundamente essa confiança e, após a falha, verificações ainda mais rigorosas podem ser introduzidas por A. (SOMMERVILLE, 2012).

Portanto a própria complexidade é decorrente das relações dinâmicas entre os elementos constituintes de um sistema. A complexidade depende também do número, existência e natureza das relações dos elementos do sistema. É impossível proceder com a análise da complexidade inerente de um sistema durante o seu franco desenvolvimento. Uma vez que há também uma dependência estabelecida sistema em si a ser desenvolvido, o ambiente e a própria dinâmica. (SOMMERVILLE, 2012).

Reducionismo de um Sistema e Engenharia de Software

Em alguns aspectos, a engenharia de software tem sido incrivelmente bem-sucedida, quando o assunto é reducionismo de um sistema a ser desenvolvido. Em comparação com os sistemas que estavam sendo desenvolvidos nas décadas de 1970 e 1980, o software moderno é muito maior, consideravelmente mais confiável e muitas vezes desenvolvido mais rapidamente. Os produtos de software oferecem funcionalidades surpreendentes com preços relativamente baixos. Sem levar em conta o aspecto pertinaz a complexidade de uma aplicação de software atual. (SOMMERVILLE, 2012).

A engenharia de software tem se concentrado em reduzir e gerenciar a complexidade do sistema, onde complexidade inerente é relativamente baixa e, criticamente, onde uma única organização controla todos elementos do sistema, a engenharia de software é muito eficaz. (SOMMERVILLE, 2012).

Existem, contudo três pressupostos reducionistas fundamentais que fundamentam os métodos de engenharia de software no desenvolvimento de sistemas, conforme os pontos abaixo ilustram:

- Os proprietários de um sistema controlam seu desenvolvimento;
- As decisões são tomadas de forma racional e guiadas por critérios técnicos;
- Existe um problema definível e limites claros do sistema.

Evidente que os itens acima dispostos nem sempre retratam a realidade, há sempre meandros que devem ser considerados. Por exemplo no caso do sistema a ser desenvolvido não ter uma centralidade dos seus componentes, então não há como o proprietário controlar de forma direta o desenvolvimento.

Teoria Geral dos Sistemas de Informação

Claro que em se falando de Teoria de Sistemas, urde colocarmos de forma clara a significância do próprio termo "sistema[17]". Um sistema consiste basicamente em uma reunião de elementos, podendo ser classificados como subsistemas, que estando interligados e interagindo com o ambiente, ensejam formular um resultado organizativo, atingir um objetivo a que foi proposto. É preciso, portanto elucidar um eminente aspecto; quando trata-se de sistema, em muitos casos confunde-se como uma definição de certa forma mais circunspecta, expressa-se portanto em determinadas situações referir-se a um software aplicativo.

Contudo é importante tratarmos a respeito da conceituação básica de sistema. E para isso ir além do que já colocamos aqui. Intuindo abarcar a questão da TI e os seus desdobramentos subsequentes, prioritariamente no que tange a informática. Então iremos abordar os Sistemas de Informação.

---

[17] Reunião dos elementos que, concretos ou abstratos, se interligam de modo a formar um todo organizado. Etimologia (origem da palavra sistema). Do latim *systema.atis*. Fonte: https://www.dicio.com.br/sistema/.

E conforme já apregoado, um Sistema de Informação resume-se a um conjunto de elementos que são interdependentes e interagem entre si. Tendo como o objetivo final sempre atingir uma finalidade macro, algo estabelecido em comum. Neste aspecto há indubitavelmente dois tipos de Sistemas de Informação, o aberto e o fechado. No sistema aberto há uma certa influência com o meio, sendo que as ações objetivas do sistema evidentemente influenciam o meio em que está inserido. Já no sistema fechado, não há influência qualquer do meio em si, muito menos altera as ações intrínsecas do sistema.

É importante destacar que nem todo o sistema poder ser decomposto em partes constituintes, os subsistemas. Na questão dos subsistemas, eles são definidos como um conjunto de elementos interdependentes, interagindo instantaneamente entre si, tendo como horizonte um objetivo final comungado entre ambos, o que inadvertidamente irá convergir para o sistema macro atingir o seu objetivo proposto. De forma básica todo o sistema apresenta as seguintes etapas obrigatórias. Etapas estas que se resumem a entrada de dados (input), o processamento dos dados e o seu produto, a informação (output), em meio a isso há o feedback, como forma de retroalimentação sistemática. A seguir figura esquematizando um sistema na sua forma genitora básica.

Figura 6: Esquema básico de um sistema.

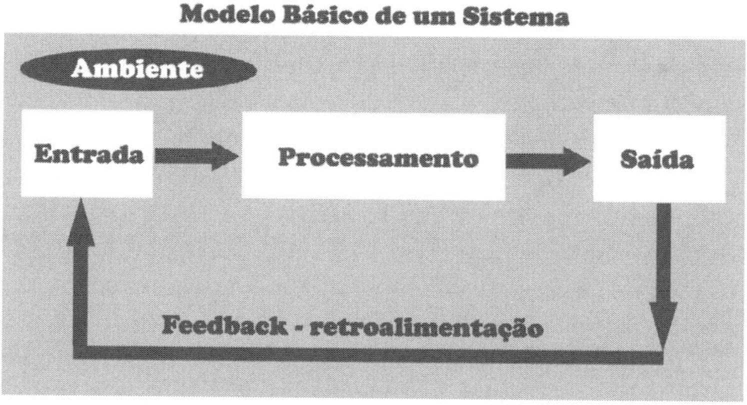

Modelo Básico de um Sistema

Ambiente

Entrada ➡ **Processamento** ➡ **Saída**

Feedback - retroalimentação

Fonte: O Autor.

Evidente que em um quadro conceitual na qual sintetiza-se um sistema voltado à informática e processamento de dados, objeto desta obra, há indubitavelmente mais pontos a serem destacados e tratados. Contudo meramente a título de esquematização e arranjo visual atem-se às linhas gerais do que seria um sistema simples. Porém em se tratando de Sistema de Informação, há um corolário maior de fatores ou pontos a serem considerados, sendo eles:

DADO: é a informação bruta, o elemento que representa um evento ocorrido no âmbito de uma organização, ele pode ter natureza física ou abstrata, e caracteriza-se por ter sido produzido com intuito de após ser arranjado, os usuários poderão entendê-lo e eventualmente utilizá-lo;

INFORMAÇÃO: é o dado processado, onde sofre um processo de parametrização na qual torna-se entendível e cognoscível ao ser humano e poderá gerar conhecimento;

ENTRADA/INPUT: é o momento da coleta do dado, para posterior processamento;

PROCESSAMENTO: é a conversão dos dados brutos, na qual assume uma forma abstrata de informação e potencialidade de entendimento humano;

SAÍDA/OUTPUT: é o resultado da informação que foi processada e advinda do dado bruto colhido, e apresentada ao usuário final, pode ser ou não usada para o intrincado processo de tomada de decisão, que inadvertidamente gerará o conhecimento;

FEEDBACK: entendida como a retroalimentação, onde a informação extraída, retorna para o processo de entrada para a etapa de avaliação, adequações e correção.

No concernente ao que se diz sobre o ciclo de vida de um Sistema de Informação temos as seguintes observações de caráter conceitual a serem tecidas, haja vista que estes Sistemas também podem sofrer aspectos de estagnação e tornar-se obsoletos, vindo a culminar com a decadência final.

CRIAÇÃO: momento caracterizado pelo desenvolvimento do sistema informático, é realizada toda a análise, requisitos e funcionalidades; desenvolvimento dos subsistemas, com processos e testes, implantação e verificação dos objetivos atingidos com o mesmo;

EVOLUÇÃO: processo de manutenção do sistema, intuindo acompanhar às variações tecnológicas, às necessidades dos clientes e do mercado; é empregado novas técnicas de desenvolvimento, novos módulos e funcionalidades, objetivando prolongar a vida útil;

DECADÊNCIA: devido à defasagem tecnológica, às mudanças constantes e incessantes, um ambiente evolutivo dinâmico, indubitavelmente levam o sistema a não suportas as modificações e adequações necessárias; inicia-se a fase de decadência; há então a necessidade de tentar retardar a morte final do sistema, mas concomitante deve-se preparar o campo para a criação de um novo sistema.

Na figura que segue representar-se-á um Sistema de Informação.

Figura 7: Aspectos de um Sistema de Informação

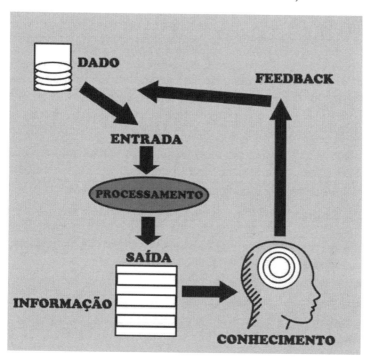

Fonte: Elaboração do autor.

No concernente ao processo evolutivo de um Sistema de Informação, resumidamente compreendem seis etapas ou fases. A primeira é a iniciação, onde ocorre a introdução da tecnologia do âmbito da empresa (computadores, smartphones, etc), há então o início do processo de assimilação tecnológica e treinamento por parte das pessoas. A segunda compreende o que pode-se chamar de contágio, onde a tecnologia é assimilada e expande-se, sob o vigilante controle da administração. A terceira, o controle, que dá-se com o amadurecimento da empresa na utilização do Sistema de Informação, então a administração procede com a gestão e controle do sistema. A quarta é a integração, onde os sistemas que foram anteriormente ideados para operarem isoladamente são integrados, causando então a padronização. A quinta etapa é a administração dos dados, em que a preocupação ocorre na forma como serão geridos dos dados do sistema; atentando para a segurança, instantaneidade, integrabilidade, confiabilidade e armazenamento dos mesmos. E a sexta etapa, abarca a maturidade, onde o (s) sistema (s) implantado (s) supre (m) a necessidade total de desempenho da organização empresarial.

É evidente que as etapas elencadas acima, não necessariamente acontecem em fiel sequência crescente, há, contudo casos de necessidade de retorno às fases iniciais, haja vista que temos na atualidade uma constante inovação tecnológica de hardware por exemplo. O que força a organização a etapa um (01) de iniciação.

A organização pode ser vista como um "grande sistema" direcionado para um objetivo final, e que geralmente já está descrito na sua "missão" e "negócio". Ela pode então ser decomposta em partes constituintes menores, na qual se denominam subsistemas, com seus respectivos objetivos e que convergem perpendicularmente para o objetivo macro da empresa.

Levando em consideração o detalhamento e as especificidades das informações, a estrutura de tomada de decisão, os dados manipulados, poderão serem estabelecidos os seguintes subsistemas dentro de uma empresa:

Sistema de Transações e Processos: desenvolvimento e resultados das transações, as operações e processos rotineiros diários, imprescindíveis para a condução do negócio da empresa; estão no nível operacional da organização, tem um viés voltado aos detalhes dos dados e informações;

Sistemas Especialistas e de Automação: utilizados por profissionais especializados em áreas determinadas, objetam a criação e inovação tecnológica, e a integração destes conhecimentos junto à organização;

Sistemas de Informações Gerenciais: atinge o nível tático da organização, tem um viés decisório, atendendo as questões pertinentes ao planejamento, controle e tomada de decisão; é um nível de detalhamento mais consolidado que o operacional;

Sistema de Apoio à Tomada de Decisão: destina-se ao alto escalão da empresa, é munido de sofisticados modelos analíticos, que ensejam auxiliar significativamente na tomada de decisão, somado a isso é munido de um sistema de visualização gráfica e de comunicação eficientes e elaborados. (LAUDON & LAUDON, 2014).

Contudo cumpre aventar em que pese traçarmos uma classificação individualista dos sistemas, estes não são fechados e colocados em compartimentos estanques. Eles atuam de forma interligada mesmo não de forma eletrônica. Onde há uma influência mútua de comportamento, em que a empresa resume-se a um grande processo sistêmico, composto de etapas entrelaçadas.

Sistemas Formais e Informais

Conforme já foi exposto na seção acima a respeito da conceituação basilar a respeito de Sistema de Informação, é, contudo sempre pertinaz frisar que; na sua objetivação primária consiste em coletar, organizar/processar e apresentar os dados. Concernente à apresentação dos dados, é imperioso destacar que ela deve ser significativa para o ente humano, cognoscível na forma de informação palatável.

Os Sistemas de Informações podem ser vistos sob dois prismas, os **formais** e os **informais**. Nos sistemas formais, as informações são obtidas na forma escrita (papel, registros formalizados) ou eletronicamente (por intermédio de computadores), são ferramentas estruturadas e que seguem um padrão de processamento. Ao ponto que para os sistemas informais, ele é já por natureza, "desestruturado", e as informações são advindas de interações pessoais diárias e comuns, podendo indubitavelmente também apresentar-se na forma eletrônica.

Sistemas formais evidentemente que são um sustentáculo principal para realizar o planejamento, processamento, organização e a gestão em todos os níveis da organização. E isto se dá deste a gerência até o nível operacional. São justamente os Sistemas de Informações formais que processam todos os dados e os apresentam sob forma de informação palatável e cognoscível. Nos Sistemas de Informação informais, lida justamente com o que não pode ser estruturado ou poste em rígidas regras logicistas, eles vêm ao encontro do que podemos definir como, a motivação, expressão emocional, a criatividade e sobretudo a transmissão de informações intrínsecas da pessoa. Melhor colocando o que desemboca no que chama-se de conhecimento implícito, que não pode ser "capturado" e reside no âmago do indivíduo, e que é imprescindível para a organização.

Os Sistemas de Informação normalmente enfrentam três problemáticas, que são da seguinte natureza:

- **estrutural:** a sua resolução está intrinsecamente atrelada na utilização de uma metodologia já conhecida, onde usam-se informações e dados disponíveis;
- **desestruturado**: é quando o método para a sua solução não é conhecido de forma antecipada, e as informações e dados nada dizem ou auxiliam para a sua solução;
- **semiestruturado:** é detentor de uma verdadeira dualidade, estruturado/desestruturado, onde alguns aspectos inerentes a ele podem ser resolvidos com metodologia conhecida e com os dados disponíveis, contudo outros não.

Evidente que nos três tipos de problemas detalhados acima, recorre-se primeiramente aos dados e informações que são indubitavelmente advindos do Sistema de Informação da empresa. Para após somente em caso de insucesso, ater-se ao empirismo dentro do contexto de um Sistema de Informação informal. Contudo urde colocar que mesmo problemas de natureza desestruturada e semiestruturada, podem ter os seus efeitos sensibilizados quando se leva em conta os dados e informações de um Sistema de Informação, com uma longa série histórica de dados estruturados.

Para os sistemas em que as suas estruturas de organização estão indubitavelmente calcadas nos aspectos **mecânicos** e **orgânicos**. Há uma relação íntima com os respectivos comportamentos apresentados pelos sistemas dentro de um contexto, onde enseja-se buscar uma compreensão da complexidade e dinamicidade inerentes ao sistema em si. (PINOCHET, 2014).

Os sistemas que possuem a sua estrutura baseada em divisões de tarefas (lê-se processos), dotados de hierarquia, formalismos, regras procedimentais, com uma certeza inclusive maior de que as atividades a que se propõe venham a ser realizadas, chamamos de **mecânicos**. E sistemas auto-organizados, com uma estrutura flexível, parca divisão de tarefas (lê-se processos), com estruturas definidas pelas suas interações com as partes; características de descentralização e de autonomia chamam-se de **orgânicos**. A sua ênfase está justamente na relação das interações entre as partes, contudo nos dá uma certeza menor de que as atividades venham a ser realizadas. Entretanto neste modelo de sistema (orgânico), o controle dá-se por atividade numa forma de descentralização, ou projeto desenvolvido. (PINOCHET, 2014).

Sistemas de Informações em Negócios

Stair & Reynolds (2015) colocam os seguintes aspectos a respeito dos Sistemas de Informação em negócios. Os tipos mais comuns de sistemas de informação dentro de uma organização são os voltados para o comércio eletrônico, processamento de transações, gestão de informações e tomada de decisão. Contudo há indubitavelmente os sistemas que são empregados para tarefas específicas, tais como realidade virtual por exemplo.

Há, contudo soluções em sistemas de informação orientadas para negócios em que as aplicações vêm em pacotes, abarcando subsistemas contábeis, de controle de estoque, processamento de transações, enviam informações, planejamento e apoio à tomada de decisões. A seguir figura ilustrando um sistema de informação em negócios.

Figura 8: Sistema de informação orientado a negócios

Fonte: Elaboração do autor.

Sistemas de Informações de Processamento de Transações

Stair & Reynolds (2015) nos dizem que é comum a utilização de computadores para a geração de operações de transações financeiras desde meados dos anos de 1950. E os aplicativos que estes computadores, podemos dizer assim "arcaicos", eram projetados para a automação direta de transações de cunho empresarial. Diante do exposto urge conceituarmos o termo **transação**, na qual assume a seguinte significância nesta abordagem; um processo de intercâmbio relacionado com os negócios, na qual envolvem pagamento de funcionários, vendas para clientes e pagamento de fornecedores.

O primeiro aplicativo computacional de natureza comercial que entrou em funcionamento foi o de transações comerciais. Voltado totalmente para a organização financeira básica da empresa.

Então um Sistema de Processamento de Transações constitui-se basicamente num conjunto de pessoas, processos procedimentais, software aplicativo, banco de dados e equipamentos. Todos estes agentes citados devem necessariamente trabalharem organizadamente, tendo por objetivo, realizar e registrar as transações comerciais. Este tipo de Sistema ontologicamente consiste nas operações e funções comerciais básicas da empresa. Um dos primeiros sistemas comerciais computadorizados foi à folha de pagamento funcional.

Na transação há qualquer troca de dados relacionada ao negócio da organização. Os sistemas empresariais são uma ferramenta vital para a organização, dado a complexidade de dados e informações com que trabalham e a premente necessidade de dinamizar as tarefas e processos empresariais.

Sistemas de Apoio a Tomada de Decisões

Stair & Reynolds (2015) aventam que já às portas dos anos de 1980, com o desenvolvimento da tecnologia computacional, tanto de software como de hardware, desembocou em Sistemas de Informação mais poderosos e modulares. E dentro deste contexto nascem os Sistemas de Apoio a Tomada de Decisão. É um sistema que significativamente consiste em um conjunto de indivíduos, processos e regras procedimentais, software, banco de dados e hardware, voltados para dar suporte e apoio à tomada de decisões que são relativas a um determinado problema em específico.

O Sistema de Apoio a Tomada de Decisões age diretamente na resolução de um problema de gestão dentro da empresa. Levando em conta inclusive os distintos cenários, sejam eles interno ou externo.

Stair & Reynolds (2015) fazem uso de uma exemplificação a respeito do Sistema de Apoio a Tomada de Decisões, no caso de um empresário fabricante de veículos automotores, necessita determinar a melhor localização para a edificação de uma nova fábrica. Ou mesmo um sistema analítico de uma base de dados de um hospital em que se avaliam reclamações e eventuais abusos e/ou negligência no atendimento. Neste caso o Sistema de Apoio a Tomada de Decisões analisa os dados pertinentes aos atendimentos versus às reclamações e faz a determinação dos problemas potenciais.

O Sistema de Apoio a Tomada de Decisões pode inclusive incluir já na sua configuração um conjunto base de modelos a serem utilizados para dar suporte ao usuário na hora da tomada de decisão (base de dados). Além de dados informacionais voltados para a tomada de decisão na forma de estrutura (banco de dados) e sistemas procedimentais com interface voltada para o usuário. Dentro da estrutura de um Sistema de Apoio a Tomada de Decisões podemos indubitavelmente ter um software de gestão de banco de dados, na qual é utilizado justamente para gerenciar os dados da base de dados da organização, e um software de gestão de modelos, utilizado para gerir a base do modelo. O que deve ficar claro é que nem todo o Sistema de Apoio a Tomada de Decisões tem essa estrutura.

Sistemas ERP

Os Sistemas ERP (Planejamento de Recursos da Empresa), segundo Stair & Reynolds (2015), constituem-se basicamente num conjunto de programas que são integrados modularmente. E objetivam nesta forma integrada, gerenciar as operações vitais e importantes dos negócios de uma empresa. Um Sistema ERP eventualmente e necessariamente substitui muitos softwares aplicativos voltados para uma área específica (folha de pagamento, controle de estoque, etc). Ele faz uso de um conjunto unificado de programas subdivididos por módulo, o que torna o sistema mais fácil de ser utilizado, e com isso diminui a "curva de aprendizado", gerando indubitavelmente maior eficiência no desempenho das tarefas e processos dentro da organização. Muito embora há sim diferenças entre o escopo e estrutura de diferentes fabricantes de Sistemas ERP, a maioria deles traz aspectos de software integrado para dar suporte tanto na produção quanto nas finanças da organização.

A integração de sistemas em módulos como um todo conjuntural, torna sensivelmente mais eficiente a gestão, tanto no processamento normal de trabalho, como nas etapas de planejamento e tomadas de decisões administrativas e estratégicas. Este processo integrativo dos diferentes sistemas numa organização, ensejam agilizar os processo de transação de dados e processuais criando uma rede de processamento de dados em informações e facilitar toda a gestão, do ambiente estratégico/tático ao de produção.

Sistemas de Informação de Negócios Especializados

Neste mundo contemporâneo que traz no seu bojo um dinamismo e instantaneidade de dados e informações na escala global, em que tanto as barreiras políticas quanto naturais já não são obstáculo. E neste contexto as organizações necessitam cada vez mais com uma maior frequência de sistemas especializados. Há sistemas de gestão do conhecimento, que concerne num conjunto de pessoas, processos, software, banco de dados e hardware, com vistas a criar, armazenar, compartilhar e fazer a utilização do conhecimento e a experiência (sabedoria) da empresa. A título de exemplo tem-se atentar para uma empresa de transporte rodoviário de cargas, pode utilizar um sistema de gestão do conhecimento para intuir tornar mais eficiente seu transporte, bem como a logística do seu negócio de cargas.

Portanto temos no caso de um sistema de gestão de conhecimento um aspecto extremamente específico dentro de uma empresa, bem como de grande complexidade. Dada a própria natureza com que o sistema trabalha, sendo sabedores que o conhecimento é totalmente abstrato e de difícil entendimento.

Além dos sistemas de gestão do conhecimento as empresas invariavelmente também utilizam outros tipos de sistemas especializados. Cita-se neste caso os sistemas baseados em inteligência artificial. Eles são sistemas na qual empregam características computacionais da inteligência humana.

Dentro da abordagem pertinaz a inteligência artificial no âmbito dos sistemas especializados, temos denominados de sistemas que são auto-organizáveis. No que tange principalmente no aspecto teórico e contextual destes tipos de sistemas (auto-organização), há a presença da assim denominada rede neural. E este tipo de rede neural não precisa de instrutor, em que os sinais de treinamento da mesma, são gerados de forma automatizada.

Então as redes neurais funcionam muito bem quando coadunadas com computadores dotados da valência de processamento de dados paralelos[18]. Haja vista que num aspecto de auto-organização de uma rede neural qualquer, implica em camadas de nós, isto é, processos matemáticos que objetivam processar os dados ou mesmo sinais de entrada. E estes dados/sinais de entrada constituem o conjunto de treinamento da rede neural. Então os nós das camadas de uma determinada rede neural, atuam efetuando uma comparação da correlação de cada uma das entradas, e com as saídas dos neurônios artificiais vizinhos durante toda a etapa do processamento dos dados. No caso de um neurônio artificial cometer um erro no processamento, e dispara de uma forma diferente dos seus vizinhos na rede. Ele então aumenta o peso das entradas equivalentes a saída dos seus vizinhos, diminuindo o peso das entradas. Na figura a seguir temos um exemplo de uma rede neural.

Figura 9: Rede neural – exemplo

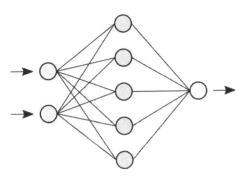

Fonte: Dake, Mysid – Wikipedia.

---

[18] Processamento paralelo é uma forma mais eficiente de trabalhar informações, ele tem ênfase na exploração de eventos simultâneos na execução de um programa.

Basicamente uma rede neural é um sistema complexo calcado na inteligência artificial, que é dotado de entrada – processamento – saída. Muito embora que o processamento ocorra na forma paralela a fim de dar conta da complexidade envolvida no processamento dos dados. A rede neural tem uma íntima e intrínseca semelhança com a rede de neurônios do nosso cérebro.

No próximo capítulo a pauta será a Gestão da TI dentro das organizações empresariais. Perpassando em questões como modelo de gestão, conceitos atinentes ao conhecimento em si e a sua criação.

4. Gestão da Tecnologia da Informação

A sociedade em que estamos imbuídos enquanto pessoas, seres humanos e partícipes de um processo social evolutivo, tomado pela instantaneidade e dinamicidade da informação a circular livremente aos quatro cantos do planeta e do espaço sideral. Está solidamente calcada e estruturada ao entorno de organizações. E por organização podemos inferir com total segurança, como sinônimo ontológico *per se* de núcleo familiar genitor, clã, vila, cidade, estado e país; bem como as empresas sejam elas públicas ou privadas que pululam em todos os locais. E para ter um bom funcionamento é basilar para uma organização ter um modelo de gestão, uma disciplina organizacional que sirva de sustentáculo para desenvolver as suas ações. E assim concretizar o seu objetivo principal a que está condicionada dentro do seu ramo de negócio. É, contudo imperioso que às organizações busquem o melhor e mais adequado modelo de gestão, levando em conta a sua necessidade e especificidades, nunca adotando a "receita pronta", pois cada empresa tem lá suas particularidades que são únicas.

Modelo de Gestão

O termo "modelo[19]" advém do latim *modulus*, traduz-se como algo que nos remete a forma e molde, relacionando a medida. Implica sim a uma ideia de organização e ordenamento das partes para compor um conjunto total. Vagamente podemos sim co-relacionar modelo com sistema, pois ambos trabalham para atingir um objetivo final. Ambos são compostos por parte menores constituintes que são interligadas entre si numa teia de ligações. Modelo serve para ser um exemplo uma bússola que nos guia para normatizar uma determinada situação.

O conceito de modelo está intimamente relacionando com as relações humanas e na sociedade. Um modelo social, por exemplo, consiste numa estrutura a ser observada e seguida no que tangem desejos, intenções, objetivos, realizações e direcionamento, que tendem a ficarem subordinados a uma modelagem que foi já previamente adotada como padrão a ser seguido.

E indubitavelmente isto ocorre assemelhadamente na área de gestão. Fato que não há como sair de certo pragmatismo modelar quando falamos de recursos

---

[19] Etimologia (origem da palavra modelo). A palavra modelo deriva do italiano modello, pelo latim vulgar modellum, i, forma diminutiva de modus, i, com o sentido de "medida que não pode ser ultrapassada". Fonte: https://www.dicio.com.br/modelo/.

financeiros, humanos e materiais. É, contudo uma visão tradicional calcada na instrumentalização, dando uma ênfase clara e objetiva para a forma em detrimento da função. Evidente que com a evolução temporal no quesito de como as organizações propriamente se organizam e tratam a gestão, evoluem e modificam-se os "modelos de gestão", é um fervilhar constante. E parte-se de uma visão empresarial anteriormente calcada no "mecanicismo" com bases já tradicionais clássicas, para uma visão modelar baseada numa organicidade maior, mas complexa, paradoxal, ambígua e contraditória. É uma resposta para a contemporaneidade vivenciada atualmente, a dinamicidade da tecnologia e da informação que permeia todas as relações empresariais. Hoje, o ambiente, o mercado e as pessoas são extremamente estáveis, voláteis, a concorrência passou a ser global e a evolução tecnológica é diametralmente instantânea. E isto primordialmente requer modelos de gestão híbridos, incisivos e orgânicos que primem também pela tecnologia e a informação.

Contudo, é imprescindível que os modelos de gestão tenham um alcance objetivo de níveis empresariais de eficiência, eficácia e efetividade. Onde a eficiência concerne ao aspecto da forma como desempenha as tarefas de maneira racional, dentro de um constructo lógico, otimizando as relações dos recursos utilizados e os resultados obtidos. Uma tarefa eficiente é uma tarefa que foi bem feita, tendo uma relação custo benefício recurso – resultado. Já a eficácia concerne ao relacionamento ao alcance dos objetivos que foram traçados para a organização. Portanto uma tarefa classificada como eficaz produz um resultado importante, quando coadunada com os parâmetros já estabelecidos pela organização. Consentâneo à efetividade podemos inferir ao aspecto pertinente a contribuição social da organização, ser uma empresa com viés de responsabilidade e sustentabilidade, além de claro manter o seu sistema produtivo primando pela eficiência e a eficácia.

Em um ambiente de constante mudança e grande volatilidade da TI, há de primar por modelos de gestão de predominância orgânica, em detrimento aos modelos clássicos com viés mecanicista. Pois a predominância da instabilidade, incerteza e imprevisibilidade são timoneiras quando se trata de gestão da TI. Urde, portanto, adequar os modelos de gestão levando em conta circunstâncias permeadas pela mudança e reordenamento da organização no mercado em que atua, atinando para as tendências atuais e futuras.

E dentro das dimensões organizacionais da empresa, há de considerar uma nova lógica para definir e explicitar o modelo de gestão pautado no que ilustra a figura abaixo.

Figura 10: Dimensões da Organização

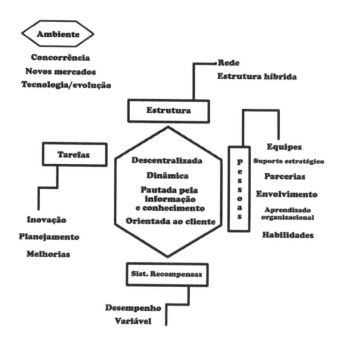

Fonte: O Autor, adaptado de Galbraith[20] (1995).

É também importante ressaltar que dentro do contexto em que se aplica um determinado modelo de gestão, é imprescindível estar pautado em princípios e práticas concernentes a eficiência, eficácia, efetividade, adaptação e flexibilização. Ante um ambiente extremamente volátil e propenso a mudanças.

Urde, portanto colocar o indivíduo num foco específico de relevância dentro da organização, haja vista que processos descentralizados de gestão garantem uma eficácia maior da empresa dentro do seu ramo de negócio. O desenvolvimento de uma visão compartilhada entre todas as pessoas da empresa faz com que haja maior integração e capacidade de criação e retenção de conhecimento empresarial, algo vital para o sucesso. Visões deterministas e engessadas de gestão centralizada, não colaboram para a geração do conhecimento nem para a possibilidade de inovação, ou seja, a indústria criativa organizacional.

É necessário, portanto, permear os aspectos que cercam a respeito da Gestão do Conhecimento e os seus desdobramentos dentro da organização, bem como na TI.

---

[20] Fonte: Jay Galbraith – Organizando para competir no futuro. São Paulo: Makron, 1995.

A Gestão do Conhecimento

A informação tem o seu valor totalmente atrelado à sua potencialidade de ser um fator característico e limitante de um sustentáculo que auxilia ao tomados de decisões dentro de uma organização.

Contudo dentro de um contexto organizacional, há imperiosamente que não somente tratar fria e cruamente da informação enquanto ponto central. É necessário saber o que fazer com ela (informação), isto sim é um diferencial crucial para o sucesso de uma organização no seu ramo de negócio. E neste arcabouço conceitual e intelectual é que adentra o processo de Gestão do Conhecimento, mais precisamente aqui iremos de forma inicial tratar do conhecimento em si, conforme já elencada e tratado no decorrer desta obra. Haja vista que trata-se sumariamente de uma temática espinhosa, de contornos importantes e passível de uma grande gama de interpretações.

Denotamos ante aos nossos olhos a passagem da Sociedade Industrial que pautou a vida das pessoas do planeta a pelo menos 250 anos, para uma Sociedade baseada no Conhecimento, que invariavelmente bate a nossa porta. E isto primeiramente nos coloca enquanto indivíduos ante um verdadeiro paradoxo. Dado que o conhecimento advém de aspectos de cunho contraditório, inconsistências, dilemas, polaridade, dicotomias e aproximações com o objeto a ser desvelado. E no tocante à dicotomias coadunadas com o conhecimento, há clarificado que um dos seus compositores basilares é advindo destes aspectos dicotômicos e opositores. De um lado o conhecimento explícito e dou outro o tácito.

O conhecimento explícito pode ser conceituado e tratado por intermédio de palavras, frases e textualmente; bem como por fórmulas matemáticas e científicas, áudio e vídeo, especificações explicativas, etc. Este tipo de conhecimento é modular e pode ser rapidamente transmitido, bem como indexado e catalogado com recursos arcaicos ou modernos (softwares e eletrônica). Contudo o conhecimento tácito é diametralmente oposto. Não pode ser visível e muito menos passível de uma explicação mais concreta. É de cunho pessoal, pode-se dizer intrínseco do indivíduo em si, igualmente difícil de ser formalizado, o que vem a tornar a comunicação e a transmissão difíceis. Nesta nebulosa seara entram os palpites e às intuições. Portanto o conhecimento tácito está enraizado nas ações e experiências das pessoas, nos valores, ideais e emoções, bem como a inspiração e criatividade na qual incorporamos enquanto indivíduos. (TAKEUCHI & NONAKA, 2008).

TECNOLOGIA DA INFORMAÇÃO: UMA ABORDAGEM DIFERENCIAL **73**

Contudo o conhecimento tácito envolve duas dimensões que iremos tratar aqui:

- **Dimensão técnica:** engloba as habilidades informais de difícil detecção, *insights* subjetivos e de cunho pessoal, palpites, intuições e "surto criativo";
- **Dimensão cognitiva:** são as crenças, percepções, ideias, valores, emoções, os modelos mentais, juízos de valor, que são totalmente intrínsecos a nós mesmos e estão arraigados na nossa vida natural; não é possível articular claramente esta faceta do conhecimento tácito, mas é uma dimensão que dá forma ao modo como percebemos o mundo e nosso lugar nele. (TAKEUCHI & NONAKA, 2008).

Ainda a respeito de conhecimento explícito/tácito é importante parafrasear Takeuchi e Nonaka: *"O conhecimento não é explícito ou tácito. O conhecimento é tanto explícito quanto tácito. O conhecimento é inerentemente paradoxal, pois é formado do que aparenta ser dois opostos."* Então o conhecimento pode ser traduzido de forma simplificada como um paradoxo racional, no que concerne a sua definição.

A Gestão do Conhecimento trata sumariamente de gerir e entender o processo que se dá o conhecimento dentro de uma organização. Trata a junção dos conhecimentos explícitos e tácitos, bem como a forma de disponibilizá-los e democratizá-los no âmbito da organização para formar e ter uma incipiente etapa compositora da assim denominada "organização que aprende". Objetivando de certa forma absorver os; "universos ilhas" agentes impeditivos e arcaizantes dentro de uma empresa, quando o assunto é transmissão de conhecimento e *know-how*.

Dentro do contexto da Gestão do Conhecimento, é relevante tratar do processo dialético[21].

---

[21] originalmente uma forma de argumentação lógica, mas agora um conceito filosófico de evolução aplicado a diversos campos, incluindo pensamento, natureza e história. Entre os pensadores gregos clássicos, os significados da dialética iam desde uma técnica de refutação em debate, passando por um método de avaliação sistemática de definições, até a investigação e classificação das relações entre conceitos específicos e gerais. Desde a época dos filósofos estóicos até o fim da Idade Média européia, a dialética foi mais ou menos identificada com a disciplina da lógica formal. Mais recentemente, Immanuel Kant denotou por "dialética transcendental" o esforço de expor a ilusão envolvida na tentativa de usar as categorias e princípios do entendimento para além dos limites dos fenômenos e da experiência possível. G.W.F. Hegel identificou a dialética como a tendência de uma noção passar para sua própria negação como resultado do conflito entre seus aspectos contraditórios inerentes. Fonte: Britannica, The Editors of Encyclopaedia. "dialectic". Encyclopedia Britannica. Dinsponível online: https://www.britannica.com/topic/dialectic-logic.

E dentro da contextualização aqui colocada como "processo dialético", pertinente ao conhecimento e a sua gestão é importante destacar alguns pontos da característica relevância para a abordagem.

A dialética é definida como uma forma de argumentação, um modelo de raciocínio que remonta à Grécia Antiga. As suas bases ontológicas estão calcadas na questão da mudança, e dá ênfase especial para argumentações opostas. É desta forma que a dialética funciona, ou seja, é uma argumentação calcada na mudança e confronto dos opostos. No mundo atual movido à tecnologia e informação instantânea, com grande dinamicidade e novas perspectivas sob os prismas das relações pessoais, a dialética "cai como uma luva", em se tratando dos aspectos conceituais e inclusive práticos. A mudança acontece por intermédio de conflito de oposição de ideias e conceitos, ancorado no raciocínio lógico. Significar estar sempre buscando um questionamento profundo, com base na contradição seja entre as pessoas ou mesmo em situações. O movimento inicial da dialética é a tese, a partir desta, é possível demonstrar que o seu conteúdo (de uma proposição ou abordagem) apresenta-se falho ou inadequado. Contudo a posição que significa o oposto da tese, isto é a sua negação, é conhecida como antítese. E no caso da antítese apresentar no seu conteúdo insuficiente, ou inadequado, então resultará em um terceiro termo ou estágio de raciocínio, a síntese. É, portanto um estágio onde a tese e a antítese se fundem e transcendem para formar um conteúdo mais aprimorado e refinado, ou seja, coadunado com a verdade, mesmo que em caráter provisório. Contudo com o tempo a antítese formada, torna-se insuficiente para abarcar às explicações possíveis para a abordagem e desencadeia-se então um novo processo dialético, prosseguindo com tese – antítese – síntese, num espiral infinito.

Igualmente à dialética, é o processo em que uma organização cria, mantém e armazena o conhecimento. Ele é primado por um toque significativo de dinamicidade, agilidade e mudança. Isto porque o conhecimento em si, puro e ontológico, é criado dinamicamente, após sofre o processo de sintetização, em que consiste num acomodar de saberes racionais advindos de opostos e contradições.

Dentro do processo de gestão do conhecimento, devemos entender como opostos, não como dois pontos de vistas antagônicos, numa significância literal da palavra. Há de se considerar claramente que os opostos se constituem em um aspecto de aparentemente termos contraditórios. Dentro da razoabilidade há de se pensar em opostos como facetas interdependentes, onde então um ponto de vista depende indubitavelmente do outro. Colocando de uma forma mais simples, seria como "não há sentido falar da escuridão, caso também não houvesse luz". É como se cada membro de um lado oposto, necessitasse do outro para poder ter sentido a sua opinião. A interdependência dos opostos significa que um oposto pode invariavelmente ser encontrado no outro. Há alguma escuridão na luz e alguma luz na escuridão.

O raciocínio dialético está ancorado no paradoxo das teses opostas, ou seja, dos pontos de vistas opostos e divergentes. E na interdependência destes pontos de vista, reside o conhecimento, criado, gestado e mantido dentro da organização.

Conhecimento, a síntese do tácito para o explícito

O processo de criação do conhecimento no bojo de uma organização obedece a um ciclo que vai do tácito para o explícito e vice-versa.

Portanto a criação do conhecimento (TAKEUCHI & NONAKA, 2008), abarca quatro etapas ou podemos dizer fatores. Ela inicializa-se com a socialização, passando por outros três modos de conversão que edificam o que chamamos de espiral. O conhecimento então é amplificado e passa pelas quatro etapas na qual descreveremos abaixo:

- Socialização: consiste em compartilhar e propriamente criar o conhecimento tácito, por modo da experiência pessoal direta;
- Externalização: articula-se o conhecimento tácito, pela arte de dialogar com as demais pessoas, reflexão seja ela coletiva ou individual;
- Combinação: é a sistematização do conhecimento externalizado ou mesmo refelltido, que se torna explícito e aplicável, podendo ser considerado como informação;
- Internalização: aprendizado do novo conhecimento tácito e a sua aplicabilidade.

Estas etapas também envolvem de certa forma a capacidade de interação dos indivíduos, em entidades de criação do conhecimento, em um processo cíclico e "vivo". Sendo então a socialização: pessoa para pessoa; externalização: pessoa para grupo; combinação: do grupo para a organização; internalização: organização para a pessoa.

A figura a seguir ilustra o processo cíclico de criação do conhecimento, com base na teoria de Takeuchi e Nonaka.

Figura 11: Processo cíclico de criação do conhecimento

Fonte: Elaboração do autor.

É, contudo, imperioso em se tratando de geração/criação de conhecimento dois aspectos relevantes a serem elencados. São elas as metáforas e as analogias. Isto por que quando tratamos dos quatro fatores colocados acima a respeito dos processos que envolvem a criação do conhecimento, temos evidente a socialização que diz respeito às próprias etapas de reuniões de grupo e da cultura organizacional da empresa. A combinação, que está coadunada com processos de dados e informações. A internalização, que tem raízes na própria organização do aprendizado. E por final a externalização, que se revela mais espinhosa, pois evidentemente trata-se que "comunicar" o conhecimento internalizado pelo indivíduo. É, contudo algo complexo e de grande relatividade.

E dentro deste contexto de comunicação do conhecimento entram às metáforas analogias. Justamente quando não é possível colocar em palavras adequadas o conhecimento que foi interiorizado pela pessoa.

As metáforas têm a finalidade de através da imaginação e de forma intuitiva, oferecer ao indivíduo uma explicação um conhecimento possível daquilo que ele não tem acesso por vias racionais e que está baseado em conteúdos além da sua experiência, podendo assim dizer saber. Já às analogias objetivam esclarecer como é que duas ideias ou objetos são semelhantes ou mesmo não-semelhantes, elas são o vital elo entre a imaginação da pessoa e a arte do raciocínio. Pode-se dizer que a analogia é a infância do pensamento ontológico racional. E deve ser exercitada mentalmente com vistas a apurar o processo de raciocínio puro.

A produção de novos conhecimentos dentro do contexto organizacional deve sobretudo considerar o indivíduo e aas suas interações sejam elas interpessoais e intrapessoais. O conhecimento criado pelos indivíduos da organização deve ser cristalizado como parte dela, e formar uma rede de conhecimento inerente da empresa, na qual impulsionará o negócio e a própria sobrevivência ante ao mercado. E o agente impulsionador do conhecimento dentro da organização empresarial, é a interação contínua, dinâmica e simultânea das pessoas, traçando um caminho tênue porém demarcável entre os conhecimentos tácito e explícito. Conhecimentos estes que são colocados dentro de um processo dialético que compreende a seguinte terminologia:

- A sintetização: objeto A (tácito) – objeto B (explícito), criará o objeto C (novo saber); racionalmente e abstratamente colocando: A $\rightarrow$ B = C.

Criação do Conhecimento: um processo sintetizador

Na contemporaneidade o conhecimento e a sua capacidade de gerá-lo, retê-lo e aplicá-lo, são premissas importantes para uma empresa lograr significativa vantagem competitiva ante os seus concorrentes. Contudo em que pesem as teorias clássicas e até contemporâneas que envolvem o processo de criação do conhecimento e tudo o que diz respeito a ele. Ocorre que estamos à bem da verdade, muito distante ainda de entender ontologicamente o processo na qual a organização cria e utiliza o conhecimento.

O conhecimento pode ser considerado como parte de um processo dialético. Em que entram em ação, várias variantes (conceitos, ideias, objetos de reflexão) aparentemente e até fundamentalmente contraditórias. Elas são sintetizadas por meio de interações dinâmicas, diretas e até indiretas entre os indivíduos, a empresa e o ambiente em que estão imbuídos. O conhecimento é criado em um processo espiralado, em que consiste basicamente em confrontação de conceitos e ideias opostos, mas que contudo podem até ter um fundo de co-relação mútua e complementaridade. Tais como a ordem e o caos; o tácito e o explícito; sim e não; dedução e indução, etc. Então a criação do conhecimento por assim o dizer, ocorre quando transcende-se à dualidade mutuamente excludente, ataca-se o paradoxo irrefutável a fim de promover uma sintetização racional, uma conciliação, por meio do processo contínuo e permeado pela dinamicidade do diálogo e da ação prática.

Posto sob o ponto de vista prático há de se colocar que; as organizações na atualidade, dada a revolução da informação em curso, como inovações tecnológicas e gerenciais dinâmicas e instantâneas, enfrentam indubitavelmente no seu dia-a-dia várias contradições. Elas têm de competir com dois mercados totalmente antagônicos, que são eles; o local e o global. E isto além de ser um paradoxo latente dentro das organizações, é também motivo de promoção de uma adaptabilidade igualmente rápida e dinâmica, com vistas a competir em duas frentes totalmente dissonantes. As empresas devem oferecer produtos e serviços de qualidade e que alcancem as expectativas de satisfações dos seus clientes fisicamente próximos, isto é, o mercado local e vencer a concorrência a nível nacional e internacional, no caso o mercado global.

É imperioso, portanto, construir um conhecimento tácito no seio da organização, em que seja calcado na base da competitividade dual (local e global). Contudo para a sua concretização leva tempo e gasto de recursos da empresa. Não é uma construção de fica pronta do dia para a noite, é necessário, além de tempo e recursos, a definição tácita de processos e o investimento no fator humano.

A empresa sumariamente deve ser pensada como um conjunto entre ela e os seus indivíduos (colaboradores). Estes dois aspectos somados, são indubitavelmente entidades sintetizadoras e criadoras de conhecimento, podem e devem ser consideradas células que nunca cessam de aprender e inovar. Podendo então encontrar soluções para problemas dicotômicos e sintetizá-los sob a roupagem de um novo e intrínseco conhecimento que surge como resposta a uma problemática da atuação da empresa nos cenários mercadológicos local e global por exemplo.

É preciso, contudo ter em mente que o processo de criação do conhecimento é permeado pela transcendentalidade, onde tanto os indivíduos como a empresa ou grupo, podem ultrapassar inclusive os seus próprios limites capacitores e aprender por meio de eventuais aquisições de novos e diferentes conhecimentos. É sim um processo em que são criados novos contatos, artifícios e conceitos, e que por meio da interação proporcionam novas possibilidades de aprendizado e aquisições intelectuais, sendo assim a gênese da criação do conhecimento. (TAKEUCHI & NONAKA, 2008).

Organização – processar informação x criar conhecimento

Tradicionalmente conforme apregoam Takeuchi e Nonaka, as organizações são conceitualmente embasadas numa visão estratégica calcada numa forma macanicista, onde atem-se apenas a processar informações *a la vontê*[22]. A organização do

---

[22] À vontade; de maneira farta, ilimitada; em abundância ou sem limitações.

TECNOLOGIA DA INFORMAÇÃO: UMA ABORDAGEM DIFERENCIAL

ponto de vista tradicional, processa informações e as acumula justamente para de posse dela enseja melhorar a sua performance e solucionar problemas que se apresentam, adaptando-se ao ambiente levando em conta às metas traçadas, ou seja, um objetivo final. E este fatalismo tradicional, invariavelmente choca-se com a organicidade e a complexidade dos problemas organizacionais que temos no Mundo atual, uma aldeia global e dinâmica, que muda a todo o instante, e sepulta novos saberes com grande rapidez, e sem o mínimo remorso.

Soma-se a isso também a racionalidade ilimitada das pessoas, o que traz a tona o aspecto de como lidar com a realidade complexa dentro da organização. Então uma organização tradicional tem o seu modo de lidar com este paradoxo. Toda a informação acumulada é processada e reagrupada pelos membros da empresa para que seja possível tratar a realidade complexa que se apresenta. Colocado de outra forma é como se cada colaborador tomasse posse (conhecimento) de um micro-processo da empresa e de certa forma ignorasse propriamente o que está fazendo, o seu objetivo final. Cada indivíduo trabalha dentro de um compartimento estanque e não tem conhecimento do que se passa além. Já para a organização, é como se todo o processo fosse dividido em pequenas tarefas ou módulos que estão dentro de uma estrutura rígida baseada em coordenadas e processos gerenciais que convergem para atingir o resultado final.

É, contudo uma visão estática e engessada da organização enquanto entidade de tem a capacidade de aprender. A organização não é apenas uma máquina fria e calculista de processar informações que adquire e acumula. É sobretudo uma entidade de cria conhecimento e gesta-o, portanto, é preciso capturar e aplicar o conhecimento criado, evitando a todo o custo a sua dissipação o que significa perda de capacidade de inovação e competitividade no mercado.

Numa organização que aprende é preciso dar grande atenção ao colaborador (funcionário). Conduto o indivíduo inevitavelmente lida apenas com uma parte da realidade da empresa, ele é detentor de um recorte muitas vezes sucinto do mapa conceitual total do negócio ou do processo em questão. E o conhecimento seguramente não é apenas parte da realidade ele é sempre pleno, completo e sintático. E para ter conhecimento da realidade plena é preciso ter uma visão múltipla dos pontos de vistas sob diferentes óticas e questões inclusive opinativas. É preciso avaliar contextos diferentes e saberes recônditos em meio aos indivíduos que compõe a organização. Prescinde-se então do processo dialético como fator gerador de conhecimento.

No processo de criação do conhecimento não é possível nos livrarmos do intrínseco conceito de conhecimento, como agente dual e sintetizador de ideias e saberes. Deve-se levar em conta os contextos em que estão inseridos os indivíduos, sendo eles: social, cultural e histórico, conforme definiu Vygotsky[23]. Na criação do conhecimento deve-se considerar a totalidade do quadro da realidade, buscar a interação com todos os indivíduos, instigar para que exatamente todos exercitem uma visão da realidade sob outro ponto de vista, justamente para fomentar a multiplicidade de visões e após exercer o compartilhamento dos seus contextos vistos e adquiridos no processo. É um aspecto em que o indivíduo deve encarar e procurar entender que as suas tarefas fazem parte de um todo maior, sendo imperioso compartilhar o conhecimento para poder melhorar e refinar os processos empresariais gerenciais.

Conforme Takeuchi e Nonaka bem o colocam, *"[...] os indivíduos têm diferentes metas e contextos, as contradições sã inevitáveis entre eles e as organizações às quais pertencem."* Contudo em que pesem eventuais e inevitáveis atritos e contradições entre os indivíduos, é pertinaz destacar que numa organização geradora de conhecimento, opiniões divergentes são normais e aceitáveis, são sim salutares para o aprimoramento total do processo. E Takeuchi e Nonaka afiançam, *"O conhecimento é criado através da síntese das contradições, e não pelo encontro de um equilíbrio ideal entre as contradições."*

E como é possível sintetizar o ambiente e os recursos da organização com vistas e gerar e gerir o conhecimento? É, contudo preciso analisar as formas com que os sistemas sociais são produzidos e reproduzidos na organização, por intermédio das interações entre os colaboradores.

O ambiente exerce grande influência nos colaboradores e por sua vez estes estão em processo contínuo de recriar o ambiente em que estão inseridos, através das interações de cunho social. Portanto a estrutura social não existe de modo independente, ela é intrínseca aos seres humanos na sua forma pura de ser. Promovendo uma complexa interação que impacta diretamente em qualquer ambiente em que estão inseridos. O conhecimento é criado das interações entre os seres humanos de o ambiente em que estão e partilham da cultural e historicidade.

O conhecimento sumariamente necessita de um contexto físico para ser criado, ele depende das dimensionalidades espaço e tempo. O conhecimento não

---

[23] L. S. Vygotsky, (1896, Orsha, Rússia - 1934, Moscou), psicólogo soviético. Estudou linguística e filosofia na Universidade de Moscou antes de se envolver com pesquisas psicológicas. Enquanto trabalhava no Instituto de Psicologia de Moscou (1924-1934), ele se tornou uma figura importante na psicologia soviética pós-revolucionária. Estudou o papel dos fatores sociais e culturais na formação da consciência humana; sua teoria dos signos e sua relação com o desenvolvimento da fala influenciaram psicólogos como A.R. Lúria e Jean Piaget. Seu trabalho mais conhecido, Pensamento e linguagem (1934), foi brevemente suprimido como uma ameaça ao stalinismo. Fonte: Britannica, The Editors of Encyclopaedia. "L. S. Vygotsky". Encyclopedia Britannica. Disponível (on-line) em: https://www.britannica.com/biography/L-S-Vygotsky.

existe apenas da cognição individual da pessoa ele precisa ser externado, em outras palavras, compartilhado. Dito de outra forma, as questões que concernem a criação do conhecimento aludem sobretudo a especificidades temporais, espaciais (no sentido de espaço físico - ambiente) e relacionamento entre os indivíduos dentro de um contexto social, histórico e cultural. Ele nasce da interação, do processo sintetizador e dialético inclusivo, sendo fruto fecundo de um debate visceral de contrários, em que toma-se como nova perspectiva uma síntese efetuada de antagonismos que se acomodam e tornam-se base para um novo e mais robusto saber.

Não se cria conhecimento na vacuidade absoluta, do nada, como que por ação milagrosa. Ele necessita ser gestado, e haver um lugar onde a informação tenha significância, aplicabilidade, sentido de ser. E é um processo na qual a informação acumulada no seio da organização é interpretada para enfim tornar-se conhecimento pela ação direta do ser humano.

Sistemas Sociotécnicos e as Organizações

A sociedade humana se desenvolveu e veio na sua esteira o crescimento de complexidades e especializações. Os padrões organizacionais das empresas dependem de critérios técnicos e abstratos de cunho racional. E obviamente tem estreita relação com os sistemas sociais em que estão inseridos, ou seja, uma empresa também é fruto da sua realidade vivencial local. Embasado nesta asseveração, temos então as teorias de gestão do conhecimento fortemente calcadas em diversos tipos de estruturas e concepções de viés organizacional.

As organizações indubitavelmente exercem grande pressão e diria impacto sobre os seus ambientes, podendo também sofrerem igualmente influência dos ambientes em que estão inseridas. E isto desemboca na sua capacidade de adaptar-se e propriamente sobreviver.

Em se tratando do ambiente em que a empresa está inserida, é salutar destacar que; há diferenças tanto históricas quanto culturais em diferentes grupos de pessoas dentro da mesma organização, o que impacta no sistema de gestão adotado, na forma como será criado e gerido o conhecimento e os sistemas de desempenho. Além claro da TI sofrer adequações na sua forma de atuar sobre o negócio da organização. Para tanto é imperioso traçar um mapa conceitual breve de dois aspectos opostos racionalmente mas complementares, o componente social e técnico.

O componente social abarca questões de comportamento das pessoas e culturais do grupo ou mesmo indivíduo. É um componente chave que influencia de forma significativa e profunda a atuação de indivíduos, grupos ou equipes de trabalho nas empresas e é um agente determinante para o desempenho.

Já o componente de caráter técnico, diz respeito ao sistema de produção, sistema de informação e processamento de dados, as tecnologias de produção, a metodologia de trabalho e organizacional entre outros. Relacionando também a respeito da questão da estrutura, onde faz alusão ao aparato institucional e de gerência, sendo o elo integrativo das capacidades e valências sociais e técnicas de uma organização, voltado evidentemente para atingir os objetivos propostos e as metas produtivas delineadas.

Desconsiderar o fator humano dentro do contexto da TI, bem como quando trata-se do campo da inovação, é condenar a organização ao fracasso no que tange às mudanças de viés tecnológico. Isto porque, os padrões sociais e identitários da organização passam pelo indivíduo e o seu grupo, do ambiente que ele está inserido e que advém. Contudo, dentro de um processo de mudança numa organização em que leva-se em conta tão somente a satisfação e anseio do fator humano, igualmente estará fadado ao fracasso. É preciso construir um processo de mudança que em tenham por vista o técnico e o social, num processo sintetizador de conhecimento, permeado pela dialética do conhecimento, em que a antítese seja indubitavelmente o fruto da técnica aplicada e da parte humana a sociotécnica.

A sociotécnica é uma abordagem de gestão que analisas as questões dentro da organização de um ponto de vista mais flexível. Em uma compreensão organizacional maleável que absorve questões técnicas e puramente racionais e sociais.

Comunicação, a lógica dos Atores

Evidente que dentro de uma organização para que o conhecimento tenha fluência e seja um ativo importante e estratégico para a mesma é imperioso que haja uma comunicação eficiente. E claro que dentro de um contexto em que envolva questões pertinazes à sociotécnica, em que o fator humano é deveras preponderante, e considerar o indivíduo dentro da sua subjetividade existencial, como um ator que compõe o cenário social da empresa e tem amplo reflexo no conhecimento empresarial, desde a sua geração até a disseminação.

É, contudo, importante tratar da temática colocada a respeito da lógica dos atores no campo do conhecimento e a comunicação *per se*, sendo um instrumental lógico que está no pano de fundo a ação. Ação esta que se personifica como mola propulsora para a comunicação do conhecimento dentro da empresa seja ela para o bem ou para o mal.

Nas palavras de Bruno Ollivier (2012) que são esclarecedoras a respeito das questões conceituais da lógica dos atores: *"O conceito de lógica do ator supõe*

TECNOLOGIA DA INFORMAÇÃO: UMA ABORDAGEM DIFERENCIAL   **83**

que qualquer ato, qualquer ação de comunicação e qualquer comportamento correspondem a uma lógica de livre escolha." Isso endossa o fato de que a comunicação dentro de uma organização pode ser benéfica ou maléfica, haja vista que ali está embutido o fator do livre arbítrio, onde não há gerência processual quanto às atitudes mentais e cognoscíveis dos indivíduos envolvidos.

Portanto levando em conta em casos a rigidez da estrutura administrativa da organização, em um ambiente muitas vezes tóxico ou de certo constrangimento, coexistem com ambiente de inovação, liberdade e interação incessantes. Contudo os atores desenvolvem suas íntimas estratégias de relação entre si, com o grupo e o ambiente em questão.

Então às lógicas adotadas pelos atores (indivíduos), são sumariamente diferentes, e isso depende diretamente da posição e situação funcional de cada um. Correspondem à individualidade e capacidade de cada ator em definir os regramentos da organização ou mesmo de subvertê-las. É fato consumado que cada ator ou grupo venha a gestar estratégias diferentes para proteger e até ampliar sua área de ação e domínio. Em outras palavras, limitar ao máximo a circulação da informação e consequentemente do conhecimento, sobre aquilo que sabem. A estratégia adotada pelo ator nem sempre está coadunada com a da organização, não visa os mesmos objetivos. Consiste em muitos casos em limitar e até sabotar a circulação de informação o que prejudica severamente o conhecimento dentro da organização. O ator chega a praticar em casos a desinformação em relação os objetivos e diretrizes da organização, tudo no intuito de preservar sua posição e território. (OLLIVIER, 2012).

Ollivier (2012) afirma: *"[...] é perfeitamente normal que a informação não flua livremente por toda a organização e até mesmo que toda a organização não funcione no plano da comunicação."* O que pode-se inferir é que o poder com relação aos indivíduos dentro de uma organização está assentado no conhecimento e produz uma realidade empresarial que associa-se a forma como a organização cria e comunica o conhecimento entre os seus pares. Então a comunicação também constitui-se num aspecto basilar para a Gestão do Conhecimento no âmbito empresarial.

Consentâneo às questões de tecnologia e conhecimento. Iremos abordar no capítulo seguinte às tecnologias emergentes no futuro, iniciando por um apanhado histórico e depois adentrando nas questões tecnicistas.

Capítulo 5. Tecnologias Emergentes

Podemos classificar como uma "nova onda", o processo desencadeado pela Revolução Industrial no limiar dos séculos XVIII e XIX da nossa era. Foi um período pautado pela inovação e adoção da tecnologia para a exponenciação da produção e acentuamento significativo da industrialização prioritariamente e num primeiro momento no continente europeu. Os processos decorrentes da Revolução Industrial trouxeram à tona mudanças significativas na sociedade, na sua organização, valores e formas de ver o Mundo. De uma forma muito rápida e simples, pode-se dizer que a sua causa foi o uso do carvão e do ferro, acompanhado das mudanças nos processos industriais com a aplicação técnica a equipamentos de automação no âmbito da indústria. A Revolução Industrial veio à esteira do Iluminismo[24] europeu, onde foi dada uma ênfase no homem como ser racional e transformador do mundo.

Já em finais do século XIX e início do século XX, experimentamos o advento da energia elétrica e a sua utilização em escala industrial, o uso do aço e uma nova visão nas condições de trabalho, bem como no aumento substancial da produção da indústria. Outro marco fundamental nesta história é após 1945, com um aumento significativo e crucial da capacidade industrial produtiva além da adoção mais incisiva da tecnologia e da comunicação. E é seguramente neste ponto que iremos tratar a seguir quando referir-se-á no campo da inovação e tendências, será coadunado com a TI e suas implicações para a sociedade.

Em se tratando da temática da tecnologia e poderíamos dizer das suas tendências, e alternativas emergentes neste estágio, soa como fantástico e tem uma pegada onírica. Isto porque primeiro em se tratando de interações da sociedade é muito difícil traçar um mapa conceitual futuro seguro; e segundo; sempre estaremos condicionados às limitações impostas pelo meio natural em que vivemos. Não há como excluir o meio ambiente natural de qualquer processo de desenvolvimento e previsibilidade para o futuro.

---

[24] Iluminismo, francês siècle des Lumières (literalmente "século dos Iluminados"), alemão Aufklärung, um movimento intelectual europeu dos séculos XVII e XVIII no qual ideias sobre Deus, razão, natureza e humanidade foram sintetizadas em uma visão de mundo que ganhou amplo consentimento no Ocidente e que instigou desenvolvimentos revolucionários na arte, filosofia e política. O pensamento central do Iluminismo era o uso e a celebração da razão, o poder pelo qual os humanos entendem o universo e melhoram sua própria condição. Fonte: https://www.britannica.com/event/Enlightenment-European-history

Contudo é possível sim fazer "previsões" bem calcadas no estágio atual de desenvolvimento, sem correr o fatal risco de parecerem idiotas e desconectadas diametralmente da realidade futura.

Para tanto é preciso primeiramente entender a significância de "tendências"[25]. Na qual assume como tema prioritário e associativo, a capacidade da mente humana em analisar um assunto, ou mesmo um panorama situacional, diante destes dados formar no intelecto um padrão, ou mesmo um modelo, em que poderá ser aplicado com sucesso no futuro. E de certa forma prever e até pavimentar o que virá ser adotado no futuro, uma certa desconstrução do passado, em que o futuro apresenta-se como seu antagônico.

Entende-se por tendência também o aspecto da possibilidade do sentido de sermos levados a adotar a tecnologia X ou invés da Y, por exemplo. É possível sim estudar às tendências futuras, prevê-las já é algo que não temos total domínio. Contudo claro que observando e analisando os fatos que se apresentam os movimentos do dia a dia, nos dão grande possibilidade de compreender as tendências. (PINOCHET, 2014).

O futuro pode sim ser um enigma, considerado imprevisível. Ele sumariamente não pode ser diretamente e enfaticamente determinado pelas condições atuais vigentes. E isto independe do nível de detalhamento e acurácia dos métodos preditivos que iremos adotar.

E na dinâmica atual em que vivemos, com uma gama volumosa de dados e consequentemente informações a nos inundar a cada instante, fica cada vez mais difícil de estabelecermos padrões mais rígidos de análise de fatos. O ciclo de vida de novos conhecimentos que adquirimos, está ficando cada vez mais exíguo. Em outras palavras o tempo que dispomos para interiorizar um novo conhecimento e nos apropriarmos intimamente dele, está menor. E isto compromete fortuitamente toda e qualquer análise preditiva. E nem mesmo pessoas bem informadas e que estão na vanguarda do desenvolvimento tecnológico estão imunes de cometer erros até grotescos, quando o assunto é previsibilidade de eventos e adoção de novas tendências tecnológicas. Citamos abaixo apenas duas dentre um sem fim de frase que atestam o aspecto colocado:

> *"Tudo que podia ser inventado já foi."*
> **(Charles Duell, Diretor do Departamento de Patentes dos EUA no ano de 1899).**

---

[25] Disposição natural que leva algo ou alguém a se mover em direção a outra coisa ou pessoa; inclinação: tendência dos corpos para a terra; tendência à mentira. Fonte: https://www.dicio.com.br/tendencia/

TECNOLOGIA DA INFORMAÇÃO: UMA ABORDAGEM DIFERENCIAL

> *"Eu penso que o mercado mundial só tenha condições de ab-
> sorver cinco computadores."*
> **(Thomas Watson, Presidente da IBM, no ano de 1943).**

Os autores das frases acima, indubitavelmente tinham grande saber a respeito da tecnologia nas suas respectivas épocas. Especificamente nos seus segmentos de atuação, e não fizeram as referidas afirmações de forma leviana, não estavam de forma alguma desinformados. Pelo contrário tinham um profundo conhecimento nas suas respectivas áreas, dispunham também de uma rede de informações e contatos, sejam eles em governos, universidades e empresariais. De certa forma estavam em condições plenas de realizar uma análise e julgamento, diria confiáveis para o período. Tinham capacidade de competência para o fazê-lo; mas ao tentar prever as tendências futuras falharam cabalmente.

É preciso trazer a baila o mecanismo social, o funcionamento da sociedade como uma célula orgânica e totalmente imprevisível. Pois ela é indubitavelmente composta de indivíduos pensantes e dotados de livre arbítrio. Salientando também que o mecanismo social necessita um tempo hábil não arbitrário para entender uma mudança que se avizinha, considerando também questões e implicações pertinazes aos hábitos culturais, valores morais e éticos, quando se considera assuntos condizentes à tecnologias.

> *"As sociedades são imprevisíveis como os indivíduos e o resul-
> tado disso é que o catálogo das profecias falidas dos sociólogos,
> sem excluir os mais eminentes, seja maior e mais impressio-
> nante do que dos astrólogos e clarividentes."* (Octavio Paz).

Como colocou acima Octavio Paz há um componente significativo de imprevisibilidade na sociedade e nas pessoas, o que torna ainda mais complexo o aspecto de traçar um panorama sobre tendências tecnológicas futuras.

Urde, portanto traçar minimante um quadro esquemático a respeito da adoção de novas tendências tecnológicas implicantes diretamente na sociedade e no indivíduo. Evidente que no estágio atual de adoção da internet como meio de comunicação de troca de experiências e total interação, além de instrumental para comércio, fica difícil não alicerçar às previsões e tendências futuras nela. Pode-se assegurar com grande segurança que a internet continuará sendo uma tecnologia largamente adotada no futuro, pelo menos na sua concepção conceitual de rede universal, na qual interliga equipamentos de processamento de dados munidos de protocolos que realizam e viabilizam a comunicação entre si.

Outro aspecto a ser severamente atentado é o fato do armazenamento, tratamento e visualização de dados, que são colhidos a cada fração de segundo pelas empresas e governos.

A Tecnologia vem de forma até alucinante podemos assim dizer, tendo contornos desenfreados e instantaneidade insana, modificando a maneira como interagimos com o mundo que nos rodeia. E esta mudança não restringe-se apenas Às questões da natureza, do cosmo por exemplo, ela abarca também à Sociedade na sua ampla totalidade.

Levando-se em conta também a criação de novas demandas para a Sociedade no que tange principalmente à utilização da tecnologia, é uma obviedade que as empresas busquem estudar as populações suas relações entre si, para desenvolver então produtos com interfaces tecnológicas diferentes e envolventes. Objetiva-se ditar tendências e tentar criar o futuro.

Tendências apontadas

Evidente que o quadro conceitual referente às tendências futuras no campo da TI, apresentam-se pragmáticas e atreladas à conectividade proporcionada pela internet. Levando em conta o aspecto da mobilidade e ubiquidade[26] dos sistemas computacionais. Isto tudo vem a calhar também em aplicações que ensejam armazenar os volumosos dados gerados instantaneamente, além de ferramentas cada vez mais poderosas de análise de dados para transformá-los em informações congnoscíveis e conhecimento empresarial.

Para a composição do quadro conceitual proposto seguiremos apontando e pontuando algumas tendências destacada pela Gartner Group[27]:

- **Dispositivos móveis:** os telefones, smartphones e tablets irão ultrapassar os computadores no acesso à internet, e consequentemente serão adotadas tecnologias como as ferramentas HTML5 e CCS3, que possuem maior poder de interatividade;
- **Inteligência Artificial:** ferramentas computacionais baseadas em inteligência artificial aplicadas na resolução de problemas empresariais, tais como o ChatGPT[28] – e outros modelos básicos semelhantes – é

---

[26] Característica do que existe ou do que está em praticamente todos os lugares.

[27] https://www.gartner.com/en - desenvolvimento e avaliação de tecnologias e tendências em centenas de empresas no mercado.

[28] ChatGPT é um assistente virtual inteligente no formato chatbot online com inteligência artificial desenvolvido pela OpenAI, especializado em diálogo lançado em novembro de 2022. Fonte: https://openai.com/blog/chatgpt .

uma das muitas inovações em hiperautomação na área. Ele fará parte de soluções arquitetadas que automatizam, aprimoram humanos ou máquinas e executam processos de negócios e TI de forma autônoma;

- **Aplicativos web:** adoção de aplicativos web em detrimento dos nativos dos sistemas operacionais, os aplicativos web instalados diretamente em dispositivos móveis, também denominados APP (application);
- **Computação em nuvem:** os recursos e a infraestrura tecnológica na nuvem (cluod) irá guardar praticamente todos os dados e informações das pessoas e empresas, o que se verá será uma ampliação considerável dos serviços em nuvem, ensejando dinamizar e maximizar o acesso e a mobilidade, bem como reduzir os gastos com hardware e suas implicações;
- **Conexão com a internet:** ampliação significativa da conexão com a internet para dar conta de todo o aparato tecnológico emergente, bem como o acesso a aplicações totalmente voltadas à web que vão desde aplicativos pessoais a empresariais e governamentais;
- **Big Data e Mineração de Dados:** o que temos atualmente são dados volumosos que advém de bancos de dados estruturados (tabelas) e não estruturados (áudio, texto, vídeo, etc), além de dados colhidos por sensores e máquinas, eles alcançam a casa de zettabytes. Então os projetos Big Data calcados na mineração de dados e análise objetivam executar aplicações de forma compartilhada e revelar-se-á estratégico para as empresas, pois possibilitará incorporar uma análise massiva de dados, vindo a agregar mais dados e informações, realizando a extração do conhecimento que está intrínseco por meio de cruzamentos estatísticos;
- **Computação em memória:** permite que atividades computacionais que consomem horas, levem minutos ou mesmo segundos, objetiva ser uma plataforma que agilizará o processo de comunicação e obtenção de dados em tempo instantâneo;
- **Virtualização dos dispositivos computacionais:** solução que objetiva reduzir o impacto ambiental causado pelo hardware, adotando assim dispositivos virtuais, acessados a partir somente de um único hardware;

- **Lojas virtuais de aplicativos:** um espaço que objeta disponibilizar aplicativos para dispositivos móveis, onde o usuário encontra tudo o que precisa para aprimorar o seu trabalho.

É claro que sob o espectro empresarial, temos três situações que se colocam como timoneiras na questão da adoção de tendências futuras, principalmente no que tange à TI.

Evidente que há outras tendências dentro do contexto da TI que apresentam-se como desafio e oportunidade para o futuro, além das brevemente expostas acima, conforme elenca-se a seguir:

- **Hiperautomação:** é uma temática que faz uso de conceitos e padrões da IoT (internet das coisas), IA (inteligência artificial) e ML (Machine Learning), ensejando automatizar processos complexos, reduzir erros e aumentar a eficiência operacional; faz a combinação da coleta de dados em tempo real, análise avançada e aprendizado de máquina para tomar decisões rápidas e precisas dentro do âmbito da organização; a hiperautomação não substitui completamente os humanos, ela libera o indivíduo para que se concentre em tarefas estratégicas e criativas que necessitam sumariamente da internvenção humana.
- **Outsourcing de TI:** refere-se a terceirização ou seja, a contratação de uma empresa especializada para lidar com as necessidades de TI da empresa. Essa abordagem permite que a empresa contratante se concentre em suas atividades principais, enquanto aproveita o conhecimento e a experiência da empresa de outsourcing.
- **Cybersegurança:** aumento expressivo dos ataques cibernéticos e violação de dados empresariais e pessoais, teve como resposta o avanço da legislação sobre proteção de dados pessoais, como a Lei Geral de Proteção de Dados, está transformando a cybersegurança em um pilar basilar do negócio.
- **Tech Recruiter:** é uma modalidade em que a empresa contrata um parceiro que se responsabiliza pelo processo de recrutamento e seleção de talentos de tecnologia; é uma sagaz estratégia para suprir a escassez de mão de obra qualificada na área e reduz os gastos, bem como o tempo necessário para repor um funcionário na equipe de TI.

TECNOLOGIA DA INFORMAÇÃO: UMA ABORDAGEM DIFERENCIAL **91**

- **Imunidade Digital de Sistemas (DIS):** cibersegurança é essencial para proteger dados, sistemas e redes contra ameaças maliciosas, como vírus, hackers, ransomware e phishing; tem grande importância no que tange a garantia da confidencialidade, integridade e disponibilidade das informações e serviços de TI; é fundamental que as empresas invistam em soluções de cibersegurança, incluindo recursos como antivírus, firewall, criptografia, backup, autenticação e monitoramento dos seus dados.

- **Tecnologia Sustentável:** a tecnologia e a sustentabilidade tendem já caminhar lado a lado e essa parece ser uma tendência inegociável para o futuro, sendo um fator relevante a ser considerado por todas as empresas; haja vista ao o termo "TI verde" é a prova de que é possível evoluir e inovar gerando menos impactos ao meio ambiente.

As empresas determinadoras de tendências, elas aceitam os riscos inerentes, traçam novas estratégias e direcionamentos ao adotarem uma nova tecnologia emergente. Há as empresas seguidoras das tendências, estas têm uma dinâmica mais cautelosa, tem uma visão e ação mais conservadora, esperam sempre aprenderem com os erros dos outros. E enfim as formadoras de tendências adotam o que chamamos de meio termo, e efetuam um balanceamento entre a inovação e as novas tendências com a cautela conservadora.

Contudo há um fato que já é consumado nos dias de hoje. A internet é tão essencial quanto a própria energia elétrica. E os dispositivos como smartphone constituem-se na porta de entrada para as informações que os usuários "consomem", deixando outros dispositivos como televisores e propriamente computadores já num plano inferior. Os *smartphones* podem ser acessados em qualquer lugar a qualquer hora, claro que havendo conexão com a grande rede (internet) disponível. O que constitui-se num paradoxo para nossos tempos: "há informação disponível instantaneamente, porém com lidar com o excesso de informação".

Há indubitavelmente um aspecto que já é realidade na contemporaneidade e será mais premente ainda nos anos vindouros. Na ausência da conexão com a internet instala-se nítido sentimento de insegurança, ansiedade e até desespero, em função de praticamente termos nossas vidas e das organizações armazenada na "nuvem[29]".

---

[29] O armazenamento em nuvem é um modelo de computação que permite armazenar dados e arquivos na Internet por meio de um provedor de computação e acessado em qualquer local físico com dispositivo computacional.

É uma nova realidade já amplamente vivenciada no século passado e tremendamente acentuada neste século XXI. Transformou-se num hábito já incorporado em nossas vidas e molda, transforma e gere nossos próprios paradigmas sociais e empresariais. O que nos leva insopitavelmente a questionar-nos sobre o fato de não existir internet. Será que seria possível viver sem internet? Como vivíamos e desenvolvíamos nossas atividades antes do advento e popularização da internet?

Deveras são questionamentos interessantes e que endossam esta etapa da obra em que pretende-se tratar a respeito das tendências tecnológicas que se apresentam no horizonte da sociedade global.

A Corrida Tecnológica

Em pouco mais de cinquenta anos do desenvolvimento mais acentuado da informática, com a acessibilidade maior de hardwares de processamento de dados para as pessoas. O que ocorreu foi uma série de impactos significativos em diversas áreas do conhecimento.

O mercado tecnológico abriu uma frente de negócios em que não como barrar. Os avanços tecnológicos decorrentes de produtos e subprodutos de trabalhos científicos, calcados em pesquisas de hardware e software, cada vez mais complexos e ganhando sofisticação a cada upgrade, com maiores capacidades de processamento e armazenamento de dados. É um aspecto premente e que obriga as empresas a adequar-se com maior agilidade e segurança, abrindo campo vasto de inovação e consequente mudança. (PINOCHET, 2014).

Contudo a velocidade do desenvolvimento e evolução dos softwares apresenta-se como aquém do hardware. Deve-se sobretudo ao aspecto pertinaz a uma ânsia acelerada de desenvolver novos produtos eletrônicos, bem como equipamentos de processamento de dados, com grandes capacidade de armazenamento e computabilidade lógica, de alta performance e com recursos sempre inovadores. E então a indústria de hardware devido a sua dinamicidade no lançamento de novos produtos, não dá o tempo necessário para a indústria de software produzir soluções computacionais que sejam compatíveis com os hardwares lançados.

É, portanto normal no caso de computadores sejam eles notebooks, netbooks ou mesmo desktops e mainframes tornarem-se lentos no processamento de dados e acesso a aplicativos diversos. Normalmente atribui-se a "culpa" ao hardware defasado, contudo na verdade normalmente é o software que não dá conta de acompanhar o desenvolvimento do hardware, haja vista que não desempenha as funções com base na estrutura projeta do hardware. E normalmente dando erros como: "memória insuficiente", "feche algumas aplicações para liberar espaço em disco", "cursor em tempo de espera", etc. São situações normais e cotidianas que ocorrem porque o software, no caso o Sistema Operacional controlador não consegue gerenciar plenamente o hardware e o seu potencial computacional.

Já no tangente ao peopleware, que faz referência às pessoas envolvidas no processo da TI e da computação, constitui-se no elemento mais vulnerável e suscetível da cadeia tecnológica. O peopleware constitui-se nos potenciais usuários de hardware e software e normalmente o ritmo de absorção da tecnologia é mais moroso, configurando-se em casos de nítida resistência e repulsão de uma nova tecnologia. É fato consumado que a há uma curva de aprendizado em que assenta-se a absorção e adoção de tecnologia por parte dos usuário de sistemas, tendo em vista a variante pertinente ao fator humano.

O peopleware é, contudo, um fator delimitador na corrida tecnológica. Conforme o exposto acima há de se considerar questões de resistência e repulsa das pessoas pelo "novo", quando o assunto é tecnologia.

Os Recursos Tecnológicos

Quando trata-se intimamente do assunto "recursos tecnológicos", o que normalmente vem a tona em nossas mentes, são os aspectos que concernem a toda a parafernália eletrônica e os sistemas computacionais, além de softwares aplicativos diversos. O que indubitavelmente constitui o hardware e o software propriamente ditos. Contudo cumpre destacar de forma racional, que há sim uma abrangência mais ampla e orgânica quando tratador deste assunto. Dentro do campo da TI, não tem como deixar de lado, às questões concernentes a "pessoas" e suas características, peculiaridades e cultura que compõe um quadro conceitual difuso e rico.

Os recursos tecnológicos abarcam conforme já bem colocado no parágrafo antecedente, aspectos que perpassam claramente questões da ordem puramente eletrônica, ou seja, o hardware e o software. Abarca também à racionalidade humana na sua totalidade. O conhecimento humano armazenado seja ele nas mentes das pessoas, mas também em sistemas de gestão de conhecimento destinado para a finalidade *per se*.

Desdobram-se os recursos tecnológicos em dois grupos conforme bem frisamos anteriormente, são os tangíveis e os intangíveis. Na integração destes dois grupos de recursos da tecnologia, ocorre o desenvolvimento necessário para a capacitação, aspecto este que poderá exponenciar competências específicas e importantes para uma organização de qualquer natureza. Constituindo-se em um diferencial importante no que tange o próprio conhecimento individual ou grupal, abarcando não somente uma organização em si, mas a sociedade na sua totalidade. O que invariavelmente parte para um cenário permeado pela competitividade e que possibilita ter uma certa e considerável vantagem de cunho competitivo tanto do indivíduo quanto da organização. (PINOCHET, 2014).

Na figura que segue traça-se um interessante quadro conceitual do que foi exposto até aqui a respeito da relação entre os recursos tecnológicos e os seus desdobramentos.

Figura 12: Recursos tecnológicos - relação

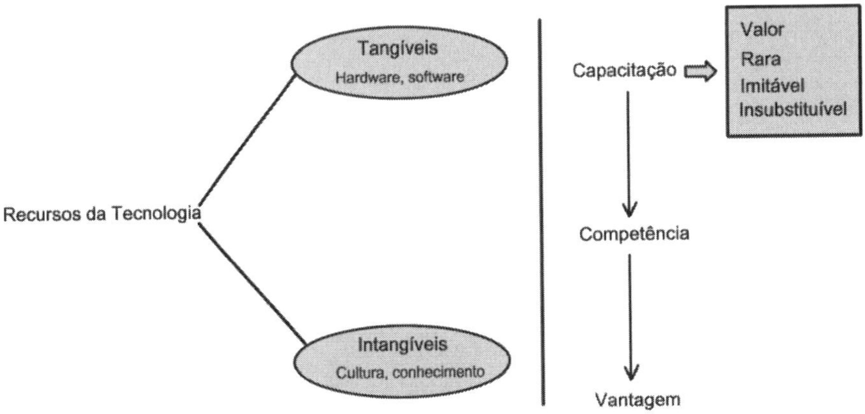

Fonte: Elaboração do autor.

E dentro desta contextualização, de uma forma clara e concisa elencar-se-ão para fins exemplificativos os recursos tangíveis e os intangíveis, conforme o disposto a seguir:

- **Recursos tangíveis:** capacidade financeira da organização, infraestrutura tecnológica (incluindo aqui a computacional e de telecomunicações), infraestrutura física da empresa os seus equipamentos de produção, prédio;
- **Recursos intangíveis:** conhecimento, capacidade criativa, inovação, confiança, marca da empresa, qualidade do produto/serviço, capacidade de interação com o cliente, suporte, eficiência e eficácia, capacidade de aprendizado em equipe.

TECNOLOGIA DA INFORMAÇÃO: UMA ABORDAGEM DIFERENCIAL **95**

Denota-se na atualidade uma sociedade povoada pela incerteza, inundada num mar de mudanças instantâneas e interações dinâmicas e além fronteiras naturais e políticas. Isto consequentemente têm reflexos profundos na vida das pessoas, nos aspectos educacionais e empresariais. A mudança sempre foi uma constante, contudo experimentamos atualmente mudanças cada vez mais abruptas e rápidas. É preciso ser proativo e nunca dar-se por satisfeito com o que já se sabe, é sempre necessário motivar-se para aprender continuamente. Numa era permeada pela incerteza e mudanças de cenários constantes, há somente uma fonte segura de diferencial, "o conhecimento". Portanto a organização que tem a capacidade de desenvolver uma sinergia de aprendizado e conhecimento em nível de equipe, certamente tem uma vital vantagem competitiva ante as demais. Então os recursos intangíveis da organização são seu principal ativo e sobrepujam os recursos tangíveis.

Contudo no bojo destas colocações fica oportuno destacar a respeito das questões referentes na qual as organizações têm grande interesse. É a respeito da gestação das ideias, que desperta grande interesse das organizações. Haja vista que onde há um ambiente propício para a geração de ideias, há também indubitavelmente maior criatividade e potencialização para a inovação. Contudo urde destacar que, as ideias mais significativas e relevantes para a organização e que irão gerar frutos, necessitam de tempo para "amadurecer" e evoluir. Elas passam por um período sabático de maturação e reflexão para então aflorarem na plenitude. (JOHNSON, 2011).

O amadurecimento das ideias é levado a cabo sempre por várias mentes trabalhando junto, e quase nunca ou necessariamente nunca é um fruto solitário de um indivíduo. Normalmente ocorre do choque de saberes e experiências, de opiniões nem sempre consoantes, mas que colidem do pondo de vista da razão e como resultado apresenta uma antítese fecunda e interessante.

É importante destacar que sempre as boas ideias precisam de tempo de incubação, somado a um ambiente salutar para ela se desenvolver e promover a criatividade na equipe. (JOHNSON, 2011).

A criatividade é um "saber" uma "qualidade" que indubitavelmente e normalmente está associada a grandes descobertas científicas, às invenções e às criações artísticas. Algo assemelhado como um "sopro" quase que sobrenatural que se apossa da mente humana e exponencia o ato de "conceber" algo, seja ele palpável ou abstrato. Contudo o ato criativo sempre está de certa forma associado a uma ideia base, já concebida seja ela advinda às experiências intrínsecas ou extrínsecas da pessoa, ou mesmo do meio natural.

Colocando aqui dentro de uma perspectiva mais ampla, as manifestações criativas são definidas dentro de um escopo do processo inferencial mental, favorecedor da geração de novas ideias por indivíduos ou equipes, em que estão dentro de um contexto organizacional. O ato de ser criativo está ligado ao exercício mental da observação das mesmas coisas, e contudo ter ou mesmo desenvolver ideias originais, com um viés de utilidade para resolver problemas que se apresentam dentro da uma organização por exemplo. (PINOCHET, 2014).

E neste contexto entra a inovação[30], consiste basicamente em criar algo, ou mesmo adaptar uma mudança significativa com vistas a melhorar o produto ou serviço. É importante salientar que somente há inovação de fato no momento em que uma nova ideia gestada é colocada em prática, após o processo de análise e implementação final. A inovação nem sempre resulta de algo novo, de caráter inédito, há casos em que combina-se uma adequação, um melhoramento de ideias e projetos já existentes.

Entretanto para que tenha-se sucesso no processo que envolve a inovação dentro de uma organização, é imperioso investimentos, prioritariamente na área de tecnologia e pesquisa. Angariar recursos tangíveis e intangíveis em grandes proporções. Fomentar o campo das ideias, confrontando-as entre si, ensejando promover a discussão em grupo.

A Internet das Coisas

"Internet of Things[31]", é um mundo movido a interconectividade, ou seja, conectado sumariamente à internet. Onde as tarefas e ações rotineiras serão acompanhadas e geridas por dispositivos conectados à Internet e interagindo mutuamente pode-se assim o dizer. Vislumbra-se num futuro já próximo que na ordem de bilhões de dispositivos já estejam conectados com a Internet, tais como veículos, máquinas agrícolas, sistemas de compras de supermercados, automação, eletrodomésticos, controladores de tráfego, etc. Enfim todos dotados de dispositivos de processamento de dados e sensores que colhem dados, dotados também de capacidade de conexão entre si, via sistemas de protocolos específicos. É um cenário que está coadunado mutuamente com a ciência de dados, haja vista quês todos esses dispositivos conectados, invariavelmente colherão e produzirão quantidades gigantescas de dados estruturados, semi-estruturados e não-estruturados.

---

[30] Realizar algo novo ou que nunca havia sido feito antes; produzir novidades: inovou a casa; uma empresa que está sempre inovando. Etimologia (origem da palavra inovar). Do latim *innovare*. Fonte: https://www.dicio.com.br/inovar/.

[31] Em português: Internet das coisas.

TECNOLOGIA DA INFORMAÇÃO: UMA ABORDAGEM DIFERENCIAL   **97**

Sistemas automatizados que fazem com que acendam luzes, aquecem às refeições ao perceber que você retorna a sua casa, pulseiras, palmilhas, vestimentas inteligentes, que compartilhem com seus amigos as suas atividades, como caminhada, corrida, etc. Há também sensores que podem identificar o nível de humor dos animais e comunicar via smartphone ao criador. Estas breves exemplificações personificam-se como manifestações tecnológicas estritamente associadas ao conceito do que vem a ser a Internet das Coisas. (MAGRANI, 2021).

Contudo é importante destacar que há grandes divergências referentes ao próprio conceito de Internet das Coisas. E de uma forma mais geral, pode ser explicado da seguinte forma; um ambiente em que objetos físicos são conectados com a internet, por meio de sensores, o que cria um sistema computacional onipresente (ou seja ubíquo), ensejando facilitar a vida diária das pessoas, com vistas a introduzir soluções sistemáticas dentro do processo do dia a dia. (MAGRANI, 2021).

E seguramente um dos grandes protagonistas, podemos assim dizer quando o assunto à baila é a Internet of Things, são os wearable devices[32].

Os wearable devices, são o que podemos dizer de "tecnologias vestíveis", consistem em dispositivos eletrônicos claro, e que se apresentam com aparência assemelhada a peças de roupas ou mesmo equipamentos vestíveis como objetos pessoais. São exemplos disso, relógios, pulseiras e óculos de realidade virtual. Dispositivos estes integrados e conectados com smartphones, computadores e demais equipamentos de processamento de dados.

As interfaces com os usuários dos dispositivos de processamento de dados, são um pilar fundamental que dita o ritmo dos avanços e inovações tecnológicas. E dentro deste panorama, os wearable devices permitem intermitentemente que os usuários interajam de forma mais intuitiva e natural. O futuro indica que os dispositivos vestíveis popularizem-se cada vez mais, sendo então um acessório básico da pessoa. E constitua-se em uma porta de entrada para o "metaverso".

A figura 13 ilustra-se um dispositivo vestível, na qual processa dados do indivíduo.

É latente, portanto que a interconexão de dispositivos eletrônicos físicos, dotados de capacidades de coleta e processamento de dados, além de detecção e comunicação dos mesmos, não se constituiu como uma ideia que remonta ao tempo atual. Contudo há imperiosamente uma compreensão ainda muito jovem da aplicação da Internet das Coisas, é algo que carece de amadurecimento.

---

[32] https://www.wearabledevices.co.il/.

Figura 13: Exemplo de um wearable, são os relógios inteligentes.

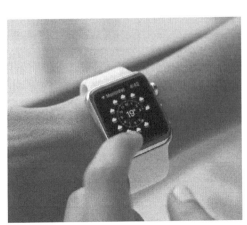

Fonte: Wikipédia.

Dentro desta contextualização e conforme já destacado, a Internet das Coisas tem um viés na qual há indubitavelmente a presença de computadores, sensores, interação com processamento de informações e hiperconectividade com a internet. E caso contrário imperiosamente não há Internet das Coisas. A hiperconectividade faz parte de um contexto na qual é corolário para se iniciar um projeto calcado na tecnologia da Internet das Coisas. Diz respeito a disponibilidade de objetos (dispositivos eletrônicos) estarem disponíveis para comunicação em qualquer momento, havendo assim um fluxo contínuo de informações e grande produção de dados para processar. (MAGRANI, 2021).

Um fator importante a destacar é o Big Data, já tratado aqui, na qual surge como uma possível combinação com uma aplicação baseada na Internet das Coisas. Essa combinação irá alterar significativamente a maneira como vivemos.

Em meados de 1950, Alan Mathison Turing[33] teorizou e tratou de certa forma a respeito da Inteligência Artificial. Consoante à sua concepção às máquinas seriam competitivas no âmbito com os seres humanos, nos campos da intelectualidade. Para tanto seria interessante munir às máquinas com órgãos sensoriais assemelhados aos humanos e "ensinar" à elas uma linguagem estruturada, seria um processo parecido como o aprendizado de uma criança.

---

[33] Alan Mathison Turing, (1912, Londres, Inglaterra - 1954, Wilmslow, Cheshire), matemático e lógico britânico que fez grandes contribuições para matemática, criptoanálise, lógica, filosofia e matemática biologia e também para as novas áreas posteriormente denominadas ciência da computação, ciência cognitiva, inteligência artificial e vida artificial. Fonte: Copeland, B.J.. "Alan Turing". Fonte: Encyclopedia Britannica - https://www.britannica.com/biography/Alan-Turing.

TECNOLOGIA DA INFORMAÇÃO: UMA ABORDAGEM DIFERENCIAL **99**

Concernente aos aspectos das previsões de Turing efetuam uma convergência com uma ideia para uma realidade em que as coisas teriam a potencialidade de ter uma identidade pessoal.

Identificando este aspecto temos a seguinte colocação a respeito, em que as coisas operam em espaços físicos caracteristicamente inteligentes, em que se conectam e se comunicam dentro dos contextos sociais, ambientais e de usuários. As coisas consistem em objetos interconectados por meio de sensores e equipamentos de processamento de dados via internet. Há indubitavelmente a presença de um protocolo de comunicação entre os objetos nem sempre identificáveis com precisão. Portanto a Internet das Coisas assume uma significância de uma rede mundial de objetos que estão interligados. (BASSI & HORN, 2008).

A Internet das Coisas abarca uma profusão de objetos/equipamentos físicos, intermediados por um protocolo de endereçamento de IP[34], ou mesmo outra rede, intuindo traçar, armazenar e coletar dados destinados a consumidores, empresas por meio de uma aplicação de software para a finalidade.

Colocando de uma forma mais didática e de um viés tecnológico, a Internet das Coisas resume basicamente, em um termo que acaba por evocar no aumento significativo de comunicação entre máquinas, ou seja, dispositivos eletrônicos. É uma espécie de M2M, *machine-to-machine*, aumentando então o volume de comunicação entre máquinas utilizando-se da internet. (MAGRANI, 2021).

A Internet das Coisas é algo que obtemos quando é efetuada a conexão com as coisas, não operadas por seres humanos, à Internet. Atualmente a principal forma de comunicação da Internet é humana, contudo vislumbra-se no horizonte uma nova avaliação, em que por intermédio da Internet, realizar a aprendizagem de máquina a máquina M2M, fornecendo conectividade em tudo. (WAHER, 2015).

Do ponto de vista do fluxo de dados, a Internet das Coisas segue um escopo cíclico, apontando para a transformação de dados de um objeto inteligente endereçado aos consumidores finais.

Na figura que segue esquematizamos o aspecto em que se dá basicamente o fluxo de dados num ecossistema em que trabalha a Internet das Coisas.

---

[34] Endereço IP, no endereço completo do Protocolo da Internet, número que identifica exclusivamente cada computador na Internet. O endereço IP de um computador pode ser atribuído ou fornecido permanentemente sempre que ele se conectar à Internet por um provedor de serviços de Internet. Fonte: Britannica, The Editors of Encyclopaedia. "IP address". Encyclopedia Britannica - https://www.britannica.com/technology/IP-address.

Figura 14: Fluxo de dados da Internet das Coisas

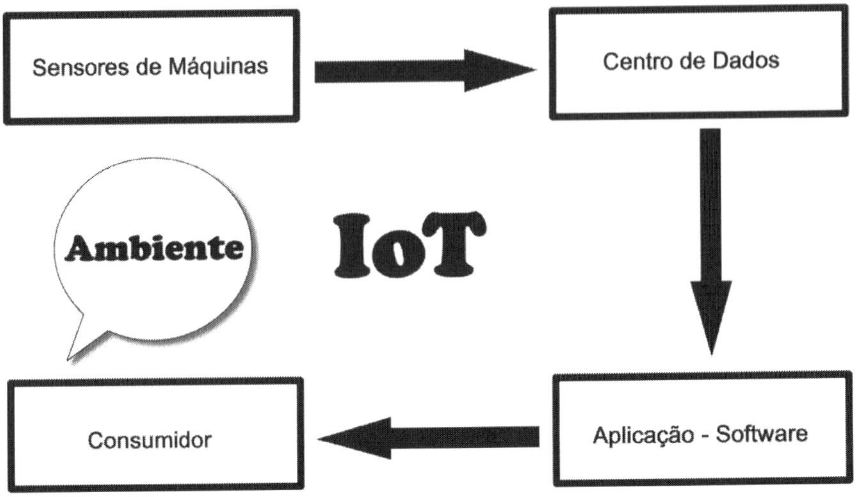

Sensores de Máquinas → **Centro de Dados**

Ambiente **IoT**

Consumidor ← **Aplicação - Software**

Fonte: Elaboração do autor.

Colocado desta forma temos então os **sensores** instalados nas máquinas, que podem ser roteadores, smartphones, wearables, termômetros, sensores de movimento, na qual fazem a leitura do ambiente e após coletam os dados. Os **centros de dados**, é onde vão dos dados que são coletados pelos sensores de máquinas, via conexão com a internet, eles são analisados via computação em nuvem. O software aplicativo, **"aplicação"**, realizam o processo de controle computacional dos dados analisados e os fornecem ao usuário. E por final o **consumidor**, que é o usuário final de todo o sistema, em que efetua o compartilhamento das informações a outros usuários e plataformas tecnológicas.

Em se tratando de uma forma específica e concernente a aplicabilidade prática da Internet das Coisas temos então os seus sistemas e soluções, com componentes de distintas tecnologias. Eles são gerenciados e controlados independentemente, havendo em alguns casos, interações com pessoas, não ficando somente adstrito aos componentes. Uma arquitetura padrão e universal para uma aplicação de Internet das Coisas ainda não é algo já definido, haja vista o cenário que se apresenta, caracterizado pela presença de aplicativos construídos para funcionarem em arquiteturas de rede projetadas de forma exclusiva e adequadas aos sistemas ubíquos na medida que eles progridem. Contudo apresenta-se como grande desafio no momento que um sistema precisará ser integrado com outro ou outros.

Web 3.0 e as Redes Sociais

O ambiente de ubiquidade tecnológica e de disponibilidade de informação, será cada vez mais comum, para não dizer corriqueiro. Há então neste contexto de inovação e dinamização da tecnologia a Web 3.0. Ela indubitavelmente representa a próxima fase de evolução da internet, haja vista após o advento da Web 2.0 que é a versão atual. A Web 3.0 tem potencialidade para ser de caráter extremamente inovado, e representará uma mudança de grandes proporções, isto porque, trata conceitos centrais de descentralização da informação, abertura e uma maior interatividade por parte do usuário final.

No tangente a questões de descentralização, é um eixo temático principal da Web 3.0, já que na Web 2.0, basicamente os computadores/servidores utilizam protocolos HTTP[35]. É um protocolo de endereços exclusivos para encontrar a informação desejada, e que está armazenada em local fixo, na maioria dos casos em um servidor. Contudo na Web 3.0 a informação seria a princípio encontrada com base no seu conteúdo, com armazenamento em diferentes servidores, na forma descentralizada. Referente a geração dos dados na Web 3.0, os recursos tecnológicos e computacionais empregados incluem smartphones, desktops, notebooks, palmtops, aparelhos de coleta de dados, sensores, veículos, etc. Sendo que os próprios aplicativos seriam estruturados de forma descentralizada e colaborativa.

A respeito de tecnologias utilizadas para o desenvolvimento da Web 3.0, uma delas é o machine learning (aprendizado de máquina), tratado a seguir. O machine learning constitui-se num ramo da IA, fazendo a utilização de algoritmos que ensejam imitar o comportamento humano, principalmente na questão do aprendizado, o que invariavelmente melhora a precisão de uma aplicação.

Deixada como herança da Web 2.0 as Redes Sociais são uma forma direta, dinâmica e incessante de interação entre usuários que acessam a internet, independendo da localização física de cada um. O franco desenvolvimento de plataformas onde o usuário pode propor uma interação por meio de uma página web e que outros usuários podem modificá-la dá-se o nome de Rede Social.

A Web colaborativa significa que diferentes usuários podem contribuir para a produção de uma mesma página, vide o Projeto Wikipédia – uma enciclopédia online e livre. Entretanto é imperioso afirmar que a expressão "Rede Social", é um termo advindo da Sociologia que gera certa confusão, pois é termo sinônimo de colaboração para escrever uma página Web, bem como a interação entre pessoas.

---

[35] Protocolo de Transferência de Hipertexto (protocolo HTTP) é usado principalmente em redes baseadas em IP para a transmissão de páginas web de um servidor para o navegador.

Igualmente como interatividade assume dois significados, primeiro a interação entre seres humanos e a modificação de uma página online. (OLLIVIER, 2012).

A descentralização na Web 3.0 traz também riscos, da seguinte ordem: implicações legais de regularidade, crimes cibernéticos, desinformação e impossibilidade de monitoramento. A Web 3.0 vinda com uma proposta de estrutura descentralizada acarreta sim numa série de fatores impactantes que além dos já expostos aqui, representam os pontos negativos.

É gênese de qualquer projeto de Rede Social, consiste em o usuário da mesma ter o poder de alterar a natureza do conteúdo disponível, fazendo com que os seus contatos cadastrados (seguidores) tenham livre acesso às modificações em si de forma instantânea. Dentro destas modificações é possível acrescentar textos, imagens, vídeos, transmissões ao vivo, links, enfim uma infinidade de conteúdo digital. Porém todas as modificações efetuadas pelo usuário da Rede Social estão subordinadas a uma estrutura macro de TI predefinida pela página, na qual tem o papel de ser um tipo de arquiteto.

Machine Learning

Dentro da contextualização pertinente ao aprendizado de máquina (machine learning), indubitavelmente deve-se retornar a alguns conceitos que são adstritos à IA (Inteligência Artificial). Espera-se que com o advento da IA os computadores e demais dispositivos de processamento de dados ajam como humanos, sendo capazes de aprender coisas novas adaptando-se a novas e desafiadoras situações.

Contudo ao invés de nos questionarmos profundamente de um computador é capaz ou não de aprender, seria muito mais esclarecedor descrevermos e idearmos o que seria aprender em si. Quando fala-se em aprender o que se objetiva com isso. E que mecanismos podem ser utilizados para executar atividades de aprendizado. A aprendizagem abrange uma ampla gama de temáticas e fenômenos, sejam eles tecnicistas, biológicos e até sociais.

A aquisição de conhecimento inclui muitas tarefas diferentes, que compreendem as informações computadas, sendo esta uma etapa primária e mais básica da aprendizagem. É pertinaz colocar que há vários programas de IA com valências que melhoram a performance de forma contundente, fazendo uso de técnicas de aprendizagem de máquina, como por exemplo jogos computacionais de xadrez e damas. É importante, portanto neste aspecto o sistema ter a capacidade de armazenar o conhecimento representativo, para poder por vias comparativas e algorítmicas acessá-lo a qualquer momento.

É preciso no campo do conhecimento, também trabalharmos com analogias e metáforas, com o intuito de tornar palatável e acessível os termos intrincados e complexos de difícil definição. Diante disto, em se tratando da capacidade de aprender, vista de uma forma ontológica, diz respeito a agregarmos saberes que irão ser importantes no processo evolutivo da nossa própria espécie o *homo sapiens sapiens*. De maneira análoga a implementação de técnicas de aprendizado automático tem se tornado uma área importante e interessante dentro do campo de conhecimento da IA. Então o fato que dentro do cômputo de dados coadunado com regras pertinentes a IA, faz-se necessário realizar a extração de parâmetros e padrões dos dados colhidos e armazenados em robustos repositórios de dados. E é aí que entra o aprendizado de máquina, a sua utilização dentro de um projeto baseado em IA, enseja extrair informações automatizadas e dinâmicas a partir de bases de dados nem sempre estruturadas. Informações estas que serão armazenadas e cruzadas com as já existentes para assim gerar o conhecimento.

Em se tratando especificamente de aprendizado de máquina, podemos classificá-lo de duas maneiras: o supervisionado e o não supervisionado. No aprendizado supervisionado, tem-se um conjunto de dados de pares de entradas-saídas, onde na entrada há uma série de atributos relacionados a objetos que se deseja conhecer, sejam padrões ou mesmo tendências. Sendo que as saídas fazem referência às classes desejadas. Em relação ao aprendizado não supervisionado, há apenas as entradas previstas e fornecidas, e o padrão de saída será deduzido estimado pelo próprio sistema de aprendizado de máquina. (ARTERO, 2009).

Tratando-se da tarefa do aprendizado supervisionado, consiste basicamente no seguinte aspecto a ser elencado: em um conjunto de treinamento de N pares de exemplos de entrada e saída, dadas; $(x_1, y_1), (x_2, y_2), \ldots (x_n, y_n)$. Em que cada y_j foi gerada uma função que é desconhecida dada por $y=f(x)$. É portanto a tarefa da aplicação baseada no aprendizado de máquina descobrir uma função h que tenha uma aproximação da verdadeira função f.

Evidente que na exemplificação acima, tanto x quanto y, são na verdade qualquer valor, e não obrigatoriamente podem ser números. Já a função h, constitui-se numa hipótese. Nas colocações de Russel e Norving (2013), temos uma noção mais clarificadora do processo de aprendizagem de máquina: *"Aprendizagem é uma busca através do espaço de hipóteses possíveis por aquele que terá um bom desempenho, mesmo em novos exemplos além do conjunto de treinamento."* É contudo uma conceituação que cai como uma luva quando comparamos com a teoria do conhecimento e o processo cognitivo de aprendizagem, pois igualmente buscamos ontologicamente as definições e conteúdos básicos quando das etapa de aquisição de conhecimento.

Para realizar a medição da precisão de uma hipótese num dado conjunto de treinamento, fornece-se um conjunto de testes distintos para exemplos e assimilação por parte do sistema para fins objetivos de definição de padrões de resultados. Então a hipótese tem a função de generalizar e prever o mais correto possível o valor de y, para os novos exemplos do conjunto. (RUSSELL & NORVING, 2013).

Dentro do aprendizado de máquina temos uma exemplificação prática de aplicabilidade que se denomina "árvore de decisão". É um dos métodos mais usados e recomendados para o processamento de dados simbólicos.

Uma árvore de decisão consiste basicamente em representar uma função que tem como entrada um vetor de valores de atributos, o produto final, ou seja, o retorno desta função é uma "decisão", sendo um valor único de saída. Após uma sequência programada de testes, a árvore de decisão alcança o seu resultado final. Sendo que cada nó da árvore representa um teste do valor de um atributo de entrada, como por exemplo A_i, já as ramificações dos nós sofrem um processo de classificação com os valores possíveis do atributo $A_i = v_{ik}$. Em que cada nó da folha da árvore faz referência ao valor de retorno da função. (RUSSELL & NORVING, 2013). Com base nas conceituações a respeito do aprendizado de máquina esboçadas aqui, e apontadas como uma tendência futura nas aplicações computacionais e tecnológicas. Um conteúdo prioritário da IA, iremos a seguir exemplificar a construção básica de uma árvore de decisão com um viés algorítmico e permeada pela teoria entrópica da informação.

Coadunado com a obra de Artero (2009), traz-se à luz alguns aspectos que são íntimos da construção de uma árvore de decisões, onde normalmente adota-se como regra procedimental:

1. determina-se a ordenação dos atributos;
2. realiza-se a escolha do atributo;
3. estende-se a árvore adicionando um ramo para cada valor do atributo;
4. passam-se os padrões para as "folhas";
5. para cada folha;

Se todos os padrões forem da mesma classe, então associá-la à folha; senão repetem-se os passos, 1. e 5.

Contudo urde a necessidade de ordenar os atributos que irão compor a árvore de decisão numa aplicação de aprendizado de máquina. Objetiva-se diminuir sensivelmente a aleatoriedade, ou seja, a entropia da variável do objeto.

Retorna-se aqui no assunto do primeiro capítulo onde tratou-se dos conceitos entrópicos da informação formulados por Shannon.

A entropia é medida calculando-se a seguinte fórmula:

$$entropia = \sum_i p_i . log_2\, p_i$$

onde p_i diz respeito a probabilidade de ocorrer o elemento i.

Tomamos por exemplo uma árvore de decisão já construída com os atributos de probabilidade especificados, onde temos atributos de entrada e saída, para o objeto "UMIDADE", em relação ao tempo climático. Os valores dos atributos são detalhados na figura abaixo:

Figura 15: árvore de decisão, objeto – umidade

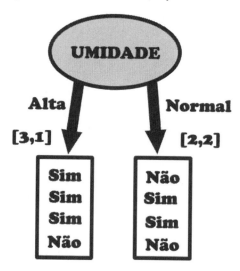

Fonte: Elaboração do autor.

Então temos o objeto "umidade" relacionado ao tempo, onde há duas entradas possíveis: umidade alta e umidade normal, com saídas binárias mutuamente excludentes, "sim" e "não".

A informação em cada nó [x,y] é dada por:

$$informação([x,y]) = \frac{x}{x+y} log_2 \frac{x}{x+y} - \frac{y}{x+y} log_2 \frac{y}{x+y}$$

A informação do atributo "umidade" é dada por:

Informação (umidade) = 5/8 x 0,408 + 3/8 x 0,851 = 0,255 + 0,319 = 0,574

Efetuando a relação com outro atributo do tempo climático tendo como objeto "VENTO", temos a seguinte árvore de decisão:

Figura 16: Árvore de decisão - objeto, vento.

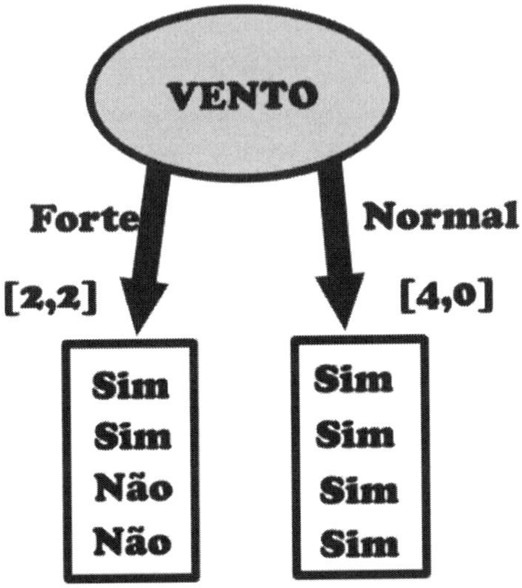

Fonte: Elaboração do autor.

Então temos o objeto "vento" relacionado ao tempo, onde há duas entradas possíveis: vento forte e vento normal, com saídas binárias mutuamente excludentes, "sim" e "não".

A informação do atributo "vento" é dada por:

Informação(vento) = 6/8 x 0,249 + 2/8 x 1,204 = 0,186 + 0,301 = 0,487 – são 08 leituras no total, sendo 06 sim e 02 não.

Ganho (umidade/vento) = 0,574 – 0,487 = 0,087.

Logo o atributo umidade é o primeiro a ser incluído na expansão da árvore decisória, no ramo $Tempo = umidade$, pertinente ao seu ganho maior no tangente a informação.

Basicamente este panorama exposto consiste no funcionamento de uma árvore decisória simples, envolvendo a informação, baseada em princípio entrópicos. Uma das questões essenciais do aprendizado de máquina posta na prática. É um aspecto constituinte da IA e que indubitavelmente estará em voga nos anos vindouros.

Aprendizagem por Memorização

Uma das multifacetadas áreas que a IA abarca, indubitavelmente tem íntimo haver com conceitos sólidos e elementares de "aprendizagem", coadunado com o processamento dos dados colhidos por um determinado sistema em questão. Estes dados serão escrutinados, processados e agrupados por significância. Daí inadvertidamente tem como produto a informação. Então o processo de significado na qual se dá sentido à informação obtida, grosso modo podemos inferir que é o "conhecimento". A passagem de informação para conhecimento, só é possível se houver a etapa classificada como "aprendizagem". Não obstante se somado ao aspecto de traçar um escopo interessante do que seria sumariamente envolvido na aprendizagem, há igualmente o fator humano. Contudo em se tratando da IA, substitui-se de certa forma, e pelo menos a nível operacional o elemento humano e entra o elemento "máquina", no caso o hardware/software projetado para tal finalidade.

Rich & Knight (1993) aventam que: "Quando um computador armazena dados, ele está executando uma forma rudimentar de aprendizagem." Portanto personifica-se o aspecto ontológico da questão da aprendizagem, calcado primariamente na potencialidade de gravar e armazenar dados, caracteriza uma certa proto-aprendizagem. E isto deve-se sumariamente ao fato de que o ato de gravação e armazenamento de dados por um equipamento computacional, já se presume que o software que se servirá desta dados irá ter invariavelmente um melhor e mais "inteligente" desempenho.

Há de se ter em mente neste caso da "aprendizagem por memorização" há presente o que se denomina de "estocagem de dados". Estes dados são armazenados uma vez que se personificam em valores já computados, justamente para não ser preciso ser realizado o recálculo em outro momento. A partir do momento em que o custo para computá-los é muito maior que a recuperação, então intuindo economizar tempo, adota-se a interessante estratégia de estocagem de dados. Diante disto utiliza-se a estocagem de dados para o emprego em sistemas baseados em IA para melhorar o desempenho, na qual configura então a aprendizagem por memorização. (RICH & KNIGHT, 1993).

No tangente a aprendizagem por memorização cumpre destacar que não emprega necessariamente questões computacionais complexas na solução de problemas. Entretanto é relevante destacar alguns pontos prementes em sistemas de IA baseados em aprendizagem e que são de natureza mais complexa. Consoante a obra de Rich & Knight (1993) então temos:

- *Armazenagem organizada de informações:* é um recurso empregado com vistas a realizar o recálculo de valores de forma mais ágil, para poder acessar o dado apropriado mais rapidamente;
- *Generalização:* enseja traçar uma visão macro dos dados armazenados, uma vez que a base de dados tende a tornar-se muito grande e com uma pluralidade de objetos (dados) de natureza distintos; e quando aumenta a complexidade dos processos intrínsecos de aprendizagem, igualmente aumenta a necessidade de ser feita certa generalização para ganhar eficiência e agilidade no acesso.

IAD (Inteligência Artificial Distribuída)

É evidente que o aprendizado de máquina que é uma das áreas da IA e que foi tratada na seção anterior é uma tendência clara de investimentos e de aplicações computacionais que irão fazer parte do campo da TI. Contudo teceremos aqui algumas considerações a respeito da IAD, que também constitui-se numas das áreas da IA e apresenta grande potencial para o desenvolvimento de aplicações computacionais. A IAD estuda o tangente ao conhecimento em si, e as técnicas do raciocínio que porventura serão úteis para que agentes computacionais participem de certo convívio social.

É imperioso destacar que a IA desde os seus primórdios e logo após já na aurora dos anos 1970 dispunha de técnicas interessantes para o desenvolvimento de aplicações voltadas para sistemas inteligentes, podemos assim dizer. Consistiam em técnicas de representação do conhecimento e redes semânticas. Eram técnicas voltadas para a tecnologia de sistemas de produção, na qual formavam o alicerce para o desenvolvimento dos sistemas especialistas. Esta visão da IA como uma herança do modelo clássico de computação de John Von Newmann[36], aliadas as ideias da psicologia, têm como valências principais a concepção centralizada, a não reutilização de seus componentes e a não abertura para o exterior. Já no final da década de 1970, contudo surgem trabalhos sérios baseados em redes neurais, na qual inclui no seu bojo o paralelismo, caracterizados por ter um controle distribuído. (HAYES-ROTH, 1985).

---

[36] John von Neumann, nascido Margittai Neumann János Lajos (Budapeste, 28 de dezembro de 1903 – Washington, D.C., 8 de fevereiro de 1957) foi um matemático húngaro de origem judaica, naturalizado estadunidense. Contribuiu na teoria dos conjuntos, análise funcional, teoria ergódica, mecânica quântica, ciência da computação, economia, teoria dos jogos, análise numérica, hidrodinâmica das explosões, estatística e muitas outras áreas da matemática. De fato é considerado um dos mais importantes matemáticos do século XX. Fonte: John J. O'Connor, Edmund F. Robertson: John von Neumann. In: MacTutor History of Mathematics archive.

As primeiras ideias pertinazes a distribuição do processamento de aplicações de IA, aliadas ao amadurecimento e desenvolvimento cumulativo das redes neurais artificiais e sistemas distribuídos, foram indubitavelmente a gênese da IAD. Os sistemas baseados em IAD tem grande serventia para aplicações como o controle de tráfego aéreo, a distribuição de energia elétrica, na área da telefonia, controle ambiental, entre outros afins. Enumeram-se também outras razões para a utilização de sistemas de IAD: melhor adaptabilidade e autonomia do sistema, redução dos custos com o desenvolvimento e a manutenção, aumento da eficiência, integração com demais sistemas para aumentar a capacidade instalada de processamento e integração com sistemas baseados em redes neurais artificiais.

Cumpre colocarmos de forma puramente ontológica que; a massiva maioria das atividades humanas mais exitosas e que empregam grande grau de capacidade intelectual são na verdade fruto de envolvimento direto de mais de uma pessoa. Melhor dizendo de uma equipe de indivíduos imbuída de criar, resolver e sistematizar problemáticas postas para resolução. É então um motivo forte para tratarmos às aplicações de IA com um viés social e comunitário, colocando-os entre as peças fundamentais da teoria da inteligência. (BOND & GASSER, 1988).

As técnicas IAD permitem aplicações baseadas em metodologias tradicionais de desenvolvimento de software. A expansão de funcionalidade de sistemas existentes, por intermédio do "encapsulamento" das aplicações em plataformas de IAD. E o desenvolvimento de sistemas puramente baseados em IAD; contudo é ainda um aspecto complexo de ser realizado.

Com base na obra de Bond & Gasser (1988) destacamos os principais problemas tratados pela IAD no nível de agentes artificiais inteligentes:

- Fazer com que um grupo de agentes inteligentes formulem, descrevam, decomponham problemas, além de poder sintetizarem os resultados;
- Comunicação e interação entre agentes;
- Assegurar a coerência entre agentes, pertinente as suas ações, decisões e interações indesejadas;
- Possibilitar que os agentes individuais raciocinem a respeito das ações dos outros agentes, ensejando qualificar as atividades conjuntas nas formas coordenadas e colaborativas;
- Ter a capacidade de reconhecer, conciliar e reconhecer os diferentes pontos de vista de cada agente em prol da solução de um problema que se apresenta;
- Promover a criação de metodologias e projeção de ambientes na qual se programem sistemas baseados em IAD.

Portanto a IAD enseja dividir um problema macro em pequenos problemas micros. É seu viés promover a simplificação de uma situação complexa, decompondo em partes menores e consequentemente mais simples. A IAD parte de um princípio social, em que os agentes de IA dotados de valências e capacidades de processamento de dados, dentro de uma arquitetura de rede neural, possam interagir entre si para buscar soluções para os diversos problemas. Os sistemas desenvolvidos em IAD utilizam fortemente a basicamente padrões e técnicas da IA, contudo atuam de forma distribuída. Eles podem indubitavelmente resolverem problemas que são distribuídos fisicamente, como uma empresa de transportes em que há distintas variáveis e vários elementos tais como: número de caminhões, pontos de distribuição e destino das cargas.

Entretanto de nada adianta tecermos considerações a respeito da tecnologia e seus progressos futuros, se não dermos um importante grau de atenção para a segurança da informação gerada que circula por meio de sistemas computacionais diversos. E este é intrinsecamente o assunto do capítulo a seguir.

6. Segurança da Informação

A relevância da informação para a Sociedade na atualidade é vital, e conforme já apregoamos nos Capítulos antecedentes desta obra. De modo que já foram bem clarificados os aspectos conceituais e envolvem a informação e a sua significância *a perse*. É fato que dentro do contexto da TI, haja questões e diretrizes básicas que contemplem o que definimos aqui como "Segurança da Informação", isto porque, é uma das premissas da qualidade da informação que ela seja simplesmente e necessariamente segura. Não se trata mais apenas da "segurança na internet" como era assunto importante e em voga há décadas atrás. Atualmente esta questão evoluiu para a segurança da informação e é basicamente nesta linha que seguiremos neste Capítulo final, dando ênfase aqui para as questões da criptografia e aspectos éticos no campo da TI, na qual iremos tratar nas seções que se seguem.

A informação deve impreterivelmente ser: segura e acessível. Claro, dentre outras qualidades que são íntimas a ela, já citadas anteriormente nesta abordagem. A segurança da informação dá uma garantia não só a respeito dos negócios da empresa, mas também nos dados pessoais de cidadãos que são colhidos e armazenados por organização públicas, educacionais e privadas.

Alguns conceitos elementares

A informação somente poderá ser considera segura, caso atenda a três requisitos básicos, que são: **confidencialidade, integridade e disponibilidade**.

Tangente a confidencialidade é imperioso salientar que se trata da informação estar disponível dinamicamente para os usuários devidamente autorizados. Na questão da integridade da informação, diz respeito da sua incorruptibilidade e o sistema computacional no caso que dá acesso a ela, seja seguro e tenha um desempenho correto. Pertinaz a disponibilidade da informação, concerne em que os recursos computacionais do sistema que a abrigam estejam disponíveis e acessíveis sempre que houver a necessidade de acessá-la.

Ocorrem casos da violação destes três requisitos básicos da segurança da informação, conforme exemplificação que segue:

- **Confidencialidade:** usuário não autorizado obtém acesso ao sistema de Recursos Humanos da empresa A, lê e copia (grava) dados/informação pertinentes aos dados do imposto de renda e cadastrais do (s) funcionário (s);
- **Integridade:** usuário não autorizado obtém acesso ao sistema de Recursos Humanos da empresa A e modifica os dados do dados do imposto de renda e cadastrais do (s) funcionário (s);
- **Disponibilidade:** o sistema de Recursos Humanos da empresa A, funciona na forma web (armazena dados na nuvem), no momento que o usuário tenda acessar algum dos seus recursos, o servidor web sofre sobrecarga de acessos e nega o acesso.

Os itens acima detalhados são exemplos corriqueiros e comuns de fatos que podem vim a ocorrer dentro de uma organização no que tange a informação.

E nos campos dos requisitos da segurança da informação entra a **criptografia**, caracterizada como uma área de estudo na qual objetiva escrever mensagens na forma cifrada ou em códigos.

Criptografia e Algoritmos Criptográficos

Na questão conceitual básica a respeito de criptografia, pode ser definida como um conjunto de métodos que acompanhados de técnicas objetivam cifrar ou codificar informações, que serão legíveis por meio de um algoritmo, na qual efetua a conversão de um texto original em texto ilegível. E após a realização de um processo reverso recuperar as informações primeiras, ou seja, as originais. (SIMON, 1999).

É possível realizar a operação de criptografia por dois modos, através de códigos ou cifras. Nos códigos fazem a proteção da informação, em que substituem partes por códigos predefinidos. É um aspecto que todas as pessoas autorizadas a ter acesso à informação codificada deve ter conhecimento dos códigos para poder lê-la. Já as cifras, consistem em técnicas em que a informação é cifrada, por meio de substituição ou transposição das letras da mensagem original. Somente as pessoas com autorização para acessarem a informação original, o que implica em ter o conhecimento do processo de cifragem. É um exemplo simples de cifra a transposição, na qual consiste basicamente na mistura de caracteres da informação original – podemos cifrar a palavra "TECNOLOGIA", e escrevê-la cifrada como – "ATIEGCONLO", e que por meio de uma tabela já definida substituem os caracteres de uma informação, tabela esta que deve ser mantida segura.

Neste caso a substituição das letras deu-se pegando a primeira e a última e colocando-as lado a lado na palavra cifrada. Conforme ilustra a figura que segue:

Figura 17: Criptografia, substituição de caracteres

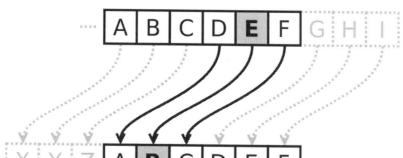

Fonte: Matt_Crypto – Wikipedia.

Há então uma mensagem que codificada por um método criptográfico, deve ser classificada como privada ou pública. No método de chave privada somente aquele que enviou e o destinatário devem ter acesso ao conteúdo da mensagem. Somado a isso a mensagem deverá ser assinada, que consiste em; o destinatário deve ter a possibilidade de verificar se que a remeteu é mesmo a pessoa que diz e ter a capacidade de identificar se a mensagem pode ter sido alterada. Normalmente os métodos de criptografia baseiam-se no uso de uma ou mais chaves, mas há a criptografia de chave única, em que utiliza-se a mesma chave tanto para codificar quanto para decodificar. A chave consiste em uma sequência de caracteres que pode conter letras, dígitos e símbolos, ela é convertida em um número, utilizado pelos métodos de criptografia para codificar e decodificar mensagens.

Contudo nos aspecto pertinaz a criptografia de chaves pública e privada, utiliza-se duas chaves distintas, sendo que uma codifica e outra decodifica a mensagem. É um método em que a pessoa ou a empresa, mantém em duas chaves, uma pública que pode ser de livre acesso e divulgação, e a outra privada, que deverá ser mantida em segredo pelo detentor. Então as mensagens que são codificadas com chave pública somente poderão ser decodificadas com a chave privada a que corresponde o respectivo método criptográfico. Na ilustração que segue temos um exemplo básico de criptografia da mensagem "Alô Terra!".

Figura 18: Mensagem encriptada e decriptada

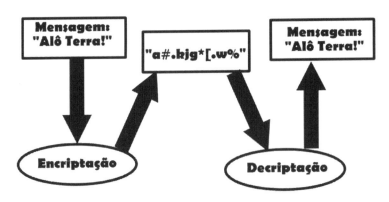

Fonte: Elaboração do autor.

No mesmo contexto da criptografia há a assinatura digital, na qual consiste em criar um código por meio da uma chave privada. Neste caso a pessoa ou entidade que receber uma mensagem contendo este código poderá verificar se o remetente confere e poder realizar a identificação de quaisquer mensagens que porventura tenham sido modificadas. É realizado então um processo inverso, usando para isso os métodos criptográficos de chave pública e privada. O ato de transformar um texto legível em inelegível denomina-se "encriptar", e consequentemente a transformação inversa é denominada de "decriptar".

Com relação ao algoritmo de criptografia, ele consiste numa sequência de procedimentos em que envolvem matemática para efetuar a cifragem e a decifração dos dados sigilosos. Um algoritmo de criptografia pode ser executado por um computador, ou mesmo um hardware específico (equipamento) e até por um ser humano. Contudo em todas estas situações destacadas o que realmente diferencia é a velocidade de execução e a probabilidade de eventuais erros. No caso da utilização de modos eletrônicos de criptografia, há além do algoritmo criptográfico, a chave, na qual é um número ou um conjunto de números, destinados a proteger a informação cifrada. E para efetuar a decifração do texto ou mensagem, deve ser introduzida a chave correta no algoritmo criptográfico. Contudo em um algoritmo que não tem como recurso as chaves para cifragem poderá inevitavelmente levar a um efeito cascata, uma vez que caso este algoritmo seja violado ou "quebrado", todas as informações cifradas por ele ficarão a mercê.

Os algoritmos criptográficos podem ser classificados quanto às informação que processam, podendo serem: de bloco ou de fluxo. Nos algoritmos de blocos, a cifra age sobre os blocos de dados, onde o texto que será cifrado é dividido em blocos, variando de 8 a 16 bytes. E no caso do texto não completar o número mínimo de bytes de um bloco, será preenchido com dados, normalmente valores zeros, até completar o número de bytes do referido bloco a ser cifrado. Nos algoritmo de fluxo, cifram-se as mensagens bit a bit, assemelhado a um fluxo contínuo, podendo ser denominado também de criptografia stream de dados.

Na tabela que segue serão discriminadas algumas recomendações dos tipos de algoritmos utilizados dependendo da aplicação:

Tabela 1: Aplicações e Algoritmos (BURNETT, 2002).

Aplicação	Cifragem	Observações
Banco de Dados	Bloco	Faz-se necessário reutilizar as chaves
E-mail	AES	Há um ganho substancial de interoperabilidade em todos os pacotes e e-mail
SSL	RC4	A velocidade de importante, pois cada conexão deve ter uma nova chave
Criptografia de arquivos	Bloco	Cada arquivo pode ser cifrado com a mesma chave

Contudo voltando a questão da chave do algoritmo de criptografia, é um fator de extrema relevância. Isto porque, no caso de um algoritmo sem uma chave de criptografia, basta simplesmente os "invasores" entenderem o funcionamento deste para recuperarem e acessarem todos os dados criptografados pelo algoritmo. Já que as chaves criptográficas são utilizadas pelo algoritmo alteram um texto simples e o convertem em um texto cifrado. Para proceder com a recuperação da mensagem é preciso inserir a mesma chave ou outra relacionada com a que foi usada no processo anterior e executar a operação inversa.

Criptografia de Chaves Simétrica, Assimétrica e Assinatura Digital

Em se tratando da criptografia no modelo simétrico, consiste em um processo em que tanto cifragem quanto decifragem são efetuados com uma única chave de segurança. É um caso em que tanto remetente quanto o destinatário da mensagem fazem uso da mesma chave. Colocando aqui em um aspecto mais prático, no processo simétrico a chave representa um segredo compartilhado entre

TECNOLOGIA DA INFORMAÇÃO: UMA ABORDAGEM DIFERENCIAL

as partes, podendo ser no caso duas ou mais, e pode ser usado para manter uma ligação de informação privada.

Os algoritmos simétricos como, por exemplo, citamos aqui o DES[37], ocorre uma problemática, no momento da distribuição das chaves de criptografia, haja vista que é imprescindível que os envolvidos tenham a chave tanto para cifrar quanto para decifrar a informação. Neste caso a chave deve impreterivelmente ser enviada a todos os usuários que estão autorizados, e dever ser antes das mensagens serem trocadas entre ambos. É uma ação processual que decorre de certo atraso, o que possibilita que a chave criptográfica porventura chegue a pessoas não autorizadas.

Na criptografia assimétrica, dilui-se o problema da distribuição de chaves. Utiliza-se para tanto o uso de "chaves públicas". Inventada em 1976, a criptografia de chaves públicas (assimétrica). Neste sistema criptográfico cada pessoa tem um par de chaves – a chave pública e a chave privada. Então há a divulgação da chave pública, ao ponto que a chave privada é guardada sob sigilo. Ao mandar uma mensagem privada o emitente cifra-a utilizando a chave pública ao destinatário, sendo que este deverá utilizar a respectiva chave privada para conseguir decifrar a mensagem original.

A assinatura digital utiliza conceitos concernentes à criptografia assimétrica. Na assinatura digital, consiste em uma mensagem que somente uma pessoa poderia produzir, mas que todos podem verificar. A autenticação refere-se a uma assinatura digital, constituindo-se em um conjunto inforjável de dados que avaliza o nome do autor (assinante), e funcionando como uma assinatura de documentos, na qual a pessoa que assina concorda com o que foi escrito. O algoritmo denominado RSA[38] é um criptossistema de chave pública.

Utilizam-se as assinaturas digitais para assinar os documentos eletrônicos. São assinaturas que ensejam representar eletronicamente e grosso modo as assinaturas feitas à mão. O princípio do funcionamento das assinaturas digitais é o seguinte: o indivíduo **A** queira assinar um documento *m*, ele então utiliza a chave

---

[37]Data Encryption Standard (DES) é algoritmo criptográfico simétrico selecionado como FIPS oficial (Federal Information Processing Standard) pelo governo dos EUA em 1976 e que foi utilizado em larga escala internacionalmente. As origens do DES remontam ao início da década de 1970. Em 1972, após concluir um estudo sobre as necessidades de segurança de informação do governo norte-americano. Fonte: Schneier. Applied Cryptography, 2nd ed., 280.

[38] RSA (Rivest-Shamir-Adleman) é um dos primeiros sistemas de criptografia de chave pública e é amplamente utilizado para transmissão segura de dados. Neste sistema de criptografia, a chave de encriptação é pública e é diferente da chave de decriptação que é secreta (privada). No RSA, esta assimetria é baseada na dificuldade prática da fatorização do produto de dois números primos grandes. Fonte: Christof Paar (2009). Understanding cryptography a textbook for students and practitioners. Berlin London: Springer.

secreta d e calcula $s(d,m)$, faz uso para isso da chave pública correspondente e, então o indivíduo **B** tem a possibilidade de verificar que $s(d,m)$, é mesmo a assinatura feita de m. (BUCHMANN, 2002).

Portanto o esquema aventado acima constitui-se como seguro, pois somente se ninguém puder produzir a assinatura $s(d,m)$ sem ter ciência do d(chave) que é sigiloso.

Urde clarificar que dentro do escopo desta obra não se objetiva aprofundar-se mais na temática da criptografia, muito embora seja um aspecto essencial da segurança da informação. Intuiu-se realizar uma explanação conceitual a respeito, pautando alguns pontos importantes para o leitor. Principalmente o leigo.

Criptografia Quântica

A Criptografia Quântica é um desenvolvimento da criptografia clássica, na qual utiliza princípios basilares da Mecânica Quântica, que objetiva garantir uma comunicação e segurança da informação cifrada na forma segura. É possível então que tanto o emissor da mensagem quanto o receptor, podem criar e partilhar uma chave secreta em que faz o processo de criptografar e após decifrar as mensagens. Os métodos criptográficos da Criptografia Quântica não necessitam de comunicação secreta prévia e a permissão para detectar intrusos e ser segura, mesmo que o intruso tenha poder computacional potente e ilimitado. A Criptografia Quântica é totalmente segura, salvo situações que o invasor tenha a potencialidade de remover e inserir mensagens em canais de transmissão. Constitui-se em um método/técnica criptográfica mais segura, em face que baseia-se em leis da física; ao ponto que as técnicas criptográficas clássicas, dão garantia de segurança e suas funções secretas, por motivo da capacidade computacional clássica baseada na lógica binária[39] tem poder limitado. A Criptografia Quântica tem na sua conceituação e aplicabilidade prática, a utilização para a produção de chaves criptográficas de segurança, nunca para efetuar a transmissão de mensagem. Então a chave que será gerada poderá ter a sua utilização com qualquer algoritmo de criptografia escolhido.

A distribuição de chaves na Criptografia Quântica faz uso de alguns conceitos elementares da Mecânica Quântica. Salienta-se que as partículas atômicas não existem num espaço quântico específico, mas sim numa verdadeira sobreposição de estados em simultâneo, com diferentes probabilidades. Consoante ao

---

[39] A lógica binária é à base de todo o processamento computacional. Na verdade, são estas operações mais básicas que constituem todo o poderio dos computadores. Baseada em estados mutuamente excludentes, ou seja, de natureza binária, como: sim ou não; 0 ou 1; calor ou frio, etc.

que apregoa o Princípio da Incerteza de Werner Heisenberg trazendo no seu bojo a previsão da possibilidade de uma partícula ocupar um lugar, num estado físico.

Dentro do contexto conceitual da Criptografia Quântica, apresenta-se pela primeira vez uma instrumentalização clara de que a mecânica quântica pode ser utilizada para alcançar os objetivos da criptografia *per se*; que sumariamente é: a distribuição com segurança de uma chave pública criptográfica. Evidente que este aspecto posto, consiste basicamente em uma sequência de números aleatórios, trocados entre duas partes, no caso do emitente "A" e do receptor "B". Eles não compartilham entre si nenhuma informação secreta. Então "A" e "B" devem necessariamente dispor de um canal quântico e um canal clássico de comunicação. No caso do canal clássico ele tem o fito ser o monitor de um agente externo "C", e que por meio dessa chave "A" e "B" podem comunicarem-se com segurança absoluta. Por questões de garantias na distribuição das chaves criptográficas na Criptografia Quântica, está calcada na validade e viabilidade da mecânica quântica. (BENNET & BRASSARD , 1984).

Descreveremos brevemente com o fito de conhecimento, sem aprofundar a respeito, haja vista que não é objetivo da obra, de dois protocolos computacionais em que se baseia a Criptografia Quântica. O primeiro o BB84 e o segundo o E91, são ambos utilizados na atual fase de pesquisa e desenvolvimento nesta área.

O protocolo BB84 na sua origem foi escrito para utilizar-se os estados de polarização quântica dos fótons para transmitir a informação. Então ao efetuar a troca em suas posições possíveis, os fótons acabam vibrando aleatoriamente. Em caso de todos os fótons vibrarem na mesma direção, significa que estão polarizados. Utiliza-se então os chamados filtros polarizadores, para poder restringir a passagem aos fótons polarizados numa determinada direção e assim bloquear os restantes. E para realizar a medição da polarização de um fóton utilizam-se "bases" de medida, compostas por duas direções na qual formam um ângulo reto, tais como "horizontal e vertical" ou mesmo a "diagonal à esquerda e à direita". (BENNET & BRASSARD , 1984).

Os estados de polarização do protocolo BB84 que mais são utilizados são os seguintes:

- Base retilínea vertical (0°) e a horizontal (90°);
- Base diagonal com os ângulos 45° e 135°;
- Base circular com a direita e a esquerda.

As bases elencadas acima podem ser conjugadas uma com a outra, para então serem utilizadas para o protocolo BB84, conforme a tabela que segue, sendo esquematizadas a diagonal e a retilínea:

Tabela 2. Esquemas das Bases – BB84 (Elaboração do autor).

Base	0	1
+	↓	→
X	↗	↘

Então o emissor "A" e o receptor "B" são conectados via canal de comunicação quântica, na qual tem a possibilidade de transmitir os estados quânticos, podendo utilizar a fibra ótica, que suporta a transmissão de fótons (luz). No entanto a comunicação de ambos (A e B) dá-se por intermédio de um canal clássico, telefone ou internet. O grande detalhe é que nenhum desses canais, tanto o quântico como o clássico necessitam serem seguros; pois o protocolo já traz na sua composição codificadora, assumindo que um espião "C" poderá interferir aleatoriamente em qualquer um dos dois canais.

Colocando de forma objetiva, o funcionamento do protocolo BB84, inicia-se com a transmissão quântica, quando "A" cria um bit de características aleatórias, podendo ser 0 ou 1, e após efetua a seleção uma das duas bases – a retilínea ou a diagonal, para então transmitir o fóton; nesta etapa ocorre a preparação para a polarização do fóton, o que infere na dependência da base e do valor do bit (ditados pela aleatoriedade quântica). Então "A" transmite o fóton no estado especificado para "B", por meio do canal quântico. É um processo repetido desde quando foi criado o bit aleatório, e em que "A" registra o valor do bit, a base que foi utilizada e à hora dos envio dos fótons. O receptor "B" não tem como saber em que base os fótons foram criptografados, ele então seleciona de forma aleatória uma base para cada medida, é um processo para cada fóton que recebe, registrando o tempo, a base e o resultado da medida. Findada a medição de todos os fótons "B" comunica-se com "A" por um canal clássico. É no momento que "A" informa "B" a base utilizada para cada fóton e "B" informa às bases que utilizou para medi-los. Após "A" e "B" descartam os valores medidos na qual "B" utilizou a base incorreta. Consentâneo a este método, há probabilidades de "B" utilizar os filtros polarizadores corretos na casa de 50%, logo para poder ter acesso a uma mensagem cifrada de N bits, é preciso que seja enviado o dobro de fótons. (BENNET & BRASSARD , 1984).

Conforme colocado no parágrafo acima sobre o funcionamento do protocolo BB84, denota-se que há a utilização do canal quântico e clássico para o envio de mensagens cifradas entre "A" e "B". Contudo quando um terceiro intercepta a mensagem no caso "C", ela (mensagem) é automaticamente alterada na forma irreversível, pois como já foi destacado por Bennet & Brassard (1984) a medição da polarização dos fótons tem essa fatal consequência. E então como infeliz resultado que ao interceptar as comunicações e realizar o teste de um conjunto de bases da mensagem, ficará sem saber quais acertou.

Já no caso do protocolo E91 (protocolo de Ekert), faz a utilização de fótons emaranhados, podendo inclusive serem criados por "A" o emissor ou "B" o receptor, ou até mesmo por uma fonte distinta de ambos e separada de espaço físico. Há então a distribuição dos fótons criados, tais como "A" e "B" tenham um fóton de cada par emaranhado. É um protocolo que está calcado nas propriedades do emaranhamento quântico, isto é, quando duas partículas atômicas elementares são entrelaçadas e trocam propriedades quânticas de modo que não há uma separação "física elementar" sensível a elas.

O protocolo E91 primeiramente os estados dos fótons emaranhados são coadunamente correlacionados, sob a forma em que se "A" e "B" efetuarem a medida de suas partículas tem a polarização vertical e horizontal. Obtendo assim a mesmíssima resposta e tendo 100% de probabilidade, e isto ocorre mesmo se porventura medirem qualquer outro par de polarizações. Contudo, os resultados particulares tanto de "A", quanto de "B" são aleatórios, sendo impossível "A" fazer a previsão se ele ou mesmo "B" terão obtido a polarização vertical ou horizontal. E no caso de eventual tentativa de interceptação da mensagem por "C", o ato da medição (interceptação) irá consequentemente destruir as correlações. (RIGOLIN & RIEZNIK, 2005).

Trouxemos aqui dois tipos distintos de protocolos de Criptografia Quântica, o BB84 e E91, e conforme discorremos têm funcionalidades diferentes quando da criptografia de mensagens e das propriedades da teoria quântica. A fim de citação também há os protocolos BBM92[40] e B92[41].

---

[40] BBM92 é um protocolo de Criptografia Quântica que se constitui numa variação simplificada do BB84.
[41] B92 é um protocolo de Criptografia Quântica que possibilita utilizar quatro estados quânticos ao invés de dois, contudo a sua utilização é mais conceitual do que prática.

Ética e Moral na Área de TI

Indubitavelmente a segurança da informação passa pela ética do usuário de um sistema computacional qualquer, independendo aqui da sua posição hierárquica dentro da estrutura organizacional da empresa. Há um sem fim de casos em que a falta de ética dentro do contexto da TI leva a prejuízos pessoais e organizacionais, sem falar na propagação incomensurável de notícias falsas e tendenciosas. Estes aspectos elencados corroboram para comprometer seriamente tanto a segurança quanto a qualidade da informação. Citam-se um rol exaustivo de violações éticas que culminam com o sério comprometimento da segurança da informação no campo da TI.

No campo da atuação profissional é evidente que à ética deve ser uma premissa basilar, principalmente em se tratando do ramo da TI, onde a pessoa terá contado direto e manipulará dados e informações de cunho sigilosos. Contudo é indispensável ter uma capacidade intrínseca de trabalhar com equipe, e levar claramente em conta que a relação com as demais pessoas influencia na relação laboral. É, portanto insopitável o fato que a atuação profissional na área da TI, prescinde de princípios gerais éticos e consequentemente morais que sirvam de timoneiros não apenas para o indivíduo *per se*; mas com o grupo de pessoas que respectivamente atuam no âmbito profissional e/ou da organização. Visto sob este prisma a ética profissional personifica-se como um conjunto de valores positivos que têm aplicabilidade no plano do ambiente de trabalho do (s) profissional (s). A ética no ambiente de trabalho é peça fundamental para quer haja um bom funcionamento das atividades empresariais e organizacionais, e igualmente da relação entre os funcionários.

Pululam casos de acessos não autorizados em computadores, tanto de usuários como servidores, vírus, pirataria de software, invasões em sistemas e web sites, enfim são aspectos que temos que conviver e preservar a integridade, inviolabilidade e qualidade da informação computacional.

Contudo urde colocarmos em singelas palavras alguns aspectos pertinazes à moral e ética humanas, intuindo embasar o que tratamos neste capítulo, haja vista que a segurança da informação passa essencialmente pelo ente humano. E às questões ético-morais das pessoas tem um peso absurdo no momento de qualquer ação dentro da empresa e também no campo da TI.

Endente-se por moral um conjunto de hábitos e costumes, que são vivenciados por uma sociedade humana, algo que é válido e baliza o viver dos membros do grupo. Estão inadvertidamente presentes nos grupos humanos hábitos e costumes válidos e bons, são assim definidos como bons; porque são justos; justos, porque contribuem para a realização do indivíduo, bem como para a sua sociedade, ou seja, o conjunto macro de indivíduos que a compõe. Ao antagonismo dos atos bons, há os atos considerados pelo grupo como maus, e que atrapalham e são impeditivos na realização do ser, além de prejudicarem a convivência social. (SANTOS, 2004).

Colocado de forma ontológica devemos entender basicamente como "moral", aspectos atinentes a conduta de vida, que quando espraiados para a coletividade no seio da sociedade, conduzem a realização e felicidade individual. Contudo a melhora comportamental, tanto individual quando da coletividade não se dá em um curto espaço de tempo. É, portanto necessário uma evolução constante com vistas a atingir um patamar de liberdade e segurança coletiva superior.

Os atos do indivíduo que são bons e contribuem para a sua realização e para o bem da sua sociedade são moralmente corretos, válidos e dignificantes. Já o contraponto disso, ou seja, os atos que atentam contra o indivíduo e a sociedade que este está inserido são considerados imorais, inválidos e indignos.

A moral constitui-se em um instrumento informal de justiça, enquanto que a lei é um instrumento formal de praticá-la. A moral pode sofrer variações de julgamento dentro de um mesmo grupo humano, isto é, uma relativização dos atos dependendo do ser que é julgado e do ente julgador. (SANTOS, 2004).

Já a ética diz respeito aos aspectos da reflexão sobre as ações humanas, ensejando extrair delas um conjunto qualificado de boas ações. A ética busca e anseia pela excelência das nossas ações diárias em todos os campos e situações, sendo um ferramental importante para auxiliar a pessoa no derradeiro momento de julgar as ações de outrem por exemplo. Neste panorama, a ética não é impositiva como a moral ou a lei, ela é a faculdade da pessoa que tece reflexões sobre as ações dela e do próximo, propondo rumos possíveis para o aperfeiçoamento do nosso viver. (SANTOS, 2004).

As ações dos seres humanos que são desenvolvidas em diversas áreas e em qualquer epoca, invariavelmente tem como produto materiais e serviços. A estes aspectos damos a nomenclatura de atividades profissionais.

Deste modo a ética profissional consiste numa reflexão sobre as atividades produtivas, objetivando tirar um conjunto de boas ações que são coadunas com o modo de produção. Toda a atividade produtiva tem hábitos e costumes intrínsecos, além de acertos que asseguram a justiça nas ações do seu exercício e que edificam o que denominamos de ética profissional. Coadunado com as conceituações referentes a moral, a lei e a ética humanas, aplicam-se em gênero, número e grau para qualquer atividade produtiva no âmbito das organizações. (SANTOS, 2004).

TECNOLOGIA DA INFORMAÇÃO: UMA ABORDAGEM DIFERENCIAL

No âmbito no Brasil, não há formalmente um código de ética voltado para a computação e a TI, em que pese à atuação de "sociedades" que ensejam divulgar e propagar o conhecimento nesta relevante área. A saber a mais conhecida a Sociedade Brasileira de Computação, acrônimo "SBC" a mais atuante em nosso país.

Consoante às colocações de Rosini & Palmisano (2014), pertinentes aos códigos éticos das sociedades profissionais de computação no exterior na maioria das vezes contemplam os seguintes temas:

- **Sociedade:** preocupa-se com o bem-estar das pessoas, sob o ponto de vista de usuário de sistemas de computação, envolvendo questões referentes a segurança da informação, privacidade e economia;
- **Empregadores:** é a ética no trabalho, a proteção do interesses do empregador, sendo uma relação técnica calcada na confiança mútua, pois em muitos casos o próprio empregador não tem conhecimento técnico aprofundado na área da TI;
- **Clientes:** no caso do profissional de TI trabalhar como consultor ou autônomo as suas obrigações são as mesmas que com o empregador;
- **Sociedade de classe e associados:** comungar com as diretrizes e preceitos da sociedade e associados, para o bem comum de todos os afiliados;
- **Colegas:** respeito aos colegas da mesma profissão/ocupação, agindo colaborativamente com estes;
- **Profissão em geral:** ter um comportamento ético evitando aspectos que denigram a profissão.

O cenário ético aventado acima e baseado na obra de Rosini & Palmisano (2014) tem uma amplidão grande e natureza genérica. Contudo é salutar efetuar uma reflexão intuindo adaptar os pontos destacados acima para a realidade da vivência diária no campo da computação e da TI.

Considerações

A TI é um processo amplo que abarca além de todo o aparato tecnológico, aqui tratado como equipamentos de conexão de dados, hardware, software e processos gerenciais empresariais. Também envolve o vital elemento "humano". Sem considerar o impacto do fator humano, qualquer projeto envolvendo TI se torna inócuo e infrutífero. E há inegavelmente o fracasso em todo e qualquer projeto de TI.

A geração do conhecimento em que pesem questões correlatas da IA, se dá basicamente na mente humana. Cabe às organizações terem a potencialidade de geri-lo da melhor forma possível e neste contexto armazená-lo para aplicação e aprendizado, presente e futuro. Haja vista que a organização que aprende, invariavelmente logrará exitosos resultados no seu negócio.

Paulo Bento – RS, fevereiro de 2024.

Referências

ALVARENGA NETO, Rivadávia, C., D. *Gestão do Conhecimento em Organizações*: proposta de mapeamento conceitual interativo. São Paulo - SP: Saraiva, 2008.

ANSELMO, Santo. ABELARDO, Pedro. *Os Pensadores*. Trad. Angelo Ricci e Ruy Afonso da Costa Nunes. 4ª Edição. São Paulo - SP: Nova Cultural, 1988.

ARTERO, Almir, O. *Inteligência Artificial* – teórica e prática. São Paulo - SP: Editora Livraria da Física, 2009.

BASSI, A. HORN, G. Internet of Things in 2020: A Roadmap for the Future. *European Commission*: Information Society and Media, v. 22, p. 97-114, 2008.

BENNET, C., H. & BRASSARD, G. Proceedings of IEEE International Conference on Computers Systems and Signal Processing (Bangalore, Índia, 1984), p. 175.

BOND, Alan, H. GASSER, Les. Readings in – *Distributed Artificial Intelligence*. San Mateo, Califórnia: Morgan Kauffmann Publishers, 1988.

BUCHMANN, Johannes, A. *Introdução à Criptografia*. Tradução Bazán Tecnologia e Linguística. São Paulo – SP: Editora Berkeley, 2002.

BURNETT, S., PAINE, S. *Criptografia e Segurança* – O guia oficial RSA. São Paulo – SP: Campus, 2002.

DE MASI. Domênico. *A sociedade pós-industrial*. 4ª Edição. São Paulo - SP: Editora SENAC, 2003.

DE SORDI. José Osvaldo. *Administração da Informação*: fundamentos e práticas para uma nova gestão do conhecimento. 1ª Edição. São Paulo - SP: Saraiva, 2008.

GAMA, João. CARVALHO, André, P., L. FACELI, Katti. LORENA, Ana, C. OLIVEIRA, Márcia. *Extração de Conhecimento de Dados* – Data Mining. 2ª Edição. Lisaboa: Edições Sílabo, 2015.

HAYES-ROTH, Bárbara. A blackboard architecture for control. *Artificial Inteligence*, v. 26, Issue 3, July 1985, Pages 251-321.

JOHNSON, Steven. *De onde vêm as boas ideias*. Rio de Janeiro - RJ: Zahar, 2011.

LAUDON, Jane, P. LAUDON, Kenneth, C. *Sistemas de Informações Gerenciais*. 11ª Edição. São Paulo - SP: Pearson Universidades, 2014.

MAGRANI, Eduardo. *A Internet das Coisas*. Niterói – RJ: Cândido, 2021.

MARIN, Daniel. *Inteligência Artificial, Conhecimento e Visualização de Dados*: uma abordagem conceitual. Joinville – SC: Editora OLF, 2022.

MOON, B. *Internet of Things & Hardware Industry Overview* 2016. Spark Labs Global Ventures, 2016.

MORENO, Edward, D., PEREIRA, Fábio, D., CHIARAMONTE, Rodolfo, B. *Criptografia em Software e Hardware*. São Paulo – SP: NOVATEC Editora Ltda, 2005.

OCKHAM, Guilherme. *Lógica dos Termos*. Trad. Fernando Pio de Almeida Fleck. Porto Alegre - RS: EDIPUCRS, 1999.

OLLIVIER, Bruno. *As Ciências da Comunicação* – teorias e aquisições. Trad. Gian Bruno Grosso. São Paulo - SP: Editora SENAC, 2012.

PEIRCE. Charles, S. *Semiótica*.Tradução José Teixeira Colho Neto. 3ª Edição. São Paulo - SP: Perspectiva, 2003.

PINOCHET. Luis, H., C. *Tecnologia da Informação e Comunicação*. Rio de Janeiro - RJ: Elsevier, 2014.

PLATÃO. *Os Pensadores*. São Paulo - SP: Nova Cultural, 1999.

RICH, Elaine. KNIGHT, Kevin. *Inteligência Artificial*. Tradução Maria Cláudia Santos Ribeiro Ratto. São Paulo - SP: Makron Books, 1993.

RIGOLIN, Gustavo, RIEZNIK, Andrés, A. Introduction to quantum cryptography. Artigos Gerais. *Rev. Bras. Ensino Fís.* 27 (4). Dez 2005. Disponível (on-line) em: https://doi.org/10.1590/S1806-11172005000400004

ROSSINI, Alessandro, M., PALMISANO, Angelo. *Administração de Sistemas de Informação e a Gestão do Conhecimento*. 2ª Edição. São Paulo - SP: Cengage Learning, 2014.

RUSSELL, Stuart. NORVING, Peter. *Inteligência Artificial*. Tradução, Regina C. Simille. Rio de Janeiro - RJ: Elsevier, 2013.

SANTOS dos, Raimundo, A. Ética – *Caminhos da realização humana*. 4ª Edição. São Paulo - SP: Ave-Maria, 2004.

SEIFE, Charles. *Decodificando o Universo*. Tradução Talita Rodrigues. Rio de Janeiro - RJ: Rocco, 2010.

SIMON, Singh. *The Code Book*. Anchor Books, EUA, 1999.

SOMMERVILLE, Ian. CLIFF, Dave. CALINESCU, Radu. KEEN, Justin. KELLY, Tim. KWIATKOWSKA, Marta. MCDERMID, John. PAIGE, Richard. (2012). *Large-scale complex IT systems, Communications of the ACM*, v. 55, no. 7, pp. 71-77. https://doi.org/10.1145/2209249.2209268 .

STAIR, Ralph, M. REYNOLDS, Georg, W. *Princípios de Sistemas de Informação*. Tradução Novertis do Brasil. 11ª Edição. São Paulo - SP: Cengage Learning, 2015.

TAKEUCHI, Hirotaka. NONAKA, Ikujiro. *Gestão do Conhecimento*. Tradução Ana Thorell. Porto Alegre - RS: Bookman, 2008.

WAHER, Peter. *Learning Internet of Things Paperback. Packt Publishing Ltd*. Birmingham Mumbai, 2015.

Sobre o autor

Daniel Marin reside em Paulo Bento – RS e possui graduação em Análise de Sistemas, Especialização/Pós-Graduação em Gestão e Desenvolvimento da Tecnologia da Informação, História da Ciência, Filosofia e Teoria Social, Gestão Pública e *Business Intelligence*. É Mestre em Engenharia da Informática pela Universidade Fernando Pessoa do Porto – Portugal. Tem experiência na área de Ciência da Computação, com ênfase em Gestão/Administração da Tecnologia da Informação, bem como na lógica aplicada a sistemas computacionais e nas temáticas pertinentes à História da Ciência. Nas horas vagas compõe ensaios de temas multidisciplinares e instigantes, além de poesia.

1ª. edição:	Fevereiro de 2024
Tiragem:	300 exemplares
Formato:	16 x 23 cm
Mancha:	12,3 x 19,9 cm
Tipografia:	Arno Pro 11
	Open sans condensed 14/18
	Roboto 9/10
Impressão:	Offset 75 g/m^2